石經文獻集成

虞萬里　主編

王天然　編著

蜀石經集存

毛詩

附　近代出土殘石拓片

圖書在版編目(CIP)數據

蜀石經集存.毛詩：附近代出土殘石拓片
/ 虞萬里主編；王天然編著.
—上海：上海古籍出版社，2023.12
(石經文獻集成)
ISBN 978-7-5732-0914-6

Ⅰ.①蜀… Ⅱ.①虞… ②王… Ⅲ.①碑刻-拓片-
中國-古代 Ⅳ.①K877.42

中國國家版本館 CIP 數據核字(2023)第 200972 號

2023 年度國家古籍整理出版專項經費資助項目

2021—2035 年國家古籍工作規劃
重點出版項目"石經文獻集成"系列成果之一

策劃編輯：郭　沖
責任編輯：郭　沖　虞桑玲
美術編輯：嚴克勤
技術編輯：隗婷婷

石經文獻集成
虞萬里　主編
蜀石經集存・毛詩(附近代出土殘石拓片)
王天然　編著

上海古籍出版社出版發行
(上海市閔行區號景路 159 弄 1-5 號 A 座 5F　郵政編碼 201101)
(1) 網址：www.guji.com.cn
(2) E-mail：guji1@guji.com.cn
(3) 易文網網址：www.ewen.co

上海雅昌藝術印刷有限公司印刷

開本 787×1092　1/8　印張 24.5　插頁 4　字數 88,000
2023 年 12 月第 1 版　2023 年 12 月第 1 次印刷
ISBN 978-7-5732-0914-6/B・1352
定價：520.00 元
如有質量問題，請與承印公司聯繫

目録

出版説明 …… 一

蜀石經集存序 …… 虞萬里 三

概述 …… 王天然 九

一 蜀石經之刊刻與毀佚 …… 九

二 蜀石經之孑遺 …… 一一

三 蜀石經之形制與性質 …… 二〇

結語 …… 二四

上海圖書館藏蜀石經《毛詩》殘拓録文 …… 二五

説明 …… 二五

録文 …… 二五

重慶中國三峽博物館藏近代出土蜀石經殘石拓片録文 …… 三九

説明 …… 三九

録文 …… 三九

附録一：蜀石經殘石拓片題識録文 …… 四五

一、《尚書·説命》《君奭》殘拓陳達高題識 …… 四五

二、《毛詩·周頌》《魯頌》殘拓羅希成題識 …… 四五

附録二：《古文尚書》、《毛詩》重言殘石拓片録文 …… 四七

一、《古文尚書·禹貢》《多士》 …… 四七

二、《毛詩·小雅》重言 …… 四七

三、《毛詩·小雅》重言 …… 四八

出版說明

蜀石經的鐫刻肇始於後蜀廣政年間，時代由後蜀延續至宋，在七朝石經之中，不僅是唯一的經注本，且字數最多，規模最大，刊時最長。其碑石在宋代以後開始湮没，至明清僅有拓本流傳，已屬罕見。乾嘉以後，出現了多家摹本和影刊本，成爲學者校勘考據所依據的主要版本。民國初年，劉體乾致力於收集蜀石經拓本，得《春秋》三傳、《周禮》四經殘拓，並加以影印。

現存蜀石經主要由三部分構成：（一）國家圖書館藏劉體乾舊藏殘拓：今存《春秋經傳集解》卷十五襄公十年至十五年全卷，卷二十昭公二年；《春秋公羊傳》卷二桓公六年至十五年；《春秋穀梁傳》卷六文公元年，卷八、卷九成公元年、二年，襄公二十六年、二十七年，卷九襄公十八年、十九年；《周禮》卷九、卷十兩卷，卷十二《考工記》。（二）上海圖書館藏黄丕烈舊藏《毛詩》殘拓：起卷一《召南·鵲巢》，訖卷二《邶風·二子乘舟》尾。（三）近代成都出土的殘石：《周易》之《履》《泰》《否》《中孚》；《尚書》之《禹貢》《説命》《君奭》；《毛詩》之《周頌》《魯頌》，以上藏四川博物院；《儀禮》之《特牲饋食禮》，現藏中國國家博物館。另有《毛詩》之《鄭風》《曹風》殘石拓片存世。重庆中國三峽博物館藏有以上新出土殘石拓片。

原石毁没，拓本稀見，蜀石經一直是歷代儒家石經研究中相對薄弱的環節。上圖藏《毛詩》殘拓和近現代新出殘石拓本均從未出版。國圖所藏部分雖在民國便已影印，但時至今日也不經見；而且該本爲黑白影印，囿於當時的攝影製版技術水準，原件上的諸多藏印、批點、殘字和細微筆畫等細節無法有效呈現；國圖、上圖所藏蜀石經殘拓皆爲國家一級文物，學者即使親臨訪書也很難調閲。本項目《蜀石經集存》，在虞萬里、王天然二位先生的主持指導下，經國圖、上圖、重博授權，對於現存蜀石經殘拓進行全面系統彙編影印出版：

一、採用高清全彩印製，最大程度地呈現原拓原貌。

二、國圖、上圖所藏拓本，均原大影印。受開本限制，重博所藏拓片大小略作調整：《周易·履》《泰》《否》殘拓縮放比例爲98%；《尚書·説命》《君奭》殘石兩面拓於一紙，周圍有大量題跋文字，除兩面各自之原大圖版之外，亦收録整幅圖版以存全貌，縮放比例爲58%；《毛詩·鄭風》《曹風》及《毛詩·周頌》《魯頌》殘拓，除殘拓之原大圖版之外，亦收録整幅圖版以見全貌，縮放比例分别爲58%及70%；其餘殘石拓片圖版均爲原大。

三、國圖藏本現裝爲七册，即《周禮》卷九、卷十《秋官·司寇》與卷十二《冬官·考工記》各一册；《春秋經傳集解》卷十五襄公十年至十五年與卷二十昭公二年各一册；《春秋公羊傳》卷二桓公六年至十五年一册；《春秋穀梁傳》卷六文公元年，卷八、卷九成公元年、二年，襄公二十六年、二十七年，與卷九襄公十八年、十九年各一册。另《陳氏木刻蜀石經》《蜀石經題跋姓氏録》各一册。上圖藏《毛詩》殘拓裝一册。重博拓片均爲散葉。本次出版，按照殘拓内容，同時兼顧流傳收藏歷史和裝幀篇幅，分爲五册，即《周禮》《春秋經傳集解》《春秋穀梁傳》各一册，《毛詩》與近代出土殘石拓片並一册（包含《古文尚書》一塊、《毛詩》重言兩塊拓片），《春秋公羊傳》與《陳氏木刻蜀石經》《蜀石經題跋姓氏録》並一册。

四、原本中無任何信息的白葉，未予影印。原本中夾有簽條、活葉者，則將此開原貌及放置活葉後之形態分别影印。

五、虞萬里、王天然二位先生分别撰有「序言」和「概述」，盡述蜀石經鐫刻背景、經過與流傳，形制特點，文本來源等等。王天然先生亦承擔了殘拓文字之釋録工作。這兩部分内容載於别册，以便讀者與圖版對照取用。

上海古籍出版社

二〇二三年十一月

蜀石經存世目録

經	存世篇目
周易	履卦　泰卦　否卦　中孚卦
尚書	禹貢　説命　君奭
毛詩	國風（召南　邶風　鄭風　曹風）　周頌　魯頌
周禮	秋官司寇　冬官考工記
儀禮	特牲饋食禮
春秋經傳集解	襄公十年　襄公十一年　襄公十二年　襄公十三年 襄公十四年　襄公十五年　昭公二年
春秋公羊傳	桓公六年　桓公七年　桓公八年　桓公九年　桓公十年 桓公十一年　桓公十二年　桓公十三年　桓公十四年　桓公十五年
春秋穀梁傳	文公元年　成公元年　成公二年　襄公十八年　襄公十九年 襄公二十六年　襄公二十七年

蜀石經集存序

虞萬里

漢、魏、唐、蜀、北宋、南宋和清代的七朝石經，雖然都以碑石爲載體，但其文本、字體，經傳、碑式，與鐫刻時的標準文本、通行字體、書寫閲讀習慣相應，都有一定的變化，形成各自的特色。孟蜀廣政石經的特點，一是帖式形態的小型碑石，與漢、魏、唐大型碑石不同；二是經傳並刻，以經文大字、注文雙行小字面目呈現，亦與漢、魏、唐石經的單刻經文不同。帖式形態便於椎拓裝訂和翻閲，經傳並刻則便於亟速理解經文。這種石刻形態，並非一蹴而就，它是在充分吸取前代閲讀習慣和文本書寫形態逐漸變化和發展到一定階段的基礎上形成的。回溯前三種石經的形制和與之相應的經學文本形態的變化和發展，可以深刻地理解蜀石經的特點。

熹平石經刊刻時，紙張已經發明，然經典文本的書寫仍處於簡帛階段。簡牘書寫經典起源很早，延續時間却很長。漢末經師鄭玄晚年注釋《三禮》時，所見所取文本仍都是簡牘；與其年代相先後，熹平石經刊刻之偶發起因是有人刮削改寫蘭臺簡牘文字以合私家文本，是其所取所據文本亦爲簡牘，可以互證。現今出土的戰國、秦漢儒家簡牘長度一般多在漢尺一尺（二十三點五釐米），長者達四十多釐米，一簡字數或多或少。漢制規定書寫經典用二尺四寸簡，武威《儀禮》漢簡長度在五十五釐米左右，與漢制相符。漢簡《儀禮》每簡字數由六十多字到一百二十字不等，雖有編線四道，但文字却通欄直下，唯編線處空開不書。推而廣之到所有儒家簡牘，一律直書到底。稍前於《儀禮》簡的馬王堆帛書《周易》等也是通欄直下。從某種視角而言，漢石經是書寫經典標準簡牘形制的直接投射。所以，熹平石經雖高二米有餘，仍是每行七十多字通欄直下，顯示出簡牘時代的常規書寫形態。用二尺四寸簡牘書寫經典，字大而疏者約容六十餘字，小而密者可達一百多字，將之置於當時的几案，允在頭不必上下過大移動而視線可以掃視、閲讀的範圍内。但若將字形放大到八分，翻刻到通高二米多、寬一米許的石碑上，矗立於太學前，碑式整體雖尚屬匀稱，而抄録、摹寫必須擡頭觀頂端之字，下蹲看基石之文，存在一定的不便。這種不便受制於諸多的歷史因素，是時代的局限。

六七十年後曹魏鐫刻三體石經時，紙張是否已普及到可以隨意書寫所有經典，尚不敢斷言。魏武帝曹操和魯肅「手不釋卷」之「卷」，是簡牘、絹帛還是紙張，現也無法指實。但石經以古、篆、隸三種字體書寫經文二十字，形成六十字一行，是殘石呈現的實際形態。溯其成因，碑石高廣與熹平碑式近似，兩種石經並立於太學講堂之前，容易導致思維趨同。因此，無論經典的書寫是否已用紙張，可能都無法改變三體石經直行而下的鐫刻樣式。其有限變化，即一行中字數的多少——漢魏石經每行相差十多字，很可能取決於古文和篆體字形狹長的緣故。漢魏石經的碑式文本，可供士子校覈、摹寫、抄録，却不便於影拓後展讀學習，故《隋志》所載一字石經、三字石經多少卷，似乎已是經剪裁割裱後的卷帙，而具體却很難質指。

紙張的稍稍普及，當在曹操和魯肅之後數十年。左思的長篇巨製《三都賦》寫成之際，皇甫謐作序以高其聲價，文士競相傳抄，造成洛陽紙貴。紙貴須從兩方面看，一是文章高妙，值得抄讀摹寫，於是抄寫者衆；二是西晉時紙張確實還不如後世易製易得。兩晉時書寫紙張的高廣尺寸，當然因地因時因具體情況而無法劃一。現今流傳的敦煌儒家經籍寫卷，有的殘損嚴重，有的不標示尺寸。相對而言，書寫工整的敦煌佛經寫卷大致高度都在二十五釐米上下（波動於二十四至二十七釐米之間），偶有窄至二十釐米，寬至三十釐米者。書寫工整的佛經一般每行多容寫十七字左右，而相對草率的儒家經典如伯二五二九《毛詩故訓傳》，抄寫率爾，每行二十一至二十八字不等。抄得較爲工整的如伯二五三〇《周易注》，則每行基本控制在十五字，也有十三至十四字者。伯二五二三《春秋左氏傳集解》每行十四至十七字不等。所以唐代的寫卷高度和每行容字似當以佛經經卷爲基準。高度不超過三十釐米的紙張，是窄於古代書案的寬度，每行以十七字爲基準而稍有上下增減，既是成人手肘上下移動書寫的距離，也與書者目測距離控制限度相應。

唐石經矗立於西安碑林已近一千二百年，今實測其碑高二一〇釐米，文字書寫高度約二〇二釐米。上下分爲八欄，每欄高二三至二三點五釐米，每字高二釐米，寬一點八釐米，字距一釐米。每碑寬度不一，大致在九十一到九十四釐米左右。唐石經處於紙張已經普及、書册制度已經形成的大和（文獻中太和、大和並出，本文一律改爲大和）、開成間，其文本依仿六朝以來盛行的書册和寫卷形態，分層横行，從右至左書刻，應是情理之必然。唐石經碑式清人王昶和魏錫曾等都有過記載。侯金滿經實地考察和深入研究，在前人研究基礎上又有更深的認識，並作出明晰的描述：唐石經整碑分成八欄，每行平均十字，碑式佈局以經典的篇卷爲單位，即每卷（篇）字數以每行十字横書而得出一卷（篇）之總行數，而後將一卷（篇）總行數依整碑所分八欄平分，得出每卷（篇）在整碑所佔行數，從右至左横書鐫刻。每卷（篇）字數多寡不一，故其在上下八欄的碑石上所佔行數也不相同。由於每碑碑石寬度恒定在九十一至九十四釐米左右，一般容三十五到三十七行，最多不超過三十九行，故按照經典篇序依次書寫鐫刻，就會產生某一卷（篇）文字由上一碑横跨到下一碑的情況。又因某些經卷文字過多，因此亦出現横跨兩碑、三碑的現象。他推測這種分層横書跨碑形式，與中古的書册制度有密切關係。〔一〕從唐石經分層横書的碑式形態，可以推測當時的影拓技術已經成熟，因一經椎拓，即可黏連成旋風裝，極便翻閱研習。當然，這種鐫刻形態與帖式刻石孰先孰後，尚須有更多的實物來證實。蜀石經確是明顯的帖式刻石，儘管它與叢帖的興起與先後關係也需要進一步研究。

據王天然研究，蜀石經「原石書刻部分長約九十釐米，縱高約三十釐米，計入四邊留白則整石約長一米、縱高約半米」，「蜀石經《毛詩》原石一面約容三十七行，大字滿行十四字，小字滿行二十字左右，單排佈局，雙面書刻」。〔二〕與唐石經相較，蜀石經縱高三十釐米，每行大字十四字，一字亦在兩釐米左右，可見唐、蜀石經同樣作爲石刻碑版，閱讀、觀賞須有一定距離，故字形大小相仿。但唐石經每行十字，蜀石經每行十四字，殆因唐石經整碑高大，蜀石經碑式相對矮小，閱讀時站立距離須有遠近差別，故行容字數略有多少；且蜀石經還夾有雙行傳注小字，故大字不宜過密過小。這樣推測，是基於與中古寫卷每行十七字比較而得。我們閱讀寫卷距離，一般要近於觀賞碑刻的距離，對象近，視線控制力强，字形不妨略小；對象遠，視線控制力弱，字形必須略大。結合五代北宋版刻而言，每行在二十一二字左右，這是書卷可以隨意湊近閱讀，字形允許更小一些的緣故。如果這種推測有一定道理，則唐、蜀石經字體大小和每行容字多少都是當時策劃者和工匠深思熟慮而定出的碑式。唐石經每欄上下相距僅二釐米左右，而蜀石經則約近十釐米，此則因唐石經整碑要容納八欄，沒有多餘的空間；而蜀石經單欄横行，就美觀起見，也須上下留足邊框。

四種石經碑式沿革變化如上，而文本之衍化則更爲複雜。

先秦儒家經典文本，在秦漢之交時，先後由篆文轉寫成隸書，轉寫過程中不免產生誤認或錯寫，流傳過程中更增磨滅與殘泐因素。逮及孔壁和山巖屋壁之六國古文寫本顯世，校覈隸書今文本，可以看出很多因誤認、磨滅和殘泐而造成的錯譌與經師牽强附會的說解，劉歆、班固謂「後世經傳既已乖離，博學者又不思多聞闕疑之義，而務碎義逃難，便詞巧說」，當即指此而言。六國古文固然可以校正今文經本的某些錯譌和臆說，但因其字體奇形多變，難以辨認，同樣帶來很多識讀上的困難，以致經師仍不得不揣度文義，用自己方域中同音和近音來推求與文義相合的古文正字，此一過程就經師主觀層面而言是「漢讀」，從字與字造成對

〔一〕侯金滿《唐石經碑式與中古書册制度關係探微》，《文獻》2021年第4期，第32—52頁。

〔二〕王天然《蜀石經形制謭識》，《文史》2019年第三輯，第128頁，中華書局，2019年。

應、構成異文的客觀而言則是「通假」。不同的漢讀和通假形成不同的文本，不同的經師爲自己的漢讀文本所作的解説即是不同的師説，經師各以不同的學説傳授，形成漢代的師法和家法，最終導致五經博士的增立。各師法間師説和文本憑藉官學逐漸固定，但在經義上互有歧義甚至相左，在一定程度上妨礙了通經致用的政策和策略施行，於是需要召開石渠閣和白虎觀會議來統一經義。石渠閣和白虎觀兩會雖在某些經義上取得官方的一種傾向性意見，却並未消弭各家文本的異同，所以才會有削改蘭臺簡牘文字之舉。熹平石經選擇七經中一家作爲主要文本，而將同一經的其他家法文本異文經校勘後刊於碑陰，使無論研習哪一家師法的人都有一個可依憑的標準文本。從這個意義上説，熹平石經之刊刻，是漢代今文經本在皇權指導下走向統一的第一步，它是在十四博士和官學外的衆多家法上進一步確立了以申培《魯詩》、梁丘《易》、歐陽《尚書》、大戴《禮》、嚴彭祖《春秋公羊》爲主的今文本系統。可惜的是，隨著劉漢與曹魏政權的興替，經學也由今文經轉向古文經。剛刊立不久的熹平石經轉眼成爲明日黄花，被三體石經替代。三體石經以古文、篆文和隸書三種文字刊刻，其古文的來源一直有争論，其實，不僅古文的來源需要檢討，連篆文和隸書文本的選取也必須追溯，它是古文本的篆隸對應轉寫，還是另有一種用篆隸書寫的古文經文本的配合？只是出土殘石有限，暫時無法比較研討。但有一點可以確定，曹魏既然刊立古文經，必然是依據當時官學經師公認的、有目共睹的古文經文本。

今古文經學的興替，導致今文經文本的逐漸散佚甚至失傳。但儘管文本先後散佚、失傳，其文本中的某些語詞、文字仍會被無意混入或有意替代到通行的古文經文本中。因爲魏晉以後雖然古文經盛行，但今、古文經的對立已泯滅消解。紙張的漸行普及，原來裹糧從師的讀書形式也相對改變，除在官學中求學，個人也可通過日益普及的傳抄文本獨自學習。無論是國學師受還是個人研讀，經師和學生都可能根據所能見到的今古文經本選擇適合於自己對經典理解的文字作解，這並非是篡改經文，而是改有所本，即有前代經師文本依據。作出這種判斷的證據是，《毛詩》在東漢中後期開始盛行，字形由隸轉楷，至兩晉以後幾乎獨行天下。隋唐間陸德明《經典釋文》收録《毛詩》音義者十七家，録存近一千組異文。這些異文除楷書點畫之異外，有用毛傳傳文替代而産生的異文，有用鄭箋箋文替代而産生的異文，也有用王肅注文替代而産生的異文，有的異文竟和《韓詩》相同，證明擇取三家《詩》文字入《毛詩》之情況確實存在。顔之推《書證》篇列舉河北本、江南本、江南舊本、俗本，以及《釋文》和《五經正義》所舉官本、定本等異同，可以想見民間隨手所抄，信手而改，不斷産生異本，而官方則不斷校勘，努力規範，冀望形成統一文本的歷史境況。進入唐代，顔師古有《定本》，孔穎達有《正義》本。但孔氏《正義》單行，不與所疏文本合一，故《正義》仍然無法規整官本和民間文本。開元、乾元、貞元三朝都曾校勘經典，大曆間張參校勘後書於國子監講論堂東西廂，寶曆時齊皞、韋公肅再校而書於木版，至鄭覃於大和初年重新校勘，而後書丹刻成開成石經。鄭覃所校，其取捨不必一定符合漢魏經師文本，但應是代表唐代官方校勘的，從顔、孔之後，歷經張參、齊皞、韋公肅已還的「定本」。這個定本的經文在大和及大和以前寫本散佚殆盡的前提下，無疑成爲嚴可均所説的「古本之終，今本之祖」。

唐石經作爲「古本之終」略如前説，其作爲「今本之祖」，首先要辨析的就是後唐長興年間由馮道、李愚發起刊刻的九經印版——北宋的國子監版的藍本，與孟蜀刊刻的廣政石經之關係，以及兩者的祖本問題。因爲長興九經印版刊刻時間在前，廣政石經的鐫刻過程在後，從有竣工記載的廣政七年（944）一直到北宋末年方始刻成。所以一般論蜀石經者，多先述長興刻本刊刻過程，接敘蜀石經的刊刻，給人的印象是，蜀石經是依據長興刊本而刻。此當略予辨證。

刊版九經始刻於長興三年（932），據《册府元龜》和《五代會要》所記，它的經文是以「西京石經本」——「今本之祖」的唐石經爲底本，注文則是請研習專經的博士儒徒將寫本上的注文勾稽移置到相應的經文下。其注文文本來源史書缺載。長興版九經中《周禮》刊成於後周廣順三年（953），所附刻的《九經字樣》刊成於後晉開運三年(946)，可知前後長達二十餘年。蜀石經係蜀相毋昭裔捐俸金所刻，其所據文本，曾宏父《石刻鋪敘》「孝經一册二卷」下記云：「孟蜀廣政七年三月二日右僕射毋昭裔以雍京石本校勘。」所謂「雍京石本」，當然是開成石經，以開成石經作爲校勘本，可見原本與長興版取開成石經經文雕版者不同。長興版是開成石經原文，而蜀石經僅是以開成石經校勘。開成石經是鄭覃在大和本基礎上校勘後上石鐫刻，蜀石經無論取何種寫本爲底本，其在取開成石經拓本校勘過程必有去取，兩者不會完全相同，這或許就是晁公武校勘後有三百二科之異的緣故。

蜀石經經文與長興版來源略異，已可證兩者無承襲關係。若再從政治和地理上考慮，五代割據的政治形勢，各自爲政，且從後唐的洛陽到孟蜀的成都，相去遥遥一千多公里，不可能洛陽刻成一經，傳送到成都再翻版上石。當然，從時間上看，長興雕版在前，廣政刻石在後，蜀石經鐫刻經傳受到長興刊版的影響不無可能。毋昭裔年輕時借《文選》遭受白眼，其刊刻《文選》《白帖》之類亦在情理中，而捐資刊刻九經經傳這種浩大工程，很可能是長興刊版的消息在十多年中傳到了成都。筆者曾經這樣思考，蜀石經最先刻成的是《孝經》《論語》《爾雅》三經，時在廣政七年三月至七月。此三書是蒙學必讀，符合毋昭裔發願讓天下讀書人有書讀的初衷，也與刊刻《文選》《白帖》相應。其《周易》刻成於廣政十四年，前此數年長興版《九經字樣》刻成，馮道、李愚的九經計劃已昭然若揭，若消息傳到成都，自會激起毋昭裔更大的宏願，索性將三經外其他諸經一併續刻以成一功，此雖屬推測，却不無可能。

無論蜀石經之鐫刻是否受到長興刊本的影響，所要確定的是，蜀石經的注文從何處得來。回溯唐石經及其前身，張參校勘九經書於泥壁，齊皞、韋公肅校勘書於木板，都只是經文，無注文。但從陸德明《經典釋文》所載分析，六朝到唐初，廣泛流傳的儒家經典多已是漢魏經師傳注合一之本。敦煌殘卷所出，亦以經傳、經注合一本爲多，偶有單經本，大多爲民間讀書人抄書自用。再就孔穎達、賈公彥等所作《正義》分析，既解經文，亦解傳注，顯示出六朝「義疏」體盛行之後，經典與漢魏經師的傳注常態下已不再分開。所以，唐石經雖只鐫刻經文，其每經大題下仍注明漢魏經師的姓名，如《易》「王弼注」「韓康伯注」、《書》「孔傳」、《詩》「鄭氏箋」、《周禮》《儀禮》「鄭氏注」。《禮記》雖將《御刪定禮記月令》置第一，題「集賢院學士尚書左僕射兼右相吏部尚書修國史上柱國晉國公林甫等奉勑注」，而《曲禮》以下仍標「鄭氏注」，説明由張參到鄭覃所校勘的九經也是經傳合注本，只是鐫刻石經時，取經文書丹上石。由此可證張參、齊皞和鄭覃校本都是一脈相承的經傳合一本，亦即大和寫本必定是經傳合一本。唐石經刊成於開成二年(837)，下距朱温移易唐祚尚有六七十年之久。儘管文宗之後唐朝一直在走向衰敗，但舉世矚目的大工程石經刊成後拓本頒布各地自在情理之中。至於張參、齊皞、鄭覃在相繼校勘寫本時，是否對傳注文字進行校勘，或雖校勘而不經意，今難以推測。但經他們校勘後的大和寫本在此後的數十年中會傳播開來，至少各路藩鎮和地方政府能夠獲得的機率很大，當然在傳抄過程中也不免走樣。退一步言，即使地處西南邊陲的成都當時未獲得大和經傳寫本，爲了鐫刻石經工程，從各種渠道去尋覓，也在情理之中。成都離長安近而離洛陽遠，所以從民間渠道獲得可能要比官方交涉更簡捷。

當然，經傳合一本既從隋唐以來都已傳遍各地，偏西的成都地區原來就有也完全可能。但北宋趙抃於治平元年(1064)出知成都，作《成都記》，謂毋昭裔「依大和舊本令張德釗書」，紹興年間的席益作《府學石經堂圖籍記》，説毋昭裔是「按雍都舊本九經」，趙氏、席氏都親見蜀石經，深知蜀石經爲經傳合一本，「雍京石本」是不附傳注的經文本，如果趙氏「大和舊本」、席氏「雍都舊本」僅指不附經文的「雍京石本」，至少詞義上無法包容毋昭裔所刻的經傳合編的蜀石經。又因由長興本經補刻，翻刻的北宋國子監本是來源於雍京石本即唐石經，是宋人的一種常識，所以趙、席兩人都用一「舊」字，點明毋氏所用是大和寫本而不是石本，大和舊本、雍都舊本是經注合一寫本，而不是只有經文的「雍京石本」。晁公武説「蜀人之立石」，「而能盡用大和本，固已可嘉」。晁氏親與石經之事，固是明白人，他不用「雍京石本」或「石經」一詞，而用「大和本」，假如他的大和本是指石經本，與長興本所據相同，毋氏的舉措也就不那麼「可嘉」了。王應麟也説：「僞蜀相毋昭裔取唐大和本琢石於成都學官，與後唐板本不無小異。」王氏後文即舉晁公武《石經考異》三百二科和張㚟的《石經注文考異》四十卷。在近五十餘萬字中有二百三十個異文，只能是「小異」，而注文的異文可以達四十卷之多，真的「不無小異」。可見王應麟説毋昭裔所取的「大和本」確實是指經傳、經注合一的大和舊寫本，即趙氏、席氏之「大和舊本」和「雍都舊本」，亦即由張參到鄭覃一脈相承的校本。毋氏取大和舊本，校以「雍京石本」，或改或不改，所以和完全取開成石經爲底本的長興雕版本有差異。如果毋昭裔直接取開成石經經文上石，曾宏父就不可能記其「以雍京石本校勘」，晁公武明知其用開成石經經文，則與長興監本所取相同，再組織人員去校勘兩者異同，儘管也有意義，但意義似乎不大，因爲校出的異同也就是兩者在摹寫上石刊刻過程中與唐石經的差異，且無法判定是非。再進一步追究，晁氏之時，唐石經的拓本取用方便，他何以不直接取唐石經拓本去校蜀石經和長興監本，以直接顯示兩者與唐石經的異同是非？其之所以要以蜀石經校長興版，正因爲蜀石經用大和舊寫本，是唐石經的母本，可以追溯雍京石本以前的文字樣貌。所以雍都舊本九經、大和本，都是指鄭覃據以校勘上石的大和舊寫本。

由上所述，蜀石經是毋昭裔取大和時經傳合一的寫本，校以開成石經經文，爲避免開成石經分欄跨碑寫刻的紛亂，采取了單欄帖式的形態刊刻。但由於沒有成立一個機構有序的專門管理，校勘、書寫不精，以致頗多紕繆。

蜀石經單欄橫書，經傳兼刻，所以累累千餘石，宋代曾爲專闢石經室以儲。晁公武之後，曾宏父、趙希弁都曾專門述及。及入元之袁桷有詩説「草堂舊詠迷陳迹，石室殘經卧落暉」，則元初石經已圮毁堆積，任餘暉斜照而無人顧及，入明而石不見存，並拓本亦希覯。後人對如此體量的蜀石經之亡佚，有過各種推測，錢大昕認爲亡於蒙元破蜀陷城，近代因清乾隆時福康安修城，掘城址曾獲殘石，二十世紀三十年代在拆除城垣時又發現殘石若干，故馬衡認爲是修築城垣時以爲石料。王天然認爲修築城牆發掘所得殘石數量過少，與成千塊碑石差距太大，指出應考察兩宋成都府學的舊址，可能曾就地掩埋。筆者認爲三種推測都有可能，並不矛盾。蒙元入主中原，世祖於至元十五年（1278）四月庚辰，曾聽許衡建議，「遣使至杭州等處取在官書籍版刻至京師」。有輕便的版片，就不必去搬運笨重的石片。推想戰亂之際，鐵蹄踐踏，石經被推倒摧毁，累累如石丘，故袁桷能親見其堆卧在斜陽之下。石經既然已經凌亂堆積，無法椎拓利用，而修城需要石料，取而用之，就像北魏馮熙、常伯夫先後爲洛州刺史，毁漢魏石經「以修建浮圖精舍」一樣，上下千載，心理相同。石材始終是修築的基礎材料，築城是利在民衆，取用廢棄的石經更屬理所當然。至於發掘所得太少，或當年築城所取不多，則尋找、探勘成都府學舊址，便成爲研究石經者的一種冀望。

二〇二三年十一月

寫於馬一浮書院

概　述

王天然

蜀石經主要包括三個部分，一爲後蜀廣政七年（944）起蜀相毋昭裔於成都主持鐫石的《孝經》《論語》《爾雅》《周易》《毛詩》《尚書》《儀禮》《禮記》《周禮》《左傳》十種儒家經典[一]，二爲北宋皇祐元年（1049）田況繼續於益州州學主持刻畢的《公羊》《穀梁》二傳[二]，三爲北宋宣和五年（1123）席貢主持鐫刻、六年（1124）終由彭慥完成的《孟子》。南宋乾道六年（1170）晁公武又據呂大防本於成都府學增刻《古文尚書》[三]，然晁刻或出於私好，性質與他經不同[四]，故本書不以此經爲狹義之蜀石經。

一　蜀石經之刊刻與毀佚

（一）刊刻緣起

《舊五代史》卷四三《明宗紀》載：「（長興三年[932]二月）辛未，中書奏：『請依石經文字刻九經印板。』從之。」[五]《册府元龜》卷六〇八載：「後唐宰相馮道、李愚重經學，因言漢時崇儒有三字石經，唐朝亦於國學刊刻。今朝廷日不暇給，無能別有刊立。常見吴蜀之人鬻印板文字，色類絶多，終不及經典。如經典校定，彫摹流行，深益於文教矣。乃奏聞。敕下儒官田敏等考校經注。」[六]由此可知後唐時因朝廷日不暇給，並未鐫刻石經，而是將經籍雕版印行，這便是著名的五代國子監刻本。

北宋張俞《華陽縣學館記》云：「惟孟氏踵有蜀漢，以文爲事。凡草創制度，僭襲唐軌。既而紹漢廟學，遂勒石書九經。」[七]晁公武《石經考異序》亦載：「趙清獻公《成都記》：僞蜀相毋昭裔捐俸金取九經琢石于學宫。」[八]則時至後蜀毋昭裔乃將刊刻石經付諸實行。顧永新先生又據張俞説指出「宋人對於孟蜀文化政策之因襲唐朝是很清楚的」[九]。後蜀刊立石經或有多種因素，但賡續唐制、規範經

〔一〕《左傳》前十七卷爲孟蜀時刊刻，後十三卷入宋刻畢。

〔二〕益州州學即成都府學，此時成都府降爲益州。

〔三〕詳見南宋曾宏父《石刻鋪叙》卷上所載。呂本當據唐寫本，詳見南宋史繩祖《學齋佔畢》卷三。以晁刻《古文尚書·禹貢》《多士》殘石存字與薛季宣《書古文訓》對讀，可知二者略同，另公武《古文尚書序》所舉「曰若」例，亦爲二者關係密切的佐證。説詳王天然《蜀石經著録疏證（上）》，《經學文獻研究集刊》第20輯，上海書店出版社，2018年，第71頁。此前侯金滿先生已指出薛本與晁刻底本相同，因現存晁刻十分有限，暫以二者具有密切關係。請參侯金滿《〈三體石經與〈書古文訓〉隸古定文字來源問題初探——以〈尚書·君奭〉經文之比較爲中心》，《經學文獻研究集刊》第13輯，上海書店出版社，2015年；後收入虞萬里主編《七朝石經研究新論》，上海書店出版社，2019年，第216—217頁。

〔四〕龐石帚《跋晁刻〈古文尚書〉》云「《筆記》又謂：『荆公《字説》，余生平惟見王瞻叔參政篤好不衰，每相見必談《字説》……其次晁子止侍郎亦好之。』知其被服儒雅，而天性嗜奇，宜乎有古文之刻也」。詳見龐俊著，白敦仁纂輯，王大厚校理《養晴室遺集》，成都：巴蜀書社，2013年，第380頁。晁氏增刻《古文尚書》蓋出於嗜奇好古的趣味，既無法與石經源頭之熹平石經正定經文的動機類比，也不同於廣政、皇祐、宣和蜀地官方刊刻石經。乾道四年（1168）子止以敷文閣待制爲四川安撫制置使兼知成都府；六年三月以公武、王炎不協，罷制置司；五月則有《古文尚書》之刻；八月即以敷文閣直學士降授左朝請大夫，除淮南東路安撫使兼知揚州。詳見孫猛《郡齋讀書志校證》附録一《晁公武傳略》，上海古籍出版社，1990年，第1280、1285、1288頁。《古文尚書序》又云「因得此古文全編於學官，迺延士張𡊮倣呂氏所鏤本書丹刻諸石」，刊刻此經雖利用了成都府學的資源，但仍應視爲晁公武政治失意之時出於私好的個人行爲。

〔五〕（宋）薛居正等撰《舊五代史》，點校本二十四史修訂本，北京：中華書局，2016年，第676頁。

〔六〕（宋）王欽若等編《宋本册府元龜》，北京：中華書局，1989年，第1873—1874頁。文中所謂漢「三字石經」，或沿襲范曄《後漢書》誤説。

〔七〕（宋）袁説友等編，趙曉蘭整理《成都文類》，北京：中華書局，2011年，第606—607頁。文中「九經」之稱乃沿襲唐以來的習慣。

〔八〕晁序存於范成大《石經始末記》中，范記載明楊慎《全蜀藝文志》卷三六、曹學佺《蜀中廣記》卷九一。

〔九〕顧永新《蜀石經續刻、補刻考》，《儒家典籍與思想研究》第3輯，北京大學出版社，2011年，第173頁。

文，應是最爲重要的原因。

（二）刊刻過程

南宋曾宏父《石刻鋪叙》「益郡石經」條載[一]：

《孝經》一册二卷。序四百三十九字，正經一千七百九十八字，注二千七百四十八字，孟蜀廣政七年三月二日，右僕射毋昭裔以雍京石本校勘，簡州平泉令張德釗書，鐫工潁川陳德謙。

《論語》三册十卷。序三百七十二字，正經一萬五千九百十三字，注一萬九千四百五十四字，廣政七年四月九日，校、書、鐫姓名皆同《孝經》。

《爾雅》一册二卷。不載經注數目，廣政七年甲辰六月，右僕射毋昭裔置，簡州平泉令張德釗書，鐫者武令昇。

《周易》四册十二卷，又《略例》一卷。正經二萬四千五十二字，注四萬二千七百九十二字。廣政十四年辛亥仲夏刊石，朝議郎國子《毛詩》博士孫逢吉書[二]。

《毛詩》八册二十卷。正經四萬一千二十一字，注十萬五千七百一十九字。將仕郎祕書省祕書郎張紹文書，鐫工張延族。

《尚書》四册十三卷。正經二萬六千二百八十六字，注四萬八千九百八十二字。將仕郎祕書省校書郎周德貞書，鐫工陳德超。

《儀禮》八册十七卷。正經五萬二千八百二字，注七萬七千八百九十一字。

《禮記》十册二十卷。正經九萬八千五百四十五字，注十萬六千四十九字。以唐玄宗所删《月令》爲首[三]，《曲禮》次之，亦張紹文書。

《周禮》九册十二卷。正經五萬五百八字，注十一萬二千五百九十五字。將仕郎祕書省祕書郎孫朋古書[四]。

《春秋左氏傳》二十八册三十卷。序一千六百一十七字，經傳十九萬七千二百六十五字，注十四萬六千九百六十二字。（蜀鐫至十七卷止。）

曾宏父著録較詳，蓋親見成套蜀石經拓本。據此可知《孝經》《論語》《爾雅》刻於廣政七年，《周易》刻於廣政十四年，《毛詩》《尚書》、三《禮》雖不書年月，亦當刻於廣政間。《左傳》「蜀鐫至十七卷止」，則該經於孟蜀時書寫，並鐫至十七卷，後十三卷入宋刻畢[五]。

曾書又云《公羊》《穀梁》「畢工於皇祐元年己丑九月望日，帥臣樞密直學士京兆郡開國侯田況，益州路諸州水陸轉運使曹潁叔，提點益州路刑獄孫長卿暨倅僉皆鐫銜於石」，另外《孟子》「宣和五年九月帥席貢暨運判彭慥方入石，踰年乃成」。則《公》《穀》二傳爲北宋皇祐元年續成，《孟子》爲宣和六年補成明矣。

[一]（宋）曾宏父《石刻鋪叙》卷上，國家圖書館藏清董兆元抄本（善本書號：06605）。此處據董抄本録文，並參劉體乾家抄本，詳見《歷代石經研究資料輯刊》第3册，北京圖書館出版社，2005年，第319頁。

[二] 董抄本「國子」作「國史」，然「史」上又寫「子」字，並有批語曰：「『子』字從《續筆》。」即洪邁《容齋續筆》「周蜀九經」條所云「《周易》者，國子博士孫逢吉書」，詳見（宋）洪邁撰，孔凡禮點校《容齋隨筆》，北京：中華書局，2005年，第395頁。另，趙希弁《讀書附志》亦載《周易》爲「將仕郎守國子助教臣楊鈞、朝議郎守國子《毛詩》博士柱國臣孫逢吉書」，詳見《昭德先生郡齋讀書志》卷五上《附志》，臺北故宫博物院藏宋袁州刻本，第1A頁。今徑改「國史」爲「國子」。

[三] 董抄本「玄」字避諱闕末筆。

[四] 董抄本作「孫朋古」，劉抄本作「孫朋吉」，並録翁方綱語曰「《玉海》作孫朋吉，史容山谷詩注作孫朋古」。按，晁公武《石經考異序》、趙希弁《讀書附志》作「朋吉」，「古」「吉」字近，宋人著録參差。因趙希弁當親見蜀石經拓本，且《附志》有宋刻存世，作「朋吉」者或近於事實。然尚屬推測，今不徑改。

[五] 蜀石經《左傳》卷十八至卷三十雖爲入宋刻畢，但並非宋人續寫鐫石，完成時間亦不會遲至皇祐元年田況刻成《公羊》《穀梁》之時。此事清翁方綱、錢大昕已辨，詳見王天然《蜀石經著録疏證（下）》，《經學文獻研究集刊》第21輯，上海書店出版社，2019年，第22—24頁。

（三）毁佚時間

從蜀石經著録角度觀察，元人已罕有記述。錢大昕《石經左傳殘字》云：「南宋時蜀石經完好無恙，曾宏父、趙希弁輩述之甚詳，而元明儒者絶無一言及之，殆亡於嘉熙、淳祐以後。」[一]錢氏以元明人不言蜀石經，故推測原石亡於南宋理宗嘉熙、淳祐以後，這正是蒙古侵蜀破陷成都的時段，此説頗爲合理。元人羅壽《成都贍學田記》言「成都自丙申蕩于兵，文物泯盡」[二]，袁桷七律《送巨德新四川省郎中》亦有「石室殘經卧落暉」句[三]，或可作爲當時蜀石經原石已經毁棄的旁證。

另外，《華陽縣志》云：「十七年張獻忠入成都，此自漢傳世歷千餘年，石室遂爲灰燼。然以實考之，禮殿畫壁、石室九經或亦有毁於宋元之際者，不盡由獻忠也。獨獻亂之後，則舊基故跡掃地無餘。」[四]似認爲蜀石經的毁佚多少與張獻忠有關，此説需要辨析。明曹學佺《蜀中廣記》卷一載成都府學「諸刻今皆不存，所存者孔門七十二子像，又近時摹宋本」[五]，所記當爲曹氏親睹[六]。據此可知至遲明萬曆時蜀石經已佚，故原石散亡當與明末張獻忠入蜀無涉。

（四）毁佚原因

蜀石經毁佚之由除宋蒙戰争這一推測外，還有修城一説。馬衡《晁公武刻古文尚書殘石跋》云：「乃自晁公武、張㚟之後，闃然無聞，僅知明時有《禮記》數段在合州賓館，清乾隆間福康安修城時，有人於城址得殘石數十片而已。其摧毁之時代及其原因，何以毫無記載耶？抗日戰争初期，余至成都，嘗以此促學術界注意。及成都遭受敵機空襲，疏散市民，拆除城垣缺口多處，以通行人，果得殘石若干片。……然則摧毁原因，或即以修築城垣之故。摧毁之時，或在元代也。」[七]此説因抗戰期間於成都老南門城垣發現蜀石經殘石而起，但原石的毁佚是否即因修築城垣之故，目前所知尚不足以支持此説[八]。蓋毁於宋蒙戰争爲一事，毁棄之後部分殘石用爲城墻填充物又爲一事。蜀石經原石主體毁佚於宋蒙戰争，可能仍是目前最爲合理的解釋。

二　蜀石經之孑遺

蜀石經原石毁佚較早，拓本存世甚罕。目前已知蜀石經孑遺，主要由上海圖書館所藏《毛詩》殘拓，國家圖書館所藏《周禮》、《春秋》三傳殘拓，近代成都出土殘石及其拓片三部分構成。殘石出土時多爲私人收藏，後或歸公藏，或再度湮没，今四川博物院藏有《周易》《尚書》《毛詩》殘石五塊，中國國家博物館藏有

[一]（清）錢大昕撰，祝竹點校《潛研堂金石文跋尾》，《嘉定錢大昕全集（增訂本）》第 6 册，南京：鳳凰出版社，2016 年，第 269 頁。

[二]（明）楊慎編《全蜀藝文志》卷三六，國家圖書館藏明萬曆刻本（善本書號：02960），第 31B 頁。

[三]（元）袁桷著，李軍、施賢明、張欣校點《袁桷集》，長春：吉林文史出版社，2010 年，第 152 頁。

[四]《華陽縣志》卷二九，國家圖書館藏民國二十三年（1934）刻本（索書號：地 280.19/42），第 68B—69A 頁。

[五]（明）曹學佺《蜀中廣記》，國家圖書館藏明刻本（善本書號：02247），第 9B—10A 頁。

[六] 曹學佺萬曆中任四川右參政、按察使。詳見（清）張廷玉等撰《明史》卷二八八，北京：中華書局，1974 年，第 7400 頁。

[七] 馬衡《凡將齋金石叢稿》，北京：中華書局，1977 年，第 260 頁。

[八] 宋人晁公武曾親見蜀石經原石云「其石千數」，據蜀石經形制初步復原結果判斷，晁説並非修辭性的表述。説詳王天然《蜀石經形制識小》，《文史》2019 年第 3 輯，第 128 頁。若因修城毁石，南門城垣附近所出殘石數量過少，尚難支撑此説。而南門城垣，可能也並非蜀石經原石湮没的唯一地點。近年考古發現及圖像史料提供的證據，都提示我們庋藏蜀石經的兩宋成都府學位置後來當有遷移，更多殘石存在就地掩埋於南宋府學遺址的可能性。未來發現蜀石經原石的區域，除城垣遺址外，天府廣場一帶亦具可能。説詳王天然《兩宋以來的蜀石經研究》，《中國史學》第 29 卷，京都：朋友書店，2019 年，第 76—77 頁。

《儀禮》殘石一塊[一]。另有不見原石之殘拓若干，分藏於公私。今重慶中國三峽博物館所藏拓片，去除重複後凡十三葉，内容涵蓋了全部見於著録的蜀石經殘石。

（一）上海圖書館所藏殘拓

1. 拓本描述

上海圖書館所藏《毛詩》殘拓一册，面板高 37.8 釐米，寬 19.5 釐米，帖芯高 30.3 釐米，寬 14.6 釐米[二]，起自卷一《召南・鵲巢》鄭箋「爵位，故以興焉」，終於卷二《邶風・二子乘舟》尾。拓本最外一層裝具爲藍布書衣，内配楠木書匣，書匣爲側開，正面刻「蜀石經毛詩殘碑　士禮居藏　一册全函」，並有墨筆字跡「乙號中」。拓本錦質面板上有題簽作「蜀石經毛詩殘本　嘉慶十年(1805)七月嘉定錢坫獲觀并題」，後鈐「獻之」朱文方印。此本凡五十一開，第一開置道光二十八年(1848)五月戴熙題記，此兩葉題記爲活葉；第二開爲道光二十八年三月葉志詵題識；第三開爲「藏經箋」副葉，其中似有「反印」痕跡，即文字之水平鏡像，惜不清晰[三]；第四開至第四十四開爲殘拓，共占四十一開，末開左半無字，殘拓實存四十開半；第四十五開至第四十七開爲嘉慶九年(1804)四月李福過録厲鶚、丁敬、趙昱詩及全祖望跋；第四十八開至第四十九開爲嘉慶九年四月黄丕烈題識；第五十開右半爲錢大昕致黄丕烈書札一通，左半爲黄丕烈題詩一首；第五十一開爲黄丕烈嘉慶九年十一月題識。

據黄丕烈嘉慶九年四月題識可知，此册初歸黄氏時猶爲舊裝，覆背俱宋紙，四圍亦用宋皂紙副之，但因蠹蝕破損不得已而重裝，今日所見拓本形態及配套書匣即蕘圃收藏時形成。殘拓每半開皆有朱筆數字即拓本葉號，始「卅一」終「百十一」，葉號中「百」字的寫法頗具特色，作「ㄱ」形。卅二、卅六、卅九、四三、四七、四九、五三、五六、六六、六七、六八、七〇、七一、七五、七六、七七、七九、八一、八二、八三、八八、八九、九三、百一、百三、百六、百八、百九諸葉中有朱筆卜煞符號，另殘拓中間有朱點、黄圈等符號以及朱筆改字，皆爲古人校讀痕跡。

殘拓中還遺有數字之刻字。如葉卅七 221 行小字「以」上端尚存刻字「八」，蓋「六」之殘形；222 行大字「之」上端尚存刻字「乚」，蓋「七」之殘形。葉五〇小字「裯」上端似有刻字「九」。葉五六 333 行小字「色」上端尚存刻字「丁」，蓋「十」之殘形。葉六八 407 行小字「初」上端尚存刻字「丁」，該字後似有「一」，蓋「十一」之殘形。葉六九 409 行大字「土」上端尚存刻字「一二」，蓋「十二」之殘形。葉七四 444 行小字「兵」上端尚存刻字「十二」。葉八一 482 行大字「不」上端尚存刻字「四」，蓋「十四」之殘形。葉八七 519 行小字「當」上端尚存刻字「五」，大字前「我」右側尚存刻字「十ㄱ」，蓋皆「十五」之殘形。葉九三 556 行小字「爲」上端尚存刻字「六」，小字「不來」右側亦存刻字殘筆，蓋皆「十六」之殘形。葉九九 592 行大字「韋」上端尚存刻字「六」，蓋「十六」之殘形。葉百五 630 行小字後「止」上端尚存刻字「十八」。這些數字當爲原石編號，乃製作拓本時未被裁去者，是考察蜀石經形制的重要綫索。此外，帖芯内部非左右、中間邊緣之剪裱拼接痕跡，也可爲推斷原石形制提供依據。

[一] 近代所出殘石中還有《古文尚書》殘石一塊(現藏四川博物院)、《毛詩》重言殘石兩塊(現藏地不明)，前人或將《古文尚書》歸爲蜀石經，或疑《毛詩》重言殘石即南宋張㚖所撰《石經注文考異》。本書既不以前者爲狹義之蜀石經，理由已見上文；也不以後者爲《石經注文考異》，原因詳見書内録文部分説明。

[二] 《毛詩》原拓請本書責任編輯郭沖、虞桑玲二位老師代檢，測量使用軟尺，帖芯據殘拓首開右半葉實測。

[三] 陳鱣嘉慶九年十二月爲吴騫《蜀石經毛詩攷異》題記云「今歸吴中黄君紹甫，裝以藏經箋，函以香柟木」，今日之楠木書匣及「藏經箋」副葉蓋陳氏當日所見者。詳見《歷代石經研究資料輯刊》第 8 册，北京圖書館出版社，2005 年，第 461 頁。

2. 拓本遞藏

清乾隆時《毛詩》殘拓爲錢塘黄樹穀廣仁義學所藏，松石蓋得自京師〔一〕。乾隆七年（1742）臘月此本曾在杭州趙昱家中，嘗爲厲鶚、丁敬、全祖望等人觀賞〔二〕。嘉慶九年（1804）四月長洲黄丕烈從浙省購得，歸黄之前此本經烏程劉桐、王專及仁和魏鉽收藏〔三〕。據張鑑《蜀石經毛詩殘本跋》所云「蜀石經《毛詩》殘本自《鵲巢》首章『之子于歸百兩御之』起，至《邶風·二子乘舟》章止。癸亥冬余還湖州，見於王雪浦處」〔四〕，則嘉慶八年冬此本在王專處時，已由乾隆七年時的二《南》、《邶風》二卷佚去《周南》及《鵲巢》首。拓中還鈐有汪文琛、汪士鐘藏印，黄丕烈舊藏乃汪氏藝芸書舍主要來源之一，則黄氏之後爲汪氏所有，其後又歸嘉善程文榮。1949 年後上海市文物保管委員會徵集自程家，今藏上海圖書館〔五〕。

（二）國家圖書館所藏殘拓

1. 拓本描述

國家圖書館所藏蜀石經殘拓包括《周禮·秋官》《考工記》、《春秋經傳集解·襄公》《昭公》、《春秋公羊經傳解詁·桓公》〔六〕、《春秋穀梁傳·文公》《成公》《襄公》的部分内容，共計拓本七册。此批殘拓爲廬江劉體乾於 1910 年至 1926 年陸續收得，並在 1926 年影印刊布。其後原拓又歸合肥李氏望雲草堂，最後經祁陽陳澄中入藏北京圖書館（今國家圖書館）。此批拓本内部題端、繪畫、題跋等衍生文獻繁多，現主要圍繞殘拓進行描述，其餘僅在容易産生疑問處加以説明。

（1）《周禮·秋官》拓本一册，殘拓起自卷九《序官·蜡氏》鄭注「月令」，終於卷十《掌客職》鄭注「車秉□」。拓本配有藍布書衣，上繡「宋拓蜀石經周禮弟九弟十」及「蘇陸齋」白文正方印。木質面板上有題簽作「宋拓蜀石經周官禮弟九弟十九卷　瞿鴻禨爲健之親家題」，面板、底板皆已開裂。此本凡一百零二開〔七〕，第十開左半至第九十四開爲殘拓，共占七十五開半。殘拓每半開皆有朱筆數字即拓本葉號，始「十」終「百五九」〔八〕，「百」亦寫作「一」。此外，帖芯内部非左右、中間邊緣處間有剪裱拼接痕跡，可爲推斷原石形制提供依據。

〔一〕黄丕烈嘉慶九年四月題識云：「趙詩小注以爲出於黄松石，今卷二有朱文楷書鈐記一方，所云『浙江杭州府武林門外廣仁義學』，至今彼都人士猶有能知爲松石所置者。」拓本所附趙昱詩小注云：「此本僅存二《南》、《邶風》，黄山人松石得之燕京老僧。」

〔二〕清王昶《後蜀毛詩石經殘本》卷尾按語云：「此本嘗於乾隆壬戌臘月之望從廣仁義學攜至城中，趙氏小山堂主人谷林招集厲樊榭、丁龍泓、全謝山諸人共觀。」詳見《歷代石經研究資料輯刊》第 8 册，第 412 頁。而拓本所附李福過録厲鶚詩題「十二月十五日同敬身集谷林南華堂觀蜀廣政石經殘本宋廖瑩中世綵堂刻韓集作」，不言同坐有全氏。李福過録全祖望跋僅言「仁和趙徵士谷林始得其《毛詩》二卷」云云，亦不言與他人共觀。又檢《鮚埼亭集外編》有《跋孟蜀廣政石經》，較拓本所附跋文爲略，但有「偶過趙谷林小山堂，見其蜀本石經《毛詩》」一句，既爲「偶過」，或即一人。詳見朱鑄禹《全祖望集彙校集注》，上海古籍出版社，2000 年，第 1474 頁。故全氏所見之日與厲、丁二人或非一日。

〔三〕拓中鈐有「蠹香樓藏」、「王專印」（環讀）、「雪浦珍藏」諸白文方印，爲劉桐、王專藏印。嘉慶九年，烏程范鍇作《劉疏雨舊有訪書圖屬余題句未就今疏雨云亡余復將作楚游爰賦四絶以誌悲感》，有「六朝南宋著珍藏，茅沈姚潘付蠹香」句，其中「蠹香」即指劉桐。詳見（清）范鍇《苕谿漁隱詩稾》卷一，《清代詩文集彙編》第 480 册，上海古籍出版社，2010 年，第 214 頁。又《南潯鎮志》卷一三載「同時王鑄，原名專，字藴成，號雪浦，監生。亦嗜金石，能詩，工篆隸」。詳見《中國地方志集成·鄉鎮志專輯》第 22 下册，上海書店，1992 年，第 157 頁。另吴騫《蜀石經毛詩攷異序》云：「昨歲予友仁和魏叔子鉽復獲二卷于舊肆。」陳鱣題記亦云：「蜀石經《毛詩》二卷，吾友錢唐魏君禹新客震澤得之苕谿書賈者，復爲一賈以它物易去，今歸吴中黄君紹甫。」詳見《歷代石經研究資料輯刊》第 8 册，第 457、461 頁。

〔四〕（清）張鑑《冬青館乙集》卷六，《續修四庫全書》第 1492 册，上海古籍出版社，2002 年，第 155—157 頁。

〔五〕徐森玉先生曾勾勒蜀石經《毛詩》殘拓遞藏梗概，詳見徐森玉《蜀石經和北宋二體石經》，《文物》1962 年第 1 期，第 9—10 頁。今在徐文基礎之上加以增訂。

〔六〕蜀石經《公羊》殘拓未存書題，然據《毛詩》《周禮》《左傳》《穀梁》殘拓書題皆從唐石經之例，《公羊》書題當作「春秋公羊經傳解詁」，本書從便亦稱「公羊」或「春秋公羊傳」。

〔七〕此處所記爲拓本實際開數。本書對無任何信息之空白葉未加影印，夾有活葉處則將此開及放置活葉後之形態分别影印，故圖版開數與實際開數不盡吻合，以下相同之處不再出注。

〔八〕原拓末半開朱筆葉號作「百五九」，應爲「百六十」。

(2)《周禮・考工記》拓本一册，殘拓起自卷十二《玉人》鄭注「辟男」，終於《匠人》經文「牆厚」。拓本配有藍布書衣，書衣上無文字信息。木質面板上有題簽作「宋拓蜀石經周官禮弟十二卷　何維樸爲健之題」，並鈐「維樸印」白文正方印。此本凡七十八開，第十二開至第三十三開爲殘拓，共占二十二開。殘拓每半開皆有朱筆數字即拓本葉號，始「七四」終「百十九」[一]，「百」寫作「一」或近於點形。此外，帖芯内部非左右、中間邊緣處間有剪裱拼接痕跡，可爲推斷原石形制提供依據。此本書根處有墨跡(圖一)，墨跡落在殘拓及咸豐間吴履敬、吴式訓、馮志沂、孔憲彝、陳慶鏞等人題記部分。字跡筆畫錯開，原序應爲「⑤①④③②⑥」(圖二)，重新拼合後可知本作「宋拓蜀石經殘本上」。筆畫錯開處均屬殘拓，則書寫此八字時殘拓順序與今日不同，曾一度混亂，後經重裝理順。

圖一　《周禮・考工記》拓本書根墨跡

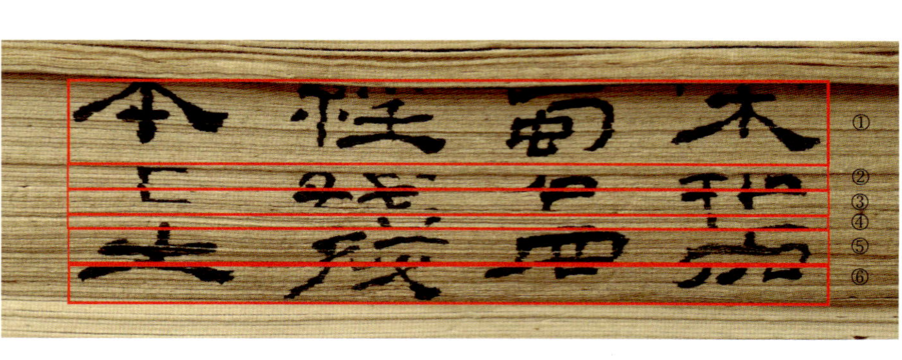

圖二　《周禮・考工記》拓本書根墨跡筆畫錯開

(3)《春秋經傳集解・襄公》拓本一册，殘拓起自《左傳》卷十五首，終於卷十五尾，内容爲襄公十年至十五年經傳及杜注。拓本配有藍布書衣，上繡「宋拓蜀石經左傳弟十五」及「蜀石經齋」白文正方印。木質面板上有題簽作「宋拓蜀石經春秋左氏傳弟十五卷　瞿鴻禨爲健之親家題」。此本凡八十二開，第十開至第六十三開右半爲殘拓，共占五十三開半。殘拓每半開皆有朱筆數字即拓本葉號，始「一」終「百七」，「百」亦寫作「一」或近於點形。此外，卷首上部鈐「東宫書府」朱文正方印，印面内框高寬均爲5.1釐米[二]。

(4)《春秋經傳集解・昭公》拓本一册，殘拓起自《左傳》卷二十昭公二年傳文「子也」，終於「而又何請焉」之「而」字。拓本配有藍布書衣，書衣上無文字信息。木質面板上有題簽作「宋拓蜀石經春秋左氏傳弟二十卷　陳寶琛爲健之老弟題」。此本凡七十開，第三十五開至第三十七開爲殘拓，共占三開。殘拓有兩種朱筆葉號，居下部者始「七二」終「七七」，字跡與其他拓本中葉號相似，當爲原始編號；居上部者始「一」終「六」，字跡明顯有别，當爲獲此三開殘拓者所添。此外，帖芯内部非左右、中間邊緣處間有剪裱拼接痕跡；第二十三開處夾有三紙活葉；第六十六開姚永樸題詩後裝有「金粟山藏經紙」三開，其中尚有抄經時墨筆滲透留下的痕跡，因紙背朝上，故呈「反印」狀態。今能辨出文字若干，似《妙法蓮華經》之文。

(5)《春秋公羊經傳解詁・桓公》拓本一册，殘拓起自《公羊》卷二桓公六年傳文「來也」，終於十五年經文「公會齊」。拓本配有藍布書衣，書衣上無文字信息。木質面板上有題簽作「宋拓蜀石經春秋公羊傳弟二卷　何維樸爲健之題」，並鈐「維樸印」白文正方印。此本凡六十七開，第十七開至第三十五開爲殘拓，共占十九開。殘拓每半開有朱筆數字即拓本葉號，始「百廿四」終「百六十」，

[一] 原拓葉七五後闕一開，故無標作「七六」「七七」之葉。

[二] 因鈐蓋狀態不同，印面外框高寬或有變化，内框高寬則較爲穩定，故測量内框數值。

「百」亦寫作「一」。末開左半殘損，原拓葉號當爲「百六十一」，然今已不可見。此外，帖芯内部非左右、中間邊緣處間有剪裱拼接痕跡，可爲推斷原石形制提供依據。此本書根處亦有墨跡，作「宋拓蜀石經殘本下」（圖三）[一]。

（6）《春秋穀梁傳・文公》《成公》《襄公》拓本一册，包括《穀梁》卷六文公元年半開，起自文公卷首，終於元年經文「來會葬」；卷八成公元年至二年三開半，起自成公卷首，終於二年傳文「舉其」；襄公二十六年至二十七年兩開，起自二十六年經文「公會」，終於二十七年注文「惡也」。此册無書衣，木質面板上有題簽作「宋拓蜀石經春秋穀梁傳弟八弟九卷　陳寶琛爲健之老弟題」，並鈐「弢盦」朱文正方印。此本凡三十二開，第五開右半、第七開至第十開右半、第十一開至第十二開爲殘拓，共占六開。三種《穀梁》殘拓有朱筆數字即拓本葉號，文公殘拓標朱筆葉號「一」；成公殘拓朱筆葉號始「一」終「七」；襄公二十六年至二十七年殘拓朱筆葉號始「百廿四」終「百廿六」，「百」亦寫作「一」，末開左半殘損，原拓葉號當爲「百廿七」，然今已不可見。此外，文公、成公卷首上部皆鈐「東宮書府」朱文正方印，印面内框高寬均爲5.1釐米；帖芯内部非左右、中間邊緣處亦有剪裱拼接痕跡；拓本首尾第一、二、三十一、三十二開裝有「藏經箋」，其中亦有墨筆滲透留下的痕跡。

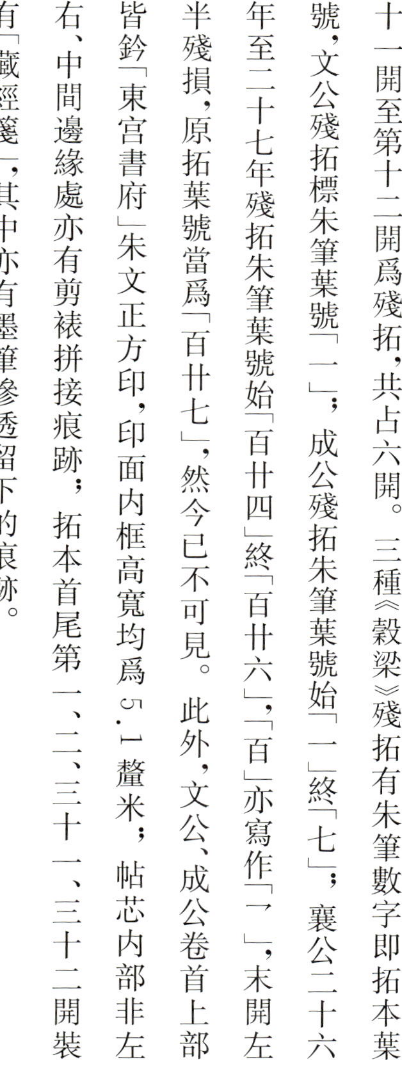

（7）《春秋穀梁傳・襄公》拓本一册，殘拓起自《穀梁》卷九襄公十八年經文「晉侯」，終於十九年經文「侵齊，至」。拓本配有藍布書衣，上繡「宋拓蜀石經穀梁弟九」及「石經厂」朱文正方印。木質面板上有題簽作「宋拓蜀石經春秋穀梁傳弟九卷　瞿鴻禨爲健之親家題」。此本凡八十八開，第十六開至第十七開爲殘拓，

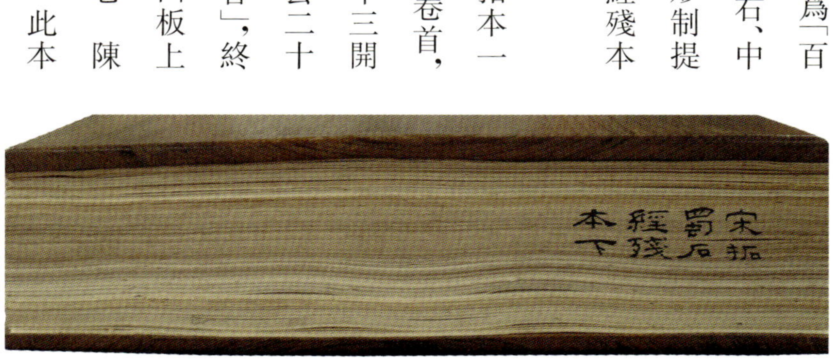

圖三　《公羊・桓公》拓本書根墨跡

共占兩開。殘拓每半開皆有朱筆數字即拓本葉號，始「百二」終「百五」，「百」亦寫作「一」。第十八開右半附「廿四」二字墨拓殘片。

另外，此批劉體乾舊藏拓本中還有劉氏捜集之陳宗彝刻本《蜀石經殘字》一册，自作之《蜀石經題跋姓氏録》一册。前者配有藍布書衣，書衣上無文字信息，木質面板上有題簽作「陳氏木刻蜀石經　戊午（1918）十二月爲健之老同年題　弟章梫」。此本凡五十七開，蓋劉體乾欲與其他殘拓相配，將道光時陳宗彝據摹寫本刊刻之蜀石經《毛詩》《春秋經傳集解・昭公》拆開改裝[二]。第二開左半書簽作「石經殘本　鈕樹玉題」，「石」上或殘去「蜀」字，存世陳刻本中多不見此簽。後者無書衣，木質面板上有題簽作「蜀石經題跋姓氏録」，據字跡判斷應爲劉健之自署。此本凡二十四開，包括「蜀石經題跋各家姓氏録」「蜀石經觀款各家姓氏録」「蜀石經題簽署首各家姓氏録」「蜀石經齋圖各畫家姓氏録」，題跋姓氏録又分「乾隆五十二年（1787）至宣統二年（1910）」「宣統辛亥年（1911）起」兩段著録。綜上，國家圖書館所藏劉體乾舊藏蜀石經拓本七册，另附《陳氏木刻蜀石經》一册、《蜀石經題跋姓氏録》一册，拓本及附册形態皆劉氏收藏時形成。今實測各本面板、帖芯高寬之數[三]，列表一如下。

[一] 圖一至圖三爲2023年9月於國家圖書館閲覽原拓時拍攝。圖二在原圖基礎上有所加工，紅框僅作示意，並非精準分層。

[二] 陳宗彝於《毛詩》殘字後云「兹從陽城張古餘夫子假得《毛詩》殘字一册，迺吴門黄氏抄本」，於《左傳・昭公》殘字後又云「兹從車秋舲處得《左傳》殘字」。言《昭公》殘字得自車持謙，與其父陳繼昌道光六年《重刊蜀石經殘本叙》所謂「並從善化唐陶山先生訪得家樹華所藏《左傳》殘字附刊於後」稍異。今以陳刻本與原拓對勘，有異文若干，陳氏所據恐非原拓，蓋得自車氏之摹寫本。

[三] 本次測量使用軟尺，帖芯一般取殘拓起始之半開測量，若第一個半開已損，則取第二個半開測量。

表一　國家圖書館藏蜀石經拓本及附册高寬表

序號	拓本及附册名稱	面板高寬	帖芯高寬
1	《周禮·秋官》	34.1 cm,15.1 cm	29.6 cm,13.6 cm
2	《周禮·考工記》	35.5 cm,17.8 cm	30.2 cm,15.3 cm
3	《左傳·襄公》	34.1 cm,15.3 cm	29.8 cm,14.4 cm
4	《左傳·昭公》	33.4 cm,20.1 cm	29.5 cm,16.6 cm
5	《公羊·桓公》	35.6 cm,17.8 cm	30.2 cm,14.2 cm
6	《穀梁·文公》《成公》《襄公》	35.3 cm,18.6 cm	《文》29.4 cm,13.6 cm 《成》29.9 cm,14.1 cm 《襄》29.9 cm,14.1 cm
7	《穀梁·襄公》	34.1 cm,15.4 cm	30.1 cm,13.2 cm
8	《陳氏木刻蜀石經》	33.5 cm,19.9 cm	
9	《蜀石經題跋姓氏録》	34.1 cm,15.4 cm	

2. 拓本遞藏

(1)《周禮·秋官》殘拓、《左傳·襄公》殘拓、《穀梁》襄公十八年至十九年殘拓,經楊繼振、張度、李希聖、陶森甲/劉毅、劉體乾等人遞藏。

楊繼振《蜀石經春秋經注攷異》稿本原封大字題「蜀石經左氏傳校勘記」,又小字云「『穀梁卷九傳注攷异』附後,此記易名『蜀石經春秋經注攷异』,因阮氏有校勘記,故易此」,並題「庚申(1860)八月十九日起,九月四日訖,石經厂隨筆」。内頁題「續又得《周禮》殘傳二卷,《穀梁》殘傳一册,改顔巖居曰『庁政三石經厂』」〔一〕。可見楊繼振先得《左傳·襄公》殘拓,後得《周禮·秋官》《穀梁·襄公》殘拓。

又據《左傳·襄公》拓本所附張錫庚、張德容、沈兆霖、朱學勤、葉名澧等人題跋、題詠,可知咸豐七年(1857)左右此殘拓曾爲京師式古堂書坊主人收藏。咸豐庚申冬月張恩澍《蜀石經春秋經注攷異》題記云「又雲先生癖嗜金石文字,知此册在某賈處,竭力購之,居奇不輕售。海氛弗靖,畿垣告警,賈利腰纏,於是斯册乃歸星鳳堂中」〔二〕,則咸豐十年(1860)楊繼振得《左傳·襄公》殘拓於京師某賈,或即式古堂主人。另,此本第二開右半上部鈐有「鄭親王章」朱文正方印,吴檢齋云「此册清咸豐六、七年間,爲鄭親王□□所藏,後歸大興鄭世允」〔三〕。何紹基於咸豐七年秋見此册,稱爲鄭世允藏本〔四〕,這一時間與式古堂收藏時間重合,據目前所知尚難確定鄭世允與式古堂主人是何種關係。故此本歸楊繼振之前,或經鄭親王端華、鄭世允/式古堂主人收藏。

宣統三年(1911)四月,吴慶坻作《蜀石經春秋左傳卷十五宋拓殘本舊藏吴興張叔憲所今歸劉健之觀察體乾携來長沙爲題二絶》云「抱蜀堂中長物三,廿年塵夢憶宣南。期君莫靳官泉布,劒合延津侈美談」,並自注言「吴興張叔憲藏蜀石經《春秋左傳》及《穀梁傳》《周禮》凡三册,壬辰(1892)在嬾眠胡同抱蜀堂中展讀竟日」〔五〕。癸亥(1923)七月,吴慶坻之子吴士鑑又爲劉體乾題詩云「抱蜀無言謹護儲,幾同三篋得亡書。湘中二妙皆躭古,手褎縑囊刼火餘」,並自注言「張辟非藏蜀石經《周禮》《左傳》《穀梁》爲楊幼雲石筝館物,辟非自號抱蜀老人。……庚子(1900)之亂老人所藏流入廠肆,爲李亦元、陳詒重二君所得,旋均歸入君齋」〔六〕。可知楊繼振舊藏蜀石經三種,曾歸張度抱蜀堂,又經李希聖等人之手,終歸劉體

〔一〕詳見(清)楊繼振《蜀石經春秋經注攷異》,復旦大學圖書館藏稿本(索書號:3091)。按,「庁」當「廣」字。

〔二〕據復旦大學圖書館藏楊繼振《蜀石經春秋經注攷異》稿本録文。

〔三〕吴檢齋《蜀石經考異叙録》,《努力學報》1929年創刊號,第5頁。

〔四〕詳見蜀石經《左傳·襄公》拓本第三開,《左傳·昭公》拓本第三十六開。並參(清)何紹基《東洲草堂詩鈔》卷一九《題鄭氏世允藏蜀石經左傳殘本》,《續修四庫全書》第1529册,第6頁。

〔五〕詳見蜀石經《左傳·襄公》拓本第七十六開。此題據(清)吴慶坻《補松廬詩録》,《清代詩文集彙編》第770册,第306頁。

〔六〕詳見蜀石經《左傳·昭公》拓本第十八開。

乾。此外，《穀梁・襄公》拓本中又存有瞿鴻禨電報與題記、劉體乾題記〔一〕，故大體可知劉氏收購李希聖舊藏始末，其中《左傳・襄公》殘拓劉體乾於1910年得自陶森甲，1911年《周禮・秋官》《穀梁・襄公》殘拓亦由陳毅歸劉氏。

（2）《周禮・考工記》殘拓、《公羊・桓公》殘拓，經陳慶鏞、吴履敬吴式訓昆仲、劉體乾等人遞藏。

潘祖蔭題跋憶及咸豐二年（1852）八月，曾於陳慶鏞齋中「見《周禮》《公羊》殘本」〔二〕。同年冬，馮志沂題記云「吴甥敬之兄弟携此蜀石經殘刻相眎，一爲《春秋公羊傳》，一爲《周禮・冬官・攷工記》」〔三〕。《周禮・考工記》《公羊》拓本中又各有陳慶鏞題記〔四〕，均作於咸豐二年十二月。咸豐四年鄭復光題記云「咸豐四年秋閏月初七日，吴氏昆中出宋拓《□□》《周禮》石經蜀本見示」〔五〕，咸豐七年九月何紹基亦爲吴氏昆仲作《吴子肅子迪兄弟屬題宋拓蜀石經周禮經注共六千五百餘字爲册廿二葉公羊傳並注共五千一百餘字爲册十九葉周禮孟氏刻公羊傳宋補刻也賢昆玉攷訂同異甚核爲作詩得四十韻》〔六〕，則《周禮・考工記》殘拓、《公羊・桓公》殘拓咸豐間藏於陳慶鏞、吴氏昆仲處。前述此二册拓本書根處均有墨跡，《考工記》墨跡筆畫雖錯開，但仍可判定與《公羊》墨跡體例、筆跡一致，當爲一人所書。又據劉體乾題記「壬子（1912）正月又收得《周禮》卷十二，二十二葉；《公羊》卷二，十九葉，即陳頌南舊藏也」〔七〕，可知兩本於1912年歸劉氏。

（3）《左傳・昭公》殘拓經沈剛中、陳樹華、唐仲冕、梁章鉅、楊廷傳、力鈞、劉體乾等人遞藏。

陳樹華《春秋經傳集解考正・論例》云「乾隆三十九年（1774）四月朔，蘆墟沈剛中示余蜀石經《左傳》六紙。……昭二年傳『夫子君子也』下子字起，至『而又何請焉』而字止」〔八〕，翁方綱《跋蜀石經殘本》言「予昔聞芳林得此於蘆墟沈剛中氏，凡六紙，渴思一見而未得遂」〔九〕，則陳樹華得《左傳・昭公》殘拓於沈剛中。

段玉裁《跋黄蕘圃蜀石經毛詩殘本》載「南歸後寓居姑蘇閶門外，於故友陳芳林樹華家見蜀石經《左傳》數百字，錢曉徵少詹事録諸《潛揅堂金石跋尾》，今爲唐陶山刺史物者是也」〔一〇〕，據此可知此本嘉慶間曾歸唐仲冕。梁章鉅《蜀石經左氏傳殘本册》又言「幸歸余篋，因重加裝治」〔一一〕，《左傳・昭公》拓本第四十二開梁氏所題即此詩，唯文字有所出入，落款作「道光辛卯冬季重裝畢題此」，則此本道光十一年（1831）又轉歸梁氏，且經重裝。陳宗彝刻本《左傳・昭公》殘字所據雖非原拓，然「吾聞」後空一行，尚未將下葉第一行提行，反映的可能是重裝前的拓本面貌（圖四）。

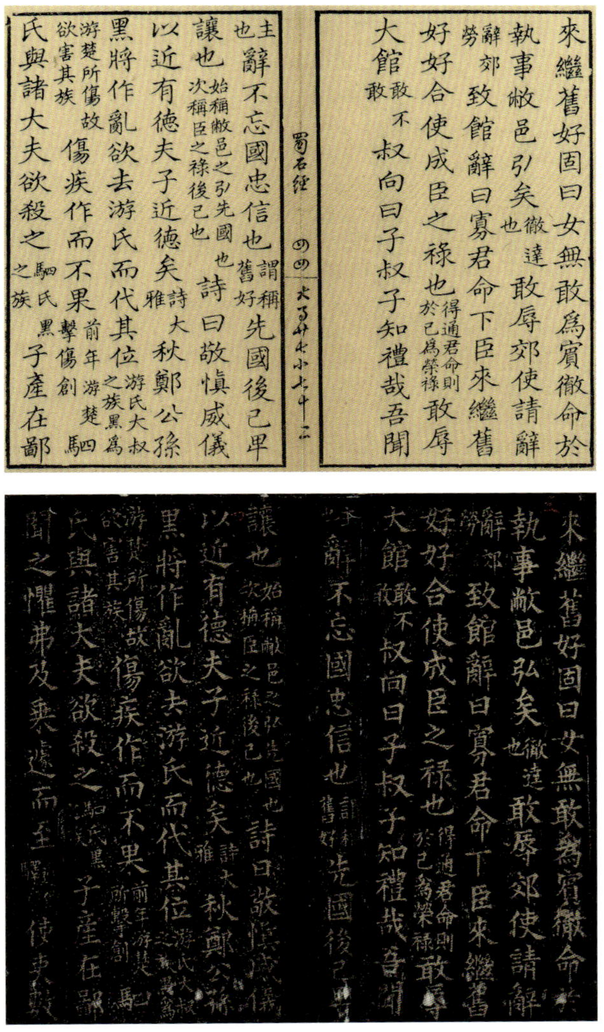

圖四　陳宗彝刻本、重裝後拓本《左傳・昭公》對比圖

〔一〕詳見《穀梁・襄公》拓本第二十二、二十五、二十六、三十、三十一開。
〔二〕詳見蜀石經《左傳・襄公》拓本第七十四開。
〔三〕詳見蜀石經《周禮・考工記》拓本第三十六開。
〔四〕詳見蜀石經《周禮・考工記》拓本第三十七開、《公羊・桓公》拓本第三十八開。
〔五〕詳見蜀石經《公羊・桓公》拓本第三十八開，原件「宋拓」後有蟲蛀痕跡，所闕蓋「公羊」二字。
〔六〕詳見蜀石經《周禮・考工記》拓本第六至第七開，此題據（清）何紹基《東洲草堂詩鈔》卷一九，《續修四庫全書》第1529册，第4頁。
〔七〕詳見蜀石經《穀梁・襄公》拓本第三十一、三十二開。
〔八〕（清）陳樹華《春秋經傳集解考正》，《續修四庫全書》第142册，第7—8頁。
〔九〕（清）翁方綱《復初齋文集》，《續修四庫全書》第1455册，第502頁。
〔一〇〕（清）段玉裁《經韵樓集》，《續修四庫全書》第1434册，第575頁。
〔一一〕（清）梁章鉅《退菴詩存》，《續修四庫全書》第1499册，第614頁。

另劉體乾題記云「陳芳林所藏《左傳》三十五行,戊午(1918)十月陳弢庵太保爲之作緣歸余」[一],則此本歸劉乃1918年陳寶琛作緣。據1919年弢庵題記「此册爲楊甘州廷傳所藏,文襄留觀累月,撫晉行前一夕始題而還之。比余再至都,則已歸力農部鈞。吾友劉健之觀察既有《周禮》、三《傳》諸册,都四萬六千四百餘字,聞予言亟力致,自是孟蜀殘刻幾盡爲君有矣」[二],可知此本歸劉之前又經楊廷傳、力鈞收藏。

(4)《穀梁》文公元年、成公元年至二年、襄公二十六年至二十七年殘拓,經彦德/羅振玉、劉體乾等人遞藏。

1925年劉體乾題記載「右宋皇祐田况補刻《春秋穀梁傳》弟八弟九卷,存經注九百四十二字,本内閣大庫物,後歸滿洲彦悳君。余習聞之,今年託朱君幼平以重價買得」[三]。1926年羅振玉《蜀石經春秋穀梁傳文公第六殘葉跋》又云「予此本得之大庫殘籍中。先是滿洲某君亦得《穀梁》殘卷數十行于内閣大庫,健之先生既已重金購致,擬寫影以傳之,移書乞此五行,因題後以歸之」[四]。故可知民國間内閣大庫所出蜀石經《穀梁・成公》《襄公》殘拓曾藏彦德處,《文公》殘拓曾藏羅振玉處,分别於1925年、1926年歸劉。

綜上,劉體乾搜集蜀石經,以1910年由陶森甲得《左傳・襄公》殘拓,1911年由陳毅得《周禮・秋官》、《穀梁》襄公十八年至十九年殘拓爲起始。此三册皆爲楊繼振舊藏,劉氏先得《左傳》《周禮》,而《穀梁》因故一時未得,瞿鴻禨爲之調停,終亦歸劉。此三册面板均由瞿氏題簽,蓋緣此之故。三種拓本高寬基本一致,《蜀石經題跋姓氏録》尺寸仿之,詳見表一中以白色底紋標識者。1912年劉體乾得《周禮・考工記》《公羊・桓公》殘拓,此二册爲陳慶鏞、吴氏昆仲舊藏,何紹基曾爲吴氏題識,故劉體乾又請何維樸於面板題簽。二者高寬基本一致,詳見表一中以藍色底紋標識者。1918年由力鈞得《左傳・昭公》殘拓,乃陳寶琛作緣,故此册面板爲弢庵題簽。《陳氏木刻蜀石經》尺寸仿該本,或因陳宗彝刻本中亦有《左傳・昭公》,詳見表一中以橙色底紋標識者。最後,1925年劉體乾由彦德收《穀梁》成公元年至二年、襄公二十六年至二十七年殘拓,1926年由羅振玉得《穀梁》文公元年殘拓。三者裝爲一册,又請陳寶琛題簽,而尺寸與他本皆異,詳見表一中以紅色底紋標識者。

3. 拓本來源及年代

由上文拓本描述可知,目前分藏上海圖書館、國家圖書館的蜀石經《毛詩》、《周禮》、《春秋》三傳拓本均有朱書葉號,有些葉號如「百」字的書寫特徵相似,諸本當同源。且《左傳》襄二第十五卷首、《穀梁》文公第六卷首、《穀梁》成公第八卷首上部均鈐有「東宫書府」篆文印,故知國圖所藏《左傳》《穀梁》拓本確曾共藏一處。另外,丁敬《雪中集南華堂趙谷林兄弟出觀蜀廣政石經毛詩殘本宋廖瑩中世綵堂刻韓集作》詩中有「中間古印辨不真」一句[五],今檢《毛詩》拓本並無「辨不真」之「古印」。而「東宫書府」印篆體特殊,習稱「九疊文」,字形辨識確實存在一定難度,正符合丁詩的描述。據此推測,丁敬所見「古印」當鈐蓋於《周南》卷首,此部分後又佚失,故今不可見。若果真如此,則亦可佐證現分藏南北的《毛詩》《左傳》《穀梁》殘拓來源一致。

進一步考察「東宫書府」,當爲明懿文太子藏印。趙萬里先生爲宋刻本《國語解》《春秋經傳》撰寫説明時曾指出,鈐有此印之兩書「當是元時官書,明太祖滅元

[一] 詳見蜀石經《穀梁・襄公》拓本第三十二開。

[二] 詳見蜀石經《左傳・昭公》拓本第四十六開。

[三] 詳見《穀梁・文公》《成公》《襄公》拓本第十三開。

[四] 羅振玉此文在《穀梁》文公元年殘拓五行後,今據羅氏《後丁戊稿》録題。詳見羅振玉著,羅繼祖、王同策編《羅振玉學術論著集》第十集,上海古籍出版社,2010年,第677頁。

[五] (清)丁敬《硯林詩集》,《清代詩文集彙編》第276册,第290頁。亦可參李福過録之丁詩,詳見蜀石經《毛詩》拓本第四十六開。

得之，以貽懿文太子者」〔一〕。此説既點明「東宫書府」印之所屬，又推測了鈐有此印之書的淵源，據此或可將現存蜀石經殘拓的來源上推至元内府〔二〕。至於明正統《文淵閣書目》及萬曆、崇禎兩部《内閣藏書目録》中著録之蜀石經拓本，當即懿文太子所藏者。大約在明萬曆間，一綫單傳之蜀石經拓本開始由内府散出〔三〕，入清之後殘拓流轉情況已見上文。

目前上海圖書館以蜀石經《毛詩》爲宋拓本，國家圖書館則以所藏爲宋、元拓本之合璧〔四〕。結合上文對蜀石經原石毀佚時間的推測，國圖藏本或可進一步明確爲宋拓本。

（二）近代成都出土殘石及其拓片

1938年因日軍空襲，成都拆除城垣以便市民疏散，陸續於老南門發現蜀石經殘石若干。相關情況，江鶴笙、江友樵、羅希成、陳達高、王利器、馬衡、周萼生等人有説。周氏云1938年於成都南門外發現殘石約十片左右，江鶴笙得其半數以上〔五〕。據鶴笙子友樵所述，其父曾獲藏九塊，以「孟蜀石經樓」顔其居〔六〕。江鶴笙又云當日所得《毛詩》不止一石，有一石因故失去，爲黄希成所得，後歸前川西文教廳，今屬四川省博物館〔七〕。此石當即羅希成捐獻、現藏四川博物院之《毛詩·周頌》《魯頌》殘石。而羅氏言該石爲舊僕劉某得於黔中，1939年春獲贈〔八〕。可見江、羅二説不能密合，至少此石的流傳過程尚存闕環〔九〕。然陳達高言《尚書·説命》《君奭》殘石「出土於成都之南門，知者無人，函川大竟不覆，輾轉歸余」〔一〇〕，則成都老南門作爲蜀石經出土地，當無問題〔一一〕。

此批殘石及其拓片見於著録者有：《周易》殘石兩塊拓片四葉，一石一面刻《履》、一面刻《泰》《否》（圖五），一石兩面均刻《中孚》（圖六），原石皆爲江鶴笙舊藏現藏四川博物院；《尚書》殘石兩塊拓片三葉，一石單面刻《禹貢》（圖七），一石一面刻《説命》、一面刻《君奭》（圖八），前者爲江鶴笙舊藏，後者爲陳達高舊藏，現均藏四川博物院；《毛詩》殘石兩塊拓片四葉，一石一面刻《鄭風》之《叔于田》《大叔于田》、一面刻《曹風》之《鳲鳩》《下泉》，一石一面刻《周頌》之《桓》《賚》、一面刻《魯頌》之《駉》（圖九），前者爲江鶴笙舊藏現藏地不明〔一二〕，後者爲羅希成舊藏現藏四川博物院；《儀禮》殘石一塊拓片兩葉，兩面均刻《特牲饋食禮》（圖十），原石

〔一〕詳見北京圖書館編《中國版刻圖録》第1册，北京：文物出版社，1960年，第13、16頁。趙萬里先生於「東宫書府」印雖早有清晰認識，然王國維先生宋印説影響甚大，至今仍有沿襲王氏誤説者。此問題可參張學謙《蜀石經拓本所鈐「東宫書府」印非宋内府印辨》，《圖書館雜誌》2014年第9期，第109—112頁；王天然《蜀石經拓本所鈐「東宫書府」印補説》，《版本目録學研究》第7輯，北京大學出版社，2016年，第445—450頁。

〔二〕現存蜀石經拓本甚至可能來自更早的内府收藏，但不能以「東宫書府」印爲證據。

〔三〕詳見王天然《蜀石經著録疏證（上）》，第86頁。

〔四〕詳見上海圖書館編著《上海圖書館善本碑帖綜録》卷二，上海書畫出版社，2017年，第954頁；中國國家圖書館編著《中國國家圖書館善本碑帖綜録》卷上，上海書畫出版社，2020年，第355頁。

〔五〕詳見周萼生《近代出土的蜀石經殘石》，《文物》1963年第7期，第46頁。

〔六〕詳見江友樵《口述自傳》，《中華書畫家》2016年第8期，第48頁。

〔七〕周萼生引江鶴笙説如此，李志嘉、樊一云黄希成即羅希成。詳見周萼生《近代出土的蜀石經殘石》，第46頁；李志嘉、樊一《蜀石經述略》，《文獻》1989年第2期，第217頁。

〔八〕詳見重慶中國三峽博物館所藏《毛詩·周頌》《魯頌》殘拓之羅希成題識。

〔九〕李志嘉、樊一認爲若羅氏所述可信則可證劉燕庭所記不虚，若江氏所述可信則此石不出黔中，乃抗戰初出成都老南門城垣。按，羅説似有附會劉燕庭所記「任令貴州人，罷官後原石輦歸黔中矣」之嫌。另，騁陸文猜測此石爲貴陽二四轟炸後所發現，並無更多證據，恐非事實。詳見李志嘉、樊一《蜀石經述略》，第218頁；（清）錢大昕《竹汀先生日記鈔》卷二，劉喜海批注，國家圖書館藏何元錫夢華館刻本（善本書號：02520），第7B頁；騁陸《黔中拾得之一：蜀石經殘石》，《西南公路》1943年第254期，第1255頁。

〔一〇〕詳見重慶中國三峽博物館所藏《尚書·説命》《君奭》殘拓之陳達高題識。

〔一一〕但此處可能並非蜀石經原石湮没的唯一地點。

〔一二〕然尹建華、曾如實《四川五代石刻考察記》著録該石云「高32、寬23、厚7釐米。此石一面刻《鄭風》；一面刻《曹風》。今存重慶市博物館」。詳見成都王建墓博物館編《前後蜀的歷史與文化——前後蜀歷史與文化學術討論會論文集》，成都：巴蜀書社，1994年，第150頁。另成都永陵博物館陳列中有此石複製品，展品説明亦云「原件藏重慶中國三峽博物館」。兩條綫索指向一致，原石可能並未佚失。

爲陳儉十舊藏，後歸重慶市博物館，現藏中國國家博物館〔一〕。綜上，見於著録之蜀石經殘石共計四經七石，得拓片十三葉〔二〕。

圖五　《周易・泰》《否》殘石

圖七　《尚書・禹貢》殘石

圖九　《毛詩・魯頌・駉》殘石

圖六　《周易・中孚》殘石

圖八　《尚書・君奭》殘石

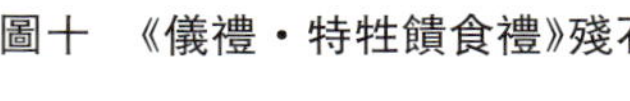

圖十　《儀禮・特牲饋食禮》殘石

三　蜀石經之形制與性質

（一）原石形制

因原石毀佚，傳世殘拓已經割裱，近代所出殘石則過於零碎，故長期以來學界對蜀石經原石形制缺乏清晰認知，確爲蜀石經研究中的疑難問題。本人此前曾選取拓本、殘石均有存世的《毛詩》爲入口，據當時匆匆一觀之上圖《毛詩》拓本葉七四、八七、九三所存原石編號，結合其他已知形制信息，初步復原了《毛詩》原石行數與布局方式，認爲蜀石經《毛詩》原石一面約容37行，單排布局，雙面書刻。又以國博藏《儀禮・特牲饋食禮》殘石加以檢驗，亦推擬出《儀禮》此石一面約容36行、一面約容37行的結果，與《毛詩》原石行數基本一致〔三〕。

今日再觀上圖《毛詩》拓本高清圖版，於原石編號續有發現，已在上文列出。此外帖芯内部非左右、中間邊緣之剪裱拼接痕跡，也爲推斷原石形制提供了重要依據。如據《毛詩》殘拓184行與185行、221行與222行之間所存拼接痕跡推測，185行至221行所在原石有37行；據221行與222行、295行與296行之間拼接痕跡推測，222行至295行共74行，或兩石之内容，222行至258行爲一石，259行至295行爲一石，258行與259行之間正處於拓本一開中央；據295行與296行、332行與333行之間拼接痕跡推測，296行至332行所在原石有37行；

〔一〕圖五至圖九爲2019年1月參觀四川博物院時拍攝，圖十爲2022年9月參觀中國國家博物館時拍攝。

〔二〕近年又見未經著録之蜀石經殘石拓片三件，分别爲《進御删定禮記月令表》殘拓、《御删定禮記月令》殘拓、《春秋經傳集解・哀公》殘拓，現藏成都澹軒先生處，期待日後還有新的發現。詳見王天然《三件未著録蜀石經殘拓考略》，《出土文獻研究》第21輯，上海：中西書局，2022年。

〔三〕詳見王天然《蜀石經形制謭識》，第113—128頁。

據 332 行與 333 行、370 行與 371 行之間拼接痕跡推測，333 行至 370 行所在原石似有 38 行，然該石跨卷，卷一止於葉五八第四行，第五、六兩行爲空白，由拓本第五行狀態可知原石此行爲空白，而第六行已不屬原拓，蓋卷一、二之間有一行空白，製作拓本時將卷二另起一葉裝裱，若果然如此，則該石可能仍是 37 行；據 370 行與 371 行、407 行與 408 行之間拼接痕跡推測，371 行至 407 行所在原石有 37 行；據 444 行處於第十二石末尾，481 行與 482 行之間拼接痕跡推測，445 行至 481 行所在原石有 37 行；據 481 行與 482 行、518 行與 519 行之間拼接痕跡推測，482 行至 518 行所在原石有 37 行；據 518 行與 519 行、555 行與 556 行之間拼接痕跡推測，519 行至 555 行所在原石有 37 行；據 555 行與 556 行、592 行與 593 行之間拼接痕跡推測，556 行至 592 行所在原石有 37 行；據 592 行與 593 行、629 行與 630 行之間拼接痕跡推測，593 行至 629 行所在原石有 37 行。故再次驗證了舊作中《毛詩》原石行數的結論，另結合葉百五所存原石編號「十八」，可知《毛詩》卷一、卷二即《周南》《召南》《邶風》用石 18 面。

今又首次得見國圖所藏原拓，也收獲了以往從劉體乾影印本中不易觀察到的信息。如《周禮》拓本中亦有帖芯内部非左右、中間邊緣之剪裱拼接痕跡。據《秋官》殘拓 61 行與 62 行、98 行與 99 行之間拼接痕跡推測，62 行至 98 行所在原石有 37 行；據 98 行與 99 行、135 行與 136 行之間拼接痕跡推測，99 行至 135 行所在原石有 37 行；據 135 行與 136 行、172 行與 173 行之間拼接痕跡推測，136 行至 172 行所在原石有 37 行；據 172 行與 173 行、209 行與 210 行之間拼接痕跡推測，173 行至 209 行所在原石有 37 行；據 209 行與 210 行、283 行與 284 行之間拼接痕跡推測，210 行至 283 行共 74 行，或兩石之内容，210 行至 246 行爲一石，247 行至 283 行爲一石，246 行與 247 行之間正處於拓本一開中央；據 283 行與 284 行、320 行與 321 行之間拼接痕跡推測，284 行至 320 行所在原石有 37 行；據 320 行與 321 行、357 行與 358 行之間拼接痕跡推測，321 行至 357 行所在原石有 37 行；據 357 行與 358 行、395 行與 396 行之間拼接痕跡推測，358 行至 395 行所在原石有 38 行；據 395 行與 396 行、469 行與 470 行之間拼接痕跡推測，396 行至 469 行共 74 行，或兩石之内容，396 行至 432 行爲一石，433 行至 469 行爲一石，432 行與 433 行之間正處於拓本葉間；據 469 行與 470 行、505 行與 506 行之間拼接痕跡推測，470 行至 505 行所在原石似有 36 行，然該石跨卷，蓋卷九、十之間有一行空白，製作拓本時剪去空行，故 501 行與 502 行之間亦有拼接痕跡，若果然如此，則該石可能仍爲 37 行；據 505 行與 506 行、542 行與 543 行之間拼接痕跡推測，506 行至 542 行所在原石有 37 行；據 542 行與 543 行、579 行與 580 行之間拼接痕跡推測，543 行至 579 行所在原石有 37 行；據 579 行與 580 行、616 行與 617 行之間拼接痕跡推測，580 行至 616 行所在原石有 37 行；據 616 行與 617 行、653 行與 654 行之間拼接痕跡推測，617 行至 653 行所在原石有 37 行；據 653 行與 654 行、727 行與 728 行之間拼接痕跡推測，654 行至 727 行共 74 行，或兩石之内容，654 行至 690 行爲一石，691 行至 727 行爲一石，690 行與 691 行之間正處於拓本一開中央；據 727 行與 728 行、764 行與 765 行之間拼接痕跡推測，728 行至 764 行所在原石有 37 行；據 764 行與 765 行、801 行與 802 行之間拼接痕跡推測，765 行至 801 行所在原石有 37 行；據 801 行與 802 行、838 行與 839 行之間拼接痕跡推測，802 行至 838 行所在原石有 37 行；據 838 行與 839 行、875 行與 876 行之間拼接痕跡推測，839 行至 875 行所在原石有 37 行；據 875 行與 876 行、949 行與 950 行之間拼接痕跡推測，876 行至 949 行共 74 行，或兩石之内容，876 行至 912 行爲一石，913 行至 949 行爲一石，912 行與 913 行之間正處於拓本葉間。

據《考工記》殘拓 487 行與 488 行、524 行與 525 行之間拼接痕跡推測，488 行至 524 行所在原石有 37 行；據 524 行與 525 行、561 行與 562 行之間拼接痕跡推測，525 行至 561 行所在原石有 37 行；據 561 行與 562 行、598 行與 599 行之間拼接痕跡推測，562 行至 598 行所在原石有 37 行；據 598 行與 599 行、635 行與 636 行之間拼接痕跡推測，599 行至 635 行所在原石有 37 行；據 635 行與 636

行,709 行與 710 行之間拼接痕跡推測,636 行至 709 行共 74 行,或兩石之内容,636 行至 672 行爲一石,673 行至 709 行爲一石,672 行與 673 行之間正處於拓本一開中央。由此可見,《周禮》原石行數也與《毛詩》基本一致。

而《左傳》殘拓中罕見此類剪裱拼接痕跡〔一〕,故《左傳》原石行數當爲 6 之倍數,或即 36 行,與《毛詩》《儀禮》《周禮》諸經稍異。

又如據《公羊》殘拓 659 行與 660 行、691 行與 692 行之間拼接痕跡推測,660 行至 691 行所在原石蓋 32 行。692 行大字「桓公」右側尚存刻字「十ヒ」,蓋「廿四」殘形,當爲原石編號。若以 23 面容納 691 行估算,《公羊》每面或在 30 行左右,行數可能並不整齊劃一。另據 691 行與 692 行、724 行與 725 行之間拼接痕跡推測,692 行至 724 行所在原石蓋 33 行;據 724 行與 725 行、759 行與 760 行之間拼接痕跡推測,725 行至 759 行所在原石蓋 35 行;據 759 行與 760 行、793 行與 794 行之間拼接痕跡推測,760 行至 793 行所在原石蓋 34 行。益可見《公羊》原石行數並不穩定,故有理由懷疑北宋續刻之《公羊》形制與《毛詩》《儀禮》《周禮》《左傳》諸經存在較大差異,而這種差異的形成或由石料情況所決定。

綜上,據目前所知蜀石經《毛詩》《儀禮》《周禮》形制基本一致,原石一面約容三十七行;《左傳》稍異,原石一面可能約容三十六行;《公羊》原石行數可能並不穩定,與廣政間鐫石者存在較大差異。

(二) 文本性質

關於文本性質,此前曾分孟蜀石經、宋蜀石經兩類做過初步探索,認爲孟蜀石經大字部分以唐開成石經爲底本而有微異,小字部分除《左傳》外當源自唐五代寫本,《左傳》則很可能利用了五代國子監刊本;宋蜀石經《公羊》所用底本爲蜀刻的可能性較大,《穀梁》底本亦屬監本系統,《孟子》或據北宋監本刻石,似非蜀大字本〔二〕。近年因陸續完成了現存蜀石經的校理及字形表的編製,對此問題有了進一步認識。舊作的討論主要著眼於文本異同,今在此之外更增强了對蜀石經用字特徵的考察。

首先,通過全面校理蜀石經遺文,充分掌握經、注文本的異同情況,得到以下結果〔三〕。《周易》殘石所存經文與唐石經皆同,注文中保留了來源較早的文本。《尚書》殘石所存經文與唐石經皆同,有些經文與敦煌寫本形成對比,注文則有近於敦煌寫本而與後世刻本不同者。《儀禮》殘石所存經文與唐石經皆同,注文與後世刻本相較,存在較爲獨特的異文。《禮記》殘拓所存大字與唐石經皆同,注文與敦煌寫本存在異文。《毛詩》殘拓、殘石經文大多與唐石經一致,雖有不盡相同者,但與敦煌寫本、日本大念佛寺所藏日寫本經文和唐石經之差異相比,異文十分有限;注文與後世刻本相較,則存在大量異文。《周禮》殘拓經文大多與唐石經一致,雖有異文但十分有限;注文與後世刻本相較,則存在大量異文。《左傳》殘拓經文大多與唐石經一致,雖有不盡相同者,但與敦煌寫本、日本宫内廳書陵部所藏日寫本經文和唐石經之差異相比,異文十分有限;注文與敦煌寫本、日寫本相較存在大量異文,而與南宋撫州公使庫本、越州八行本等爲代表的監本系統更爲接近。《公羊》殘拓一方面與撫州本較爲接近,另一方面又有特異之處。而《穀梁》殘拓遺文甚少,異文也有限。

其次,通過編製字形表,考察蜀石經經、注的用字特徵,得到以下結果。孟蜀石經《周易》《毛詩》《尚書》《儀禮》《周禮》《左傳》之經文用字皆有遵循唐石經的現象。注文方面以《五經文字》《新加九經字樣》爲規範用字參照,則《周易》《毛詩》

〔一〕《左傳・昭公》殘拓中帖芯内部非左右、中間邊緣之剪裱拼接痕跡,當是晚近之人重裝殘拓時所爲,與初製拓本時形成的拼接痕跡不同,不具有推測原石形制的意義。

〔二〕詳見王天然《孟蜀石經性質初理》,《中國典籍與文化》2015 年第 2 期,第 65—70 頁;《宋蜀石經性質蠡測》,《中國典籍與文化》2018 年第 2 期,第 4—13 頁。

〔三〕這裏僅描述校理工作的整體結果,具體異同實例詳見已發表於《中國典籍與文化論叢》第 18、19、22、23、26、27 輯的相關文章。

《尚書》《周禮》《左傳》注文用字皆有不規範現象。然以存字較多的《毛詩》《周禮》《左傳》三經相較，前二者不規範用字甚多，《左傳》則爲個别現象。宋蜀石經《公羊》《穀梁》經、注用字有與孟蜀石經明顯不同者，透露出鮮明的時代差異。《公羊》經、注中均有一字多形現象，注文中還偶見不規範用字。

由以上兩方面考察所見，關於宋蜀石經《公羊》《穀梁》的性質，現仍維持舊作中的看法，不再贅言。對孟蜀石經性質的看法也與舊作基本一致，但認識有所豐富、細化。結合文獻記載，宋人以孟蜀石經依「雍都舊本」「太和舊本」即唐石經書刻〔一〕。乾道六年晁公武組織學官以監本校勘蜀石經十三種，僅得異文三百二科〔二〕。除去宋蜀石經三種，孟蜀石經異文爲二百三十科，監本雖非唐石經，但經文乃唐石經一脈，故孟蜀石經與唐石經的異文之數應與此二百三十科大體相當。而孟蜀石經十種經文超過 51 萬字〔三〕，在經文總數面前，孟蜀石經與唐石經的異文體量是微小的。至於二者存在少量差異，也不難理解。一則經籍刊刻需經校勘〔四〕，其中存在有意的改動；一則刊刻過程中無法避免訛誤的産生。故孟蜀石經與唐石經存在異文，和孟蜀石經以唐石經爲依據並不矛盾。而在文本異同之外，用字特徵也應予以關注。現存孟蜀石經除存字極少的《禮記》殘拓之外，經文用字皆有遵循唐石經的現象，且從存字較多的《毛詩》《周禮》《左傳》觀察，並非偶見而是系統性的用字特徵，即特意選擇的結果。總之，目前殘拓、殘石皆無存世之《孝經》《論語》《爾雅》可先存而不論，至少孟蜀石經其他七種的經文當以唐石經爲主要來源〔五〕，宋人之説尚難推翻〔六〕。

孟蜀石經的注文來源則並不一例。《毛詩》《尚書》《儀禮》《周禮》注文與後世刻本相較，皆存在較爲獨特的異文，且觀察存字較多的《毛詩》《周禮》，二者較之後世刻本存在大量異文。而《左傳》注文與敦煌寫本及文本來源較早的日寫本差異甚多，却與後世刻本尤其是監本系統更爲接近。此外，《周易》殘石注文皆王弼注之部分，其中保留了來源較早的文本，但並非獨立於後世刻本的異文，惜其存字過少，難知全貌。而晁公武《郡齋讀書志》載蜀石經《周易》「《説卦》『乾健也』以下有韓康伯注，《畧例》有唐四門助教邢璹注。此與國子監本不同者也。以蜀中印本挍邢璹注《畧例》，不同者又百餘字」〔七〕，故可知蜀石經《周易》非王弼注部分與後世刻本相較，存在明顯的不同〔八〕。

綜上，孟蜀石經之經文，至少《周易》《毛詩》《尚書》《儀禮》《禮記》《周禮》《左

〔一〕詳見席益《府學石經堂圖籍記》、晁公武《石經考異序》等文。關於宋人所言之「太和舊本」，虞萬里先生近來有十分新穎的解讀，認爲「太和舊本是寫本，而非鄭覃據太和本校勘上石之開成石經本」，此説頗具啓發。請參虞萬里《蜀石經所見〈周禮·考工記〉文本管窺》，《嶺南學報》復刊第 17 輯《經學文獻研究》，上海古籍出版社，2023 年，第 167 頁。然細讀晁公武《石經考異序》，「太和舊本」「大和本」「太和石本」在晁序語境中似無區别，所指皆爲開成石經，今仍以「太和舊本」爲唐石經。

〔二〕詳見晁公武《石經考異序》，然依序中記載各經異文凡二百九十一科，顯然與三百二之數不合。而南宋曾宏父《石經鋪叙》「益郡石經」條也記各經異文之數，《公羊》《穀梁》分别作二十二、二十三，如此則恰合三百二之數，當從曾氏所記。

〔三〕除《爾雅》字數不明外，據曾宏父《石刻鋪叙》所載數據，孟蜀石經九種經文共計 508190 字，再計入《爾雅》，經文將超過 51 萬字。古人所記經文字數雖未必準確，但可以作爲宏觀參考。

〔四〕曾宏父《石刻鋪叙》「益郡石經」條明言《孝經》「右僕射毋昭裔以雍京石本校勘」，《論語》「校、書、鎸姓名皆同《孝經》」。另，玩味「以雍京石本校勘」一句，毋昭裔在校刻《孝經》《論語》時可能以唐石經爲校本，大概在校勘所用經注本之經文後再行書刻，雖未直接以唐石經爲底本，但毋氏此處校勘程序本身即含有依照唐石經之意，亦未破孟蜀石經遵循唐石經之主旨。而徑用經注本爲底本，將唐石經校改於經注本之中，當爲便宜計也。此種情況可能僅存在於廣政七年校刻石經的起始階段，而且大概也只能存在於經文字數較少的幾種經書當中。此法若施用於字數較多的經書，經文異文不但增多，字形異體更難以估量，一一校改反不方便，此時經、注分用底本可能是更爲實用的方法。

〔五〕《禮記》殘拓雖存字有限，然殘拓爲《御删定禮記月令》及李林甫進表之内容，這本身即可説明蜀石經《禮記》以唐石經爲依據。

〔六〕近年姚文昌先生有新説云「宋代以來將唐石經作爲蜀石經底本的認識是錯誤的，蜀石經《毛詩》所據底本是唐代以來的經注合寫本」，詳見姚文昌《蜀石經〈毛詩〉底本辨正》，《文史》2019 年第 1 輯，第 279—288 頁。然在通盤校理、考察用字後重作思量，愈信宋人之有據，故未改易舊作的基本觀點。

〔七〕（宋）晁公武《昭德先生郡齋讀書志》卷一，國家圖書館藏清汪氏藝芸書舍刊二十卷本（善本書號：02835），第 3B—4A 頁。

〔八〕除邢璹注與蜀中刻本存在不少異文外，蜀石經《説卦》「乾健也」以下有注文，更是頗具特色的文本。

傳》七種當以唐石經爲主要來源，其中與唐石經不合者或爲有意改動，或爲一時訛誤，似不能因關注少數異文而忽視占絶大多數的相同文本，進而否定經文依照唐石經的傳統觀點。《周易》《毛詩》《尚書》《儀禮》《周禮》注文存在寫本時代文本參差的特徵，保留了刻本時代來臨前夜的一些獨特注文。《左傳》注文性質則較爲特殊，相對於寫本更接近監本系統。孟蜀石經内部注文性質的這種差異，恰是經籍正在發生寫刻歷史演變的生動體現。

結　語

由上文考察原石形制的過程不難發現，一旦獲得觀察原拓或高清圖版的機會，便可能捕捉到原石編號、拼接痕跡等細微信息，這些長期被封存的綫索，成爲破解蜀石經形制這一疑難問題的關鍵。此事足以説明，集中刊布蜀石經高清圖版的重要意義。此外，圍繞蜀石經産生的衍生文獻，也自有其價值。如上文提到的陳宗彝刻本《左傳・昭公》殘字，所據雖非原拓，但可能依然反映了此拓重裝前的較早面貌。而士人雅集與書賈求售兩類活動，均圍繞蜀石經殘拓産生了大量題跋文字。如以《毛詩》殘拓爲中心，乾隆時有杭州小山堂之會。又如《周禮・考工記》《公羊》殘拓曾爲陳慶鏞所得，故咸豐年間題識者多爲京師「顧祠同人」，觀拓構成了慈仁寺顧祠會祭之外的賞鑒活動。再如京師式古堂書坊主人得《左傳・襄公》殘拓，蓋爲出售計，嘗請多人考證題跋。這些活動有意無意間均推動了蜀石經研究，隨之産生的衍生文獻則是考察士人交遊、善本鑒藏的珍貴材料，同樣具有影印刊布的價值。

今幸得虞萬里先生、上海古籍出版社的積極推動，上海圖書館、國家圖書館、重慶中國三峽博物館的鼎力支持，以及郭沖、虞桑玲兩位責任編輯的專業襄助，蜀石經孑遺主體及豐富的衍生文獻首次集於一編，高清刊布。此次影印，上海古籍出版社以保存文獻原貌爲目標，盡力原大、原色呈現蜀石經殘拓的全部信息，爲進一步研究提供了可靠依據。期待《蜀石經集存》的出版，能夠消除文獻難得的阻礙，吸引更多學者參與討論。

二〇二三年九月寫於北京寓所

上海圖書館藏蜀石經《毛詩》殘拓録文

說明

（一）上海圖書館藏蜀石經《毛詩》殘拓起自卷一《召南・鵲巢》鄭箋「爵位，故以興焉」，終於卷二《邶風・二子乘舟》尾，存四十開半。半開經文大字六行行十四字至十五字不等，注文小字雙行行十九字至二十二字不等。

（二）拓中字跡殘損處，尚可辨識者徑録其文；存有殘形但較難辨識者與完全殘去者皆以「□」標識，不明具體殘損字數者以「☒」標識。

（三）殘拓每半開皆有朱筆數字即拓本葉號，今依照朱筆用漢字表示，標記於葉尾。如「是子有鳲【卅一】」，意爲拓本第卅一葉，「是子有鳲」爲該葉最後四字。又朱筆記「百」作「丆」形，今徑録爲「百」。

（四）帖芯内部非左右、中間邊緣之剪裱拼接痕跡，則推算行數加以標記，行數用阿拉伯數字表示。如「百兩【184-185】將之」，按半開即一葉大字六行推算，「百兩」屬 184 行，「將之」屬 185 行，184、185 行之間存在拼接痕跡。此類拼接痕跡可爲推斷原石形制提供依據。

（五）蜀石經與傳本不同處，多據其自身文意句讀。

（六）注釋中「P. 2538」指法國國家圖書館藏敦煌遺書 Pelliot chinois Touen-houang 2538 號寫本，據法國國家圖書館公布之全文影像；「S.10」指英國國家圖書館藏敦煌遺書 Stein 10 號寫本，據國際敦煌項目（IDP）公布之全文影像；「瞿本」指國家圖書館藏瞿氏鐵琴銅劍樓舊藏宋刻巾箱本《毛詩》，據《中華再造善本》影印本；「臺北本」指臺北「故宮博物院」藏宋刻十二行《纂圖互注毛詩》，據 1995 年臺北「故宮博物院」影印本；「國圖本」指國家圖書館藏宋刻十行《監本纂圖重言重意互注點校毛詩》，據《中華再造善本》影印本；「劉本」指日本足利學校遺蹟圖書館藏南宋建安劉叔剛注疏合刻十行本《附釋音毛詩注疏》，據 1973 年汲古書院影印本。

録文

（前缺十五開）

爵位，故以興焉。興焉者，鳲鳩因鵲成巢而居之，而有均一之德，諭猶國君夫人來嫁，居君子之室，其德亦然也。室者，燕寢也。**之子于歸，百兩御之**。百兩，百乘也。諸侯之子嫁於諸侯，送迎之車皆百乘。箋云：之子，是子也。迓，迎也。是子如鳲鳩之子，其往嫁也，家人送之，良人迎之，車皆百乘，象有百官之盛。**維鵲有巢，維鳩方之**。方，有之也。**之子于歸，百兩【184-185】將之**。將，送也。**維鵲有巢，維鳩盈之**。盈，滿也。箋云：滿者，言衆媵姪娣之多也。**之子于歸，百兩成之**。能成百兩之禮。箋云：是子有鳲【卅一】鳩之德，宜配國君，故以百兩之禮送迎成之。**《鵲巢》**三章，章四句。

《采蘩》，夫人不失職也。**夫人可以奉祭祀，則不失職矣**。共祭祀者，采蘩之事也。不失職者，夙夜在公也。**于以采蘩？于沼于沚**。蘩，皤蒿也。于，於也。沼，池也。沚，渚也。公侯夫人執蘩采以助祭祀[一]，神享德與信，不求備焉，沼沚谿澗之草，猶可以薦。王后則荇菜也。箋云：于以，猶言往以。執蘩采者[二]以豆薦蘩菹也。**于以用之？公侯之事**。之事，祭事也。箋云：

[一] 原拓「采」旁有朱筆卜煞符號。
[二] 原拓「采」旁有朱筆卜煞符號。

言夫人【卅二】於君祭祀而薦此豆也。**于以采蘩？于澗之中**。山夾水曰澗。**于以用之？公侯之宮**。宮，廟也。**被之僮僮，夙夜在公**。被，首飾也。僮僮，竦敬也。夙，早也。箋云：公，事也。早夜在於公事，謂視濯溉饎爨之事。《禮記》曰：「主婦髲髢也。」**被之祁祁，薄言還歸**。祁祁，舒遲貌也，言事有儀。箋云：言，我也。祭事畢，夫人釋祭服而去其髲髢，其威儀祁祁然而安舒，無疲倦之失。我還歸者，自廟反其燕寢也。

《采蘩》三章，**章四句**【卅三】。

《草蟲》，大夫妻能以禮自防也。卿大夫之妻待禮而行，隨從君子也。

喓喓草蟲，趯趯阜螽。興也。喓喓，聲也。草蟲，常羊也。趯趯，跳躍也。阜螽，蠜螽也。卿大夫之妻待禮而行，隨從君子。箋云：草蟲鳴而阜螽躍而從之，異種同類，猶男女嫁時以禮相求呼也。**未見君子，憂心忡忡**。忡忡，猶衝衝也。婦人雖適人，猶有歸宗之義。箋云：未見君子者，謂在塗之時也。在塗之時而憂，憂不當君子，無以自寧父母，故心衝衝然。是其不自絶於其族之情也。**亦既見止，亦既覯止，我心則降**。止，辭也。覯【卅四】，遇也。降，下也。箋云：既見君子，謂已同牢而食。既覯，謂已昏禮也。始者憂於不當，今君子待己以禮，庶幾自此可以寧父母，故心下也。《易》曰「男女覯精，萬物化生」也。**陟彼南山，言采其蕨**。南山，周南山也。蕨，鼈也。箋云：言，我也。我采者，在塗而見采鼈菜者，得其所欲，猶今之行嫁者欲得禮，以自喻也。**未見君子，憂心惙惙**。惙惙，憂也。**亦既見止，亦既覯止，我心則說**。說，服也。**陟彼南山，言采其薇**。薇，菜也。**未見君子，我心傷悲**。嫁女之家，不息火三日，思【卅五】相離也。箋云：惟父母思己，故己亦傷悲也。**亦既見止，亦既覯止，我心則夷**。夷，平也。

《草蟲》三章，**章七句**。

《采蘋》，大夫妻能循法度也。能循法度，則可以承先祖，共祭祀矣。女子十年不出，姆教婉娩聽從，執麻枲，治絲繭，織紝組紃，學女事以共衣服。觀於祭祀，納酒漿籩豆菹醢，禮相助奠。十有五年而笄，二十而嫁。此言能循法度者，今既嫁而爲大夫妻，能循其所爲女子之時所學可觀之事〔一〕，以爲法度也【卅六】。

于以采蘋？南澗之濵。于以采藻？于彼行潦。蘋，大萍也。濵，厓也。藻，聚藻也。沉曰蘋，浮曰藻。行潦，流潦也。箋云：古者婦人先嫁三月，祖廟未毁，教于公宮；祖廟既毁，教于宗室。教以婦德、婦言、婦容、婦功。教成之祭，牲用魚，芼之以蘋藻，所以成婦順也。此祭祭女所出祖也。法度莫大於四教，是又祭以成之，故舉以言焉。蘋之言賓也，藻之言澡也。婦人行，尚柔順，自潔清也，故取名以爲戒也。**于以盛之？維筐及筥。于以湘**【221–222】〔二〕**之？維錡及釜**。方曰筐。員曰筥。湘，亨也。錡，釜屬也，有足曰錡，無足曰釜。箋云：亨蘋藻【卅七】者，於魚湆之中，是鉶羹之芼也。**于以奠之？宗室牖下**。奠，置也。宗室，太宗之廟也。大夫士祭於宗廟，奠於牖下。箋云：牖下，户牖間之前也。祭不於室中者，凡昏事，於女禮設几筵於户外，此其義也與？宗子主此祭，唯君使有司爲之。**誰其尸之？有齊季女**。尸，主也。齊，敬也。季，少女也。蘋藻，薄物也。澗潦，至質也。筐筥錡釜，陋器也。少女，微主也。古之將嫁女者，必先醴之於宗室，牲用魚，芼之以蘋藻。箋云：主婦設羹者季女，則非醴也。女將行嫁，父醴之而俟迎者，蓋母薦之，無祭事也。祭禮主婦設羹，教成祭之，更使季女者，成婦禮。季女不主魚，魚俎實男子設之，其齊盛蓋以黍稷【卅八】。

《采蘋》三章，**章四句**。

《甘棠》，美召伯也。召伯之教，明於南國。召伯，姬姓也，名奭，食菜

〔一〕原拓「可」旁有朱筆卜煞符號。

〔二〕據184行與185行、221行與222行之間拼接痕跡推測，185行至221行所在原石有37行。221行小字「以」上端尚存刻字「八」，蓋「六」之殘形；222行大字「之」上端尚存刻字「乚」，蓋「七」之殘形。當爲原石編號。

於召〔一〕，作上公，爲二伯，後封於燕。此美其爲伯之功，故言伯云也。**蔽芾甘棠，勿翦勿伐，召伯所茇。** 蔽芾，小皃也。甘棠，杜也。翦，去也。伐，擊也。箋云：茇，草舍也。召伯聽男女之訟，重煩勞百姓，止舍小棠之下而聽斷焉。國人被其德，而說其化，思其人，敬其樹也。**蔽芾甘棠，勿翦勿敗，召伯**【卌九】**所憩。** 憩，息也。**蔽芾甘棠，勿翦勿拜，召伯所說。** 說，舍也。箋云：拜之言拔也。

《甘棠》三章，章三句。

《行露》，召伯聽訟也。衰亂之俗微，貞信之教興，彊暴之男不能侵陵貞女也。 衰亂之俗微，貞信之教興者，此殷之末廿，周之盛德，當文王與紂之時也。　**厭浥行露，豈不夙夜？·謂行多露。** 興也。厭浥，濕意也。行，道也。豈不，言有是也。箋云：夙夜【四十】，早暮也。厭浥然濕，道中始有露，謂二月中嫁娶之時也。我豈不知當早夜成昬禮與？·謂道中心之露太多，故不早行耳。彊暴之男，以此多露之時，禮不足而彊來，不度時之可否，故云然也。《周禮》仲春之月，令會男女之無夫家者。仲春行事必以昬昕之時。**誰謂雀無角，何以穿我屋？·誰謂女無家，何以速我獄？·** 不思物變而推其類，雀之穿屋，似有角者。速，召也。獄，訟也。箋云：女，女。彊暴之男，變異也。人皆謂雀之穿屋似有角，彊暴之男，召我而獄，似有室家之道於我也。物有相似而不同者，雀之穿屋不以角，乃以咮。今彊暴之男召我而獄，不以室家之道於我，乃以【四一】侵陵。物有與事有似而非者，士師當審也。**雖速我獄，室家不足。** 婚禮紂帛不過五兩。箋云：幣可以備也。室家之道不足，謂不以媒妁之言，不知六禮之來，彊委之也。**誰謂鼠無牙，何以穿我墉？·誰謂女無家，何以速我訟？·** 墉，墻也。視墉之穿，推其物類可謂鼠有牙也。**雖速我訟，亦不女從。** 不女從，終不弃禮，而隨此彊暴之男也。

《行露》三章，一章三句，二章章六句【四二】。

《羔羊》，《鵲巢》之功致也。召南之國，化文王之政，在位皆節儉正直，德如羔羊也。 《鵲巢》之君，積行累功，以致此《羔羊》之化，在位卿大夫競相切化，皆如此《羔羊》之人也。**羔羊之皮，素絲五紽。** 小曰羔，大曰羊。素，白也。紽，數也。古者素絲以黃衺〔二〕，不失其制，大夫羔衺以居之。**退食自公，委蛇委蛇。** 公，公門也。委蛇，行可蹤跡也。箋云：退食，謂減膳也。自，從也。於公，謂正直順於事也。委蛇，委曲自得之皃也，節儉而順，心志定，故可自得公食也【四三】。**羔羊之革，素絲五緎。** 革，猶皮也。緎，縫也。**委蛇委蛇，自公退食。** 箋云：自公退食，猶退食自公。**羔羊之縫，素絲五總。** 縫，言縫殺之，大之與小得其制也。總，數也。**委蛇委蛇，退食自公。** 《羔羊》三章，章四句。

《殷其靁》，勸以義也。召南之大夫遠行從政，不遑寧處。其室家能閔其勤勞【四四】**，勸以義也。** 召南大夫，召伯之屬。遠行，謂使出邦畿也。　**殷其靁，在南山之陽。** 殷殷，雷聲也。山南曰陽。雷出地奮，震驚百里。山出雲雨，以潤天下。箋云：雷以喻號令於南山之陽，又喻其在外。召南之大夫以王命施號令於四方，猶雷之殷殷然而發聲於南山之陽也。**何斯違斯？莫敢或遑。** 何，何此君子也。斯，此也。違，去也。遑，暇也。箋云：何乎此君子適居此，復去此，轉行遠，從事於王所命之四方，無敢或閑暇之時，閔其勤勞也。**振振君子，歸哉歸哉。** 振振，信厚也。箋云：大夫信厚之君子，爲君使，功業未成，歸哉歸【四五】哉者，勸以爲臣之義，未得歸也。**殷其靁，在南山之側。** 亦在其陰與左右也。**何斯違斯？莫敢遑息。** 息，止也。**振振君子，歸哉歸哉。** **殷其靁，在南山之下。** 或在其下。箋云：下謂山足下也。**何斯違斯？莫或遑處。** 處，居。**振振君子，歸哉歸哉。** 《殷其靁》三章，章六句。

〔一〕原拓「菜」旁有朱筆卜煞符號。
〔二〕原拓「黃」旁有朱筆卜煞符號。

《摽有梅》，男女及時也。召南之國，被文【四六】王之化，男女得以及時也。 摽有梅，其實七兮。興也。摽，落也。盛極則墮落者，梅也。尚在樹者七。箋云：興者，梅實尚餘七未落，喻始衰也。謂女年二十，春盛而不嫁，至夏則衰矣。 求我庶士，迨其吉兮。吉，善也。箋云：我，我當嫁者也。庶，衆也。迨，及也。求女之□嫁者衆士也〔一〕，宜及其善時。善時謂女年二十，雖夏未末大衰也。 摽有梅，其實三兮。在者三也。箋云：此夏向晚，梅之墮落若多〔二〕，在者餘三也。 求我庶士，迨及今兮。今，急辭也。 摽有梅【四七】，頃筐塈之。塈，取也。箋云：傾筐取之，謂夏之已晚，以傾筐取之於地也。 求我庶士，迨其謂之。不待備禮也。三十之男，二十之女，禮未備則不待禮會而行之，所以蕃育人巳也。箋云：謂勤也。女年二十而無嫁端，則有勤望之憂。不待禮會而行，謂明年仲春，不待以禮會之□〔三〕。時雖不備，相奔亦不禁也。 《摽有梅》三章，章四句。

《小星》，惠及下也。夫人無妬忌之行，惠及賤妾，進御於君，知其命有貴賤，能【四八】盡其心矣。以色曰妬，以行曰忌。命，謂禮命有貴賤。 嘒彼小星，三五在東。嘒，微貌也〔四〕。小星，衆無名者也。三，心。五，噣。四時更見。箋云：衆無名之星，隨心、噣在天，猶諸妾隨夫人以次序進御於君也。心在東方，三月時也。噣在東方，正月時也。如是終歲則列宿更見之。 肅肅宵征，夙夜在公，寔命不同。肅肅，疾貌也。宵，夜也。征，行也。寔，是也。命不得同於列位。箋云：夙，早也。謂諸妾肅肅然夜行，或早或夜，在於君所，以次序進御者，是其禮命之數不同也。凡妾御於君，不敢當夕。 嘒彼小星，維參與昴【四九】。參，伐也。昴，留也。箋云：此言衆無名之星，亦隨伐、留在天，猶諸妾雖賤與夫人亦進御於君也。 肅肅【295-296】〔五〕宵征，抱衾與裯，寔命不猶。衾，被也。裯，單被也。猶，若也。箋云：裯〔六〕，床帳也。諸妾夜行，抱被與床帳以待進御之序也。不若，亦言尊卑異數也。 《小星》二章，章五句。

《江有汜》，美媵也。勤而無怨，嫡能悔過也。文王之時，江沱之間，有嫡不以其【五十】媵備數，媵遇勞而無怨，嫡亦自悔者也。勤者，以己宜媵而不得，心望也。 江有汜，興也。江水決而復入爲汜。箋云：興者，喻江水大，汜水小，然而並流，似嫡媵宜俱行之。 之子于歸，不我以。不我以，其後也悔。嫡能自悔也。箋云：之子，是子，謂嫡也。婦人謂嫁曰歸。以，猶與也。 江有渚，渚，小洲也。水□成曰渚〔七〕。箋云：江水流而渚水留，是嫡與己異心，使己獨留而不行。 之子于歸，不我與。不我與，其後也處【五一】。處，止也。箋云：嫡亦悔過自止。 江有沱，沲，江水之別者。箋云：岷山導江，東別爲沲。 之子于歸，不我過。不我過，其嘯也歌。箋云：嘯者，蹙口而出聲也。嫡有所思而說爲之，既覺自悔而歌。歌者，言其悔過，以自解說之也。 《江有汜》三章，章五句。

《野有死麕》，惡無禮也。天下大亂，彊暴相陵，遂成淫風。被文王之化，雖當亂【五二】世，猶惡無禮也。無禮謂不由媒妁，鴈幣不至，劫脅以成婚，謂紂時之世也。 野有死麕，白茅包之。郊外曰野。苞〔八〕，裹也。凶荒則

〔一〕原拓「□」尚存殘形，蓋「當」字。
〔二〕原拓「若」旁有朱筆卜煞符號。
〔三〕原拓「□」尚存殘形，蓋「也」字。
〔四〕原拓「微」旁有朱筆卜煞符號。
〔五〕據221行與222行、295行與296行之間拼接痕跡推測，222行至295行共74行，或兩石之內容。222行至258行爲一石，259行至295行爲一石，258行與259行之間正處於拓本一開中央。
〔六〕原拓小字「裯」上端似有刻字「九」，當爲原石編號。
〔七〕原拓「□」作「[glyph]」形，該字旁有黃筆圈號；瞿本作「枝」，臺北本作「歧」，國圖本、劉本作「岐」。
〔八〕原拓「苞」旁有朱筆卜煞符號。

殺禮，猶有以將之。**野有死麕，**羣畋之所獲而分其肉也。**白茅，**取其潔清。箋云：亂廿之巳貧，而彊暴之男多行無禮，故貞女之情，欲令人以白茅裹野中者，所分麕肉爲禮而來也。**有女懷春，吉士誘之。**懷，思也。春，不暇待秋也。誘，導也。箋云：有貞女思仲春以禮與男會也，欲吉士使媒人導成之。疾時無禮而言然。**林有樸樕，野有死鹿。白茅純束，**樸樕，小木也。野【五三】有死鹿，廣物也。純束，猶包之也。箋云：樸樕之中及野若有死鹿，皆可以白茅裹束以爲禮，廣可用之物，非獨麕肉也。純讀爲屯也。**有女如玉。**德如玉也。箋云：如玉者，取其堅而潔白也。**舒而脫脫兮。**舒，徐也。脫脫，舒貌也。箋云：貞女欲吉士以禮來，脫脫然舒也。又疾時彊暴之男相刼脅也。**無感我帨兮，**感，動也。帨，佩巾也。奔走節則動其佩飾也[一]。帨音稅也。**無使尨也吠。**尨，狗也。非禮相陵則狗吠。**《野有死麕》三章，二章章四句，一章三句【五四】。**

《何彼襛矣》，美王姬也。雖則王姬亦下嫁於諸侯，車服不繫其夫，下王后一等，猶執婦道，以成肅雍之德也。下王后一等，謂車乘猒翟，勒面繪總，服則褕翟。**何彼襛矣？唐棣之華。**興也。襛由戎戎也。唐棣，栘也。箋云：何乎彼戎戎者乃栘之華。興者，喻王姬顏□之美盛也[二]。**曷不肅雍？王姬之車。**肅，敬也。雍，和也。箋云：曷，何也。之，往也。何不敬和【五五】乎，王姬往乘之車。言嫁時始乘車則已敬和矣。**何彼襛矣？華如桃李。平王之孫，齊侯之子。**平，正也。武王之女，文王之□[三]，適齊侯之子。箋云【332-333】[四]：華如桃李者，興王姬與諸侯之子顏色俱盛也。正王者，德能正天下之王。**其釣維何？維絲伊緡。齊侯之子，平王之孫。**伊，維也。緡，綸也。箋云：釣者以此有求於彼。何以爲之子乎[五]？以絲爲之綸，則是善釣也。以言王姬與齊侯之子以善道相求之。**《何彼襛矣》三章，章四句【五六】。**

《騶虞》，《鵲巢》之應也。《鵲巢》之化行，則人倫既正，朝廷既治。天下純被文王之化，則庶類蕃殖，蒐田以時。仁如騶虞，則王道成也。應者，應德自遠而至。**彼茁者葭，**茁，出也。葭，蘆也。箋云：記蘆始出者，著春田之早晚也。**一發五豝。**豕牝曰豝。虞人翼五豝，以待公之發。箋云：君射一發而翼五豝，戰禽獸之命也。必戰之者，仁心之至也。**于嗟乎騶【五七】虞。**騶虞，義獸。白虎黑文，不食生物，有至信之德則應之。箋云：于嗟者，美也。**彼茁者蓬，**蓬，草名也。**一發五豵。**一歲曰豵。箋云：豕生三歲曰□[六]。**于嗟乎騶虞。《騶虞》二章，章三句。**召南之國十有四篇，四十章，一百七十七句。

毛詩卷第一　經二千八百六字，注五千四百七十一字【五八】

[一] 原拓「走」「節」之間有朱點。

[二] 原拓「□」尚存殘形，瞿本、臺北本、國圖本、劉本作「色」。

[三] 原拓「□」尚存殘形，瞿本、臺北本、國圖本、劉本作「孫」。

[四] 據295行與296行、332行與333行之間拼接痕跡推測，296行至332行所在原石有37行。333行小字「色」上端尚存刻字「丁」，蓋「十」之殘形，當爲原石編號。

[五] 原拓「子」旁有朱筆卜煞符號。

[六] 原拓「□」尚存殘形，瞿本、臺北本、國圖本、劉本作「豵」。

毛詩卷第二　毛詩國風　鄭氏箋

邶柏舟詁訓傳第三

《柏舟》，言仁而不遇也。**衛頃公之時，仁而不遇，小人在側**。不遇者，君不受己之志也。近小人，則賢者見侵害。**汎彼柏舟，亦汎其流**。興□〔一〕。汎汎流貌。柏木所以宜□舟〔二〕。亦汎其流，不以濟渡也。箋云：舟，濟渡物。今不見用，而與衆物汎汎然俱流水中。興者，喻仁人之不見用，與羣小竝列。亦，猶是也【五九】。**耿耿不寐，如有隱憂**。耿耿，田儆儆也。隱，痛也。箋□〔三〕：言仁人既不遇，憂在見侵害。**微我無酒，以遨以遊**。□我無酒〔四〕，可以遨遊忘憂也。**我心匪鑒，不可以茹**。鑒，所以察形也〔五〕。茹，度也。箋云：鑒之察形，但知方圓白黑，不能度其眞僞。我心匪如是鑒也，我於衆人之善惡外内，心度知之。**亦有兄弟，不可以據**。據，依也。箋云：兄弟至親，當相據依。言亦有不相據依，以爲是也，希耳。責之不以兄弟之道，謂同姓之臣也。**薄言往愬，逢彼之怒**。彼之兄弟。**我心【六十】匪石，不可轉也**。**我心匪席，不可卷也**。石雖堅，尚可轉也。席雖平，尚可卷也。箋云：言己心至堅平，過於石席也。**威儀棣棣，不可選也**。君子望之儼然可畏，禮容俯仰各有威儀爾。棣棣，富而閑習也。物有其容，不可數也。箋云：稱己威儀如此者，言德備而不遇，所以慍也。**憂心悄悄，慍于羣小**。慍，怨也。箋云：悄悄，憂也。羣，衆小人在君側也。**覯閔既多，受侮不少**。閔，病。**靜言思之，寤辟有摽**。靜，安也。辟，拊心也。摽，亦拊心貌【六一】也。箋云：言，我也。**日居月諸，胡迭而微**。箋云：日，君象也。月，臣象也。微，謂虧傷也。君道常明，如月而有虧盈，□□失道而任用小人〔六〕，臣下專恣，則日如□然也〔七〕。**心之憂矣，如匪澣衣**。如衣之不澣矣。箋云：衣之不澣，則潰亂垢辱無照察也。**靜言思之，不能奮飛**。不能如鳥奮翼而飛去。箋云：臣不遇於君，猶不忍去，□之至也【370-371】〔八〕。

《柏舟》五章，章六句。

《緑衣》，衛莊姜傷己也。**妾上僭，夫人失【六二】位而作是詩也**。緑當爲「褖」，今轉作「緑」，字之誤也。莊姜，莊公夫人，齊女也，姓姜氏。妾上僭者，謂公子州吁之母也，母嬖而州吁驕也。**緑兮衣兮，緑衣黃裏**。興也。緑，間色也。黃，正色也。箋云：緑兮衣兮者，言褖衣自有禮制也。諸侯夫人祭服爲之下，鞠衣爲上，展衣次之，緑衣次之。次之者，衆妾亦以貴賤之等服之。鞠衣黃，展衣白，褖衣黑，皆以素紗爲裏。今緑衣反以黃爲裏，非其制也，故以喻妾上僭也。**心之憂矣，曷維其已**。憂雖欲目止，何時能止也。**緑兮衣兮，緑衣黃裳**。上曰衣，下曰裳。箋云：婦人之服【六三】，不殊衣裳，上下同色。今衣黑而裳黃，喻亂嫡妾之禮也。**心之憂矣，曷維其亡**。箋云：亡之言忘也。**緑衣絲兮，女所治兮**。緑，末也。絲，夲也。箋云：汝，汝妾上僭也。先染絲，後製衣，皆女所治爲也，而女反亂之，亦喻其亂嫡妾之禮也，責以夲末之行。禮，大夫已上

〔一〕原拓「□」尚存殘形，蓋「也」字。

〔二〕原拓「□」尚存殘形，P. 2538、瞿本、臺北本、國圖本、劉本作「爲」。

〔三〕原拓「□」尚存殘形，P. 2538、瞿本、臺北本、國圖本、劉本作「云」。

〔四〕原拓「□」尚存殘形，P. 2538、瞿本、臺北本、國圖本、劉本作「非」。

〔五〕原拓「察」字闕筆，以下相同處不再出注。

〔六〕原拓「□□」尚存殘形，P. 2538、瞿本、臺北本、國圖本、劉本作「今君」。

〔七〕原拓「□」尚存殘形，P. 2538、瞿本、臺北本、國圖本、劉本作「月」。

〔八〕原拓「□」尚存殘形，P. 2538、瞿本、臺北本、國圖本、劉本作「厚」。據 332 行與 333 行、370 行與 371 行之間拼接痕跡推測，333 行至 370 行所在原石似有 38 行。然該石跨卷，卷一止於葉五八第四行，五、六兩行爲空白，由拓本第五行狀態可知原石此行爲空白，而第六行已不屬原拓。蓋卷一、二之間有一行空白，製作拓本時將卷二另起一葉裝裱，若果然如此，則該石可能仍是 37 行。

衣織，故卒於絲也。**我思古人，俾無訧兮**。俾，使也。訧，過也。箋云：古人，謂制禮者。我思此定尊卑，使人無過差之行，故心善之。**絺兮綌兮，淒其以風**。淒，寒風也。箋云：絺綌所以當暑服也，今以待寒，喻失所也。**我思古人，實【六四】獲我心**。古之君子，實得我之心也。箋云：古之聖人制禮者，使夫婦有道，妻妾貴賤有序也。

《緑衣》四章，章四句。

《燕燕》，衛莊姜送歸妾也。莊姜無子，陳女戴嬀生子名完，莊姜以爲己子。莊公薨，完立，而州吁殺之。戴嬀於是大歸，莊姜遠送于野，作詩見己志也。**燕燕于飛，差池其羽**。燕燕，乙也。燕之將飛，必差池其羽。箋云：于，往也。差池其羽，謂張舒其尾翼也，興戴嬀將歸，顧視其衣服也。**之子于歸，遠送于野**。之子，去者也。歸【六五】，歸宗也。遠送，過禮也。于，於也。野，郊外也。箋云：婦人之禮，送迎不出門。今我送是子，乃至於野，舒己之憤，盡己之情。**瞻望弗及，泣涕如雨**。瞻，視也。**燕燕于飛，頡之頏之**。飛上曰頡，飛下曰頏。箋云：頡之興戴嬀將歸〔一〕，出入前却也。**之子于歸，遠于將之**。將，行也。箋云：將亦送也。**瞻望弗及，佇立以泣**。佇立，久立也。**燕燕于飛，下上其音**。飛而上曰上音，飛而下曰下音。箋云：下上其音，興戴嬀將歸，言語感激，聲有大小也。**之子于歸，遠送【六六】于南**。陳□衛南〔二〕。**瞻望弗及，實勞我也**〔三〕。實，是也。**仲氏任只，其心塞淵**〔四〕。仲氏，戴嬀字也。任，大也。塞，瘞也。淵，深也。箋云：任者，以恩深相親信也。《周禮》六行，孝、友、睦、姻、任、恤也。**終温且惠，淑慎其身**。惠，順也。箋云：温，謂顔色和也。淑，善也。**先君之思，以勖寡人**。勖，勉也。箋云：戴嬀思先君莊公之故，故將歸，猶勸勉寡人以禮義。寡人，莊姜自謂也。

《燕燕》四章，章六句。

《日月》，衛莊姜傷己也。遭州吁之難，傷【六七】己不見荅於先君，以至困窮而作是【403-404】詩也。**日居月諸，照臨下土**。日乎月乎，照臨之也。箋云：日月喻國君與夫人也，當同德齊意以治國之常道也。**乃如之人兮，逝不古處**。逝，逮也。古，故也。箋云：之人，是人也，謂莊公也。其所以接及我者，不以故處，甚爲其初時也〔五〕。**胡能有定？寧不我顧？**胡，何也。定，止也。箋云：云寧猶曾也。君之行【407-408】〔六〕如是，何能有所定乎？曾不顧念我之言，是其所以不能定貌也〔七〕。**日居月諸，下【六八】土是冒**〔八〕。冒，覆也。箋云：覆，猶照臨也。**乃如人之兮，逝不相好**。不及我以恩相好也。箋云：其所以接及我者，不以相好之恩情，甚於己薄也。**胡能有定？寧不我報？**我盡婦道而不得相報。**日居月諸，出自東方**。日始月盛，皆出東方。箋云：自，從也。言夫人當盛之時，與君同位也。**乃如之人兮，德音無良**。音，聲也。良，善也。箋云：無善恩意之聲語於我也。**胡能有定？俾也可忘**。箋云：俾，使也。君之行如此，何能有所定，使是無良可忘也【六九】。**日居月諸，東方自出。父兮母兮，畜我不卒**。箋云：畜，養也。卒，終也。父兮母兮者，言己尊之如父，親之如母，乃及養遇我而不終也〔九〕。**胡能有定？報我不述**。述，循也。箋云：不循者，不循禮也。

《日月》四章，章六句。

《終風》，衛莊姜傷己也。遭州吁之暴，見侮慢而不能正也。正，猶

〔一〕原拓「之」「興」之間有朱筆卜煞符號。
〔二〕蜀石經「陳」後當有一字，然拓本該字已損，P. 2538、瞿本、臺北本、國圖本、劉本作「在」。
〔三〕原拓「也」旁有朱筆卜煞符號。
〔四〕原拓「淵」字闕筆，以下相同處不再出注。
〔五〕蜀石經「也」前有一字之容，存在磨泐痕跡。
〔六〕據 370 行與 371 行、407 行與 408 行之間拼接痕跡推測，371 行至 407 行所在原石有 37 行。407 行小字「初」上端尚存刻字「丅」，該字後似有「一」，蓋「十一」之殘形，當爲原石編號。
〔七〕原拓「貌」旁有朱筆卜煞符號。
〔八〕409 行大字「土」上端尚存刻字「一二」，蓋「十二」之殘形，當爲原石編號。
〔九〕原拓「及」旁有朱筆卜煞符號。

止也。**終風且暴【七十】，顧我則笑。**興也。終日風爲終風。暴，疾也。笑，侮慢也。箋云：既競日風矣〔一〕，而又有暴疾之風。興者，喻州吁之不爲善，如終日風之無休息，而其間又甚惡。其在莊姜之旁，視莊姜則反笑也，是無敬之甚也。**謔浪笑敖，**言戲謔不敬也。**中心是悼。**箋云：悼，傷也。傷其如是然而已。**終風且霾，**霾，雨土也。**惠然肯來？**言時有順心。箋云：惠，順也。肯，可也。有順心然後可以來至我傍，不欲見其謔也。**莫往莫來，悠悠我思。**人無子道以來事己，己以不得以母道加之。箋云：我思其如是，心悠悠然。**終風且曀，不【七一】日有曀。**陰而風日曀。箋云：有，又也。既競日風，且復曀不見日，而又曀也，喻州吁之闇亂甚也。**寤言不寐，願言則嚏。**嚏，跲也。箋云：言，我也。願，思也。嚏，讀爲不敢嚏咳之嚏。我甚憂悼而不能寐，汝思我心如是，我則嚏矣。今俗人嚏，云「人道我」，此古之遺言也。**曀曀其陰，**如常陰曀曀然。**虺虺其靁。**暴若震雷之聲虺虺然。**寤言不寐，願言則懷。**懷，傷也。箋云：懷，安也。汝思我心如是，我則安也。

《終風》四章，章四句【七二】。

《擊鼓》，怨州吁也。衛州吁用兵暴亂，使公孫文仲將而平陳與宋，國人怨其勇而無禮也。將者，將兵以伐鄭。平，成也。將兵伐鄭，先告陳與宋，以成其伐事。《春秋傳》曰「宋殤公之即位，公子馮出奔鄭，鄭人欲納之。及衛州吁立，將修先君之怨於鄭，而求寵於諸侯，以和其巳。使告於宋曰：『君若伐鄭，以除君害，君爲主，獘邑以賦與陳、蔡從，則衛國之願。』宋人許之。於是陳、蔡方睦於衛，故宋公、陳侯、蔡人、衛人伐鄭」是也。伐鄭在魯隱公四年也。**擊鼓其鏜【七三】，踴躍用兵。**鏜然，擊鼓聲也。使衆踴躍用兵也。箋云：此用兵，謂始治兵也。**土國城漕，我獨南行。**漕，衛邑也。箋云：言衆巳皆勞苦也，或修土功於國，或修治漕城，而我獨見使從軍南行伐鄭，是尤勞苦之甚也。**從孫子仲，平陳與宋。**從孫子仲，公孫文仲也，平陳於宋也。箋云：子仲，字也。平陳與宋，謂□告宋曰「君爲王，獘邑以賦與陳、蔡從」也〔二〕。**不我以歸，憂心有忡。**憂心忡忡然也。箋云：以，猶與也。與我南行，不與我歸者。兵凶事〔三〕，懼不得歸，豫憂也。**爰居爰處？爰喪其馬？**有不還者，有亡其馬【七四】。箋云：爰，於也。不還，謂死也，傷也，病也。今於何居也〔四〕，於何處乎，於何喪其馬乎？**于以求之？于林之下。**山木曰林。箋云：于，於也。求不還者及亡其馬者，當於林下。軍行必依山川，求其故處，近得之。**死生契闊，與子成說。**契闊，勤苦也。說，數也。箋云：從軍之士與其伍約，生也死也，相與處勤苦之中，我與子成說愛之恩，志在相救者。**執子之手，與子偕老。**偕，俱也。箋云：執其手，與之約誓，示信也。言俱老者，庶幾俱免於難。**于嗟闊兮，不我活兮。**不我生活也。箋云：州吁阻兵安忍，阻兵無衆，安忍無親，衆叛親離。軍【七五】事弃其伍約〔五〕，離散而相遠。故吁嗟歎之，闊兮。汝不與我相救活，傷也。**于嗟洵兮，不我信兮。**洵，遠也。信，亟也〔六〕。箋云：嗟其弃洵，不與我相親信，亦傷之也。

《擊鼓》五章，章四句。

《凱風》，美孝子也。衛之淫風流行，雖有七子之母，猶不能安其室，故美七子能盡其孝道，以慰其母心，而成其志【七六】爾。不安其室，欲去嫁也。成其志者，成孝子自責之意也。**凱風自南，吹彼棘心。**興也。南風謂之凱風。凱風，樂夏之長養也。棘，難長養者。箋云：凱風喻寬仁之母也，棘猶七子也。**棘心夭夭，母氏劬勞。**夭夭，盛貌也。劬勞，病苦。箋云：夭夭

〔一〕原拓「競」旁有朱筆卜煞符號。
〔二〕原拓「□」尚存殘形，P. 2538、S.10、瞿本、臺北本、國圖本、劉本作「使」。
〔三〕444 行小字「兵」上端尚存刻字「十二」，當爲原石編號。408 行至 444 行所在原石有 37 行。
〔四〕原拓「也」旁有朱筆卜煞符號。
〔五〕原拓「事」旁有朱筆卜煞符號。
〔六〕原拓「亟」旁有朱筆卜煞符號。

喻七子少長，母養之病苦也。**凱風自南，吹彼棘薪。**棘薪，言其盛就。**母氏聖善，我無令人。**聖，叡也。箋云：叡作聖。令，善也。母乃有叡智之善德，我七子無善人而能報之，故母氏不安我室，故去嫁也〔一〕。**爰有寒泉，在浚之【七七】下。**浚，衛邑也。在浚之下，言有益於浚人也。箋云：爰，曰也。曰有寒泉者，在浚之下浸潤之，使浚之巨逸樂，以興七子不能如也。**有子七人，母氏勞苦。睍睆黄鳥，載好其音。**睍睆，好貌也。箋云：睍睆以興顔色說也。好其音者，興辭令順也，以言七子不能如也。**有子七人，莫慰母心。**慰，安也。《凱風》**四章，章四句。**

《雄雉》，刺衛宣公也。宣公淫亂不恤國【七八】事，軍旅數起，大夫久役，男女怨曠，國人患之，故作是詩也。淫亂者，荒放於妻妾，烝於夷姜之等也。國人久處軍役之事，故男多曠，女多怨。男曠而苦其事，女怨而望其君子也。**雄雉于飛，洩洩其羽。**興也。雄雉見雌雉飛而鼓其翼洩洩然。箋云：興者，喻宣公整其衣服而起，奮迅其形貌，志在婦人而已，不恤國之政事也。**我之懷矣，自詒伊阻。**詒，遺也。伊，維也。阻，難也。箋云：懷，安也。伊當作繄。繄，由是也。君子行如是〔二〕，我安在其朝而不去。今從軍旅，久役不【七九】得歸，此自遺以是患難也。**雄雉于飛，下上其音。**箋云：下上其音者，喻宣公小大其聲，怡悅婦人也。**展矣君子，實勞我心。**展，誠也。箋云：誠矣君子，訴於君也。君之行如是，實使我心勞矣。君若不然，則我無軍役之事也。**瞻彼日月，悠悠我思。**瞻，視也。箋云：視日月之行，迭往而迭來。今君子獨久行役而不來，使我心悠悠思之，女怨之辭也。**道之云遠，曷云能來？**箋云：曷，何也。何時能來望之也。**百爾君子，不知德行。**箋云：爾，汝也，汝衆君子。我不知人之德行何如【八十】者可謂爲有德行，而君子或有所留或有所遺。女怨之故問此。**不忮不求，何用【481–482】〔三〕不臧？**忮，害也。臧，善也。箋云：我君子之行，不疾害也，不求備於一人，其行何用爲不善？而君獨遠使之在外，不得來歸，亦女怨之辭也。**《雄雉》四章，章四句。**

《匏有苦𦯶》，刺衛宣公也。公與夫人並爲淫亂。夫人，謂夷姜也。**匏有苦𦯶，濟有深涉。**興也。匏謂之匏〔四〕，𦯶苦不可食也。濟，渡也。由膝以上爲涉。箋云：匏𦯶苦而渡處深也，謂八月之時，時陰陽交，始可婚禮，納【八一】采、問名也。**深則厲，淺則揭。**以衣涉水爲厲，由帶以上爲厲，由膝以下爲揭。揭者，揭衣也。遭時制宜，如遇水深則厲，淺則揭。以男女之際，安可以無禮義？將無以自濟也。箋云：既以深涉記時，目以水深淺喻男女才性賢與不肖及長幼也〔五〕。各順其人之宜，爲之求妃偶。**有瀰濟盈，有鷕雉鳴。**瀰，深水也。盈，滿也。水〔六〕，人之所難也。鷕，雌雉聲也。衛夫人有淫佚之志，授人以色，假人以辭，不顧禮義之難，至使宣公有淫昏之行。箋云：有瀰濟盈，謂過於厲，喻犯禮深矣。**濟盈不濡軓，雉鳴求其牡。**濡，漬也。由輈已上爲軓。連禮義〔七〕，不由於道，由雉鳴求其牡矣。飛曰雌雄，走曰牝【八二】牡。箋云：渡深水者必濡軓，言不濡者，喻夫人犯禮而不自知，雌鳴及求其牡〔八〕，喻夫人所求非所求也。**雍雍鳴鴈，旭日始旦。**雍雍，鴈聲和也。納采用鴈。旭日，日始出，大昕之時也。箋云：鴈者随陽而處，似婦人之從夫，故昏禮用鴈。自納采至請期用

〔一〕原拓「故」旁有朱筆卜煞符號。
〔二〕原拓「子」旁有朱筆卜煞符號。
〔三〕據407行與408行之間拼接痕跡、409行與444行上端所存原石編號，可知444行處於第十二石末尾，則445行至481行所在當爲第十三石，該石有37行。482行大字「不」上端尚存刻字「四」，蓋「十四」之殘形，當爲原石編號。
〔四〕原拓前「匏」旁有朱筆卜煞符號。
〔五〕原拓「目」旁有朱筆卜煞符號。
〔六〕原拓「水」旁有朱筆小字「深」。
〔七〕原拓「禮」前之字磨泐，然尚存大體，當爲「連」，該字旁有朱筆卜煞符號。
〔八〕原拓「及」旁有朱筆卜煞符號。

昕，親迎用昏也。**士如歸妻，迨冰未泮**。迨，及也。泮，散也。箋云：歸妻，使之來歸於己，謂請期也。冰未散，謂正月中以前，二月中可以昏。**招招舟子，人涉卬否**。招招，號召之貌。舟子，舟人之子，主濟渡者也。卬，我也。箋云：舟人子號召當濟渡者，由媒人之會男女之無失家者，使爲配匹也。人皆從之而渡，而我獨否之【八三】。**人涉卬否，卬須我友**。人皆涉，我友未至，我猶待之而不涉。以言室家之道，非得所適，貞女不行，已知之；非得禮義，昏姻不成也。

《匏有苦葉》四章，章四句。

《谷風》，刺夫婦失道也。**衛人化其上，淫於新昏而弃其舊室，夫婦離絶，國俗傷敗焉**。新昏，新爲昏禮。**習習谷風，以陰以【八四】雨**。興也。習習，和舒之貌也。東風謂之谷風。陰陽和而谷風至，夫婦和則室家成，室家成則繼嗣生。**黽勉同心，不宜有怒**。言黽勉，思與君子同心也。箋云：所以黽勉者，以爲見譴怒者，非夫婦之所宜也。**采葑采菲，無以下體**。葑，須也。菲，芴也。下體，根莖也。箋云：此二菜者，蔓菁與葍之類也，皆上下可食。然而根莖有美時，有惡時，采之者不可以根莖惡之時并弃菜也，喻夫婦禮義合顔色親，不可以顔色衰弃其相與室家之道也。**德音莫違，及爾同死**。箋云：莫，無也。及，與也。夫婦之言，無相違者，則可與汝長相與處至死，顔色斯須之耳【八五】。**行道遲遲，中心有違**。遲遲，舒行貌也。離也。箋云：違，猶俳佪也。行於道路之人，至將離别尚舒，其心俳佪然也，喻君子於已不能如此。**不遠伊邇，薄送我畿**。畿，門内也。箋云：邇，近也。言君子與己訣别，不能遠，唯近耳。送我裁至於門内，無恩之甚也。**誰謂荼苦？其甘如薺**。荼，苦菜也。箋云：荼誠苦矣，而君子遇於己薄之苦毒又甚於荼，以比方之，荼則甘如薺也。**燕爾新昏，如兄如弟**。燕，安也。**涇以渭濁，湜湜其沚**。涇渭相入而清濁異。箋云：小渚曰沚。涇水有渭【八六】，故見渭濁。湜湜，特正貌也〔一〕。喻君子得新昏，故謂己惡也。己之持心守初如沚然，不動摇也。此絶去所經見，因取以自喻也。**燕爾新昏，不我屑以**。屑，潔也。箋云：以，用也。言君子不復潔用我【518–519】〔二〕當家之室也。**無逝我梁，無發我笱**。逝，之也。梁，魚梁也。笱，所以捕魚也。箋云：無者，喻禁新昏。汝無之我家，取我爲室家之道。**我躬不閲，遑恤我後**。閲，容也。箋云：躬，身也。皇〔三〕，暇也。恤，憂也。我身尚不能自容，何暇憂我後廿所生子孫。**就其深矣，方之舟之**。**就其淺矣，泳之游之【八七】**。舟，舩也。箋云：方，柎也。潛行爲泳。言深淺者，喻君子之家事無難易，吾皆爲之。**何有何亡，黽勉求之**。有謂富也，亡謂貧也。箋云：君子何所有乎？何所亡乎？吾其黽勉勤力爲求之，有求多，亡求有之。**凡民有喪，匍匐救之**。箋云：匍匐，言盡力也。凡民有凶禍之事，鄰里尚盡力往救之，況我於君子之家事難易，固當黽勉，以疏喻親也。**不以我能慉，反以我爲讎**。慉，養也。箋云：慉，驕也。君子不能以見驕樂我〔四〕，反憎惡我也。**既阻我德，賈用不售**。阻，難也。箋云：既難却我，隱蔽我之善，我脩婦道【八八】以事之，覬其窹己，猶見疏外，如賣物不售者也。**昔育恐鞫，及爾顛覆**。育，長也。鞫，窮也。箋云：昔育，育穉也。及，與也。昔我幼穉時，恐至老窮匱，故與汝顛覆盡力於衆事，難易無所避也。**既生既育，比予于毒**。箋云：生，謂財業也。育，謂長老也。于，於也。既有其財業，又既長老，其視我如毒螫，言惡之甚也。**我有旨蓄，亦以御冬**。貌美也〔五〕。

〔一〕原拓「特」字「牛」旁第一、二筆交匯處有朱筆横畫，蓋古之讀者改「特」爲「持」。

〔二〕519 行小字「當」上端尚存刻字「㐅」，大字前「我」右側尚存刻字「十ヨ」，蓋皆「十五」之殘形，當爲原石編號。據 482 行上端所存刻字，及 481 行與 482 行、518 行與 519 行之間拼接痕跡推測，482 行至 518 行所在當爲第十四石，該石有 37 行。

〔三〕原拓「皇」字左下有朱筆添「辶」。

〔四〕原拓「見」旁有朱筆卜煞符號。

〔五〕原拓「貌」旁有朱筆卜煞符號。

御，禦也。箋云：蓄聚美菜者，以禦冬月之無時也。**燕爾新昏，以我御窮**。箋云：言君子亦但以我禦窮苦之時，至於富貴，則弃我如言蓄也。**有洸有潰【八九】，既詒我肄**。洸洸，武也。潰潰，怒也。肄，勞也。箋云：詒，遺也。君子洸洸然，潰潰然，而無温潤之色，而盡遺我以勞苦之事，欲用窮我也〔一〕。**不念昔者，伊余來塈**。塈，息也。箋云：君子忘舊，不念往者年穉我始來之時安息我也。

《谷風》六章，章八句。

《式微》，黎侯寓于衛，其臣勸以歸也。寓，寄也。黎侯爲狄人所逐，弃其國而寄於衛。衛處之以二邑，因安之，可以歸而不歸，故其臣勸之。**式微式微，胡不歸**？式，用也。箋云：式微式微者，微乎微者也。君何不歸乎？禁【九十】君留止於此之辭也。式，發聲也。**微君之故，胡爲乎中露**？微，無也。中露，衛邑也。箋云：我若無君，何爲處此乎？臣又極諫之辭。**式微式微，胡不歸？微君之躬，胡爲乎泥中**？泥中，衛下邑也。

《式微》二章，章四句。

《旄丘》，責衛伯也。狄人迫逐黎侯，黎侯寓于衛。衛不能脩方伯連率之職，黎之臣【九一】子以責於衛也。衛康叔之封爵稱侯，今稱伯者，時爲州伯也。周之制，使伯佐牧。《春秋傳》曰「五侯九伯」，侯爲牧也。**旄丘之葛兮，何誕之節兮**？興也。前高後下曰旄丘。諸侯以國相連屬，憂患相及，如葛延蔓相連也。誕，闊也。箋云：土氣暖則葛生闊節也。興者，喻此時衛伯不恤其職，故其臣於君事亦踈廢。**叔兮伯兮，何多日也**？日月已逝而不我憂也。箋云：叔、伯，字也。呼衛之諸臣，叔與伯與汝期迎我君而復之。可以來而不來，汝曰數何一多？先叔後伯，臣之命不以齒也。**何其處也，必有與【九二】也**。言與仁義也。箋云：我君何以處此乎？必以衛有仁義之道故。責衛今不行仁義也。**何其久也，必有以也**。必以功德也。箋云：我君何以久留於此乎？必以衛有功德也。又責衛令不務功德。**狐裘蒙戎，匪車不東**。大夫狐蒼裘，蒙戎以言亂【555-556】〔二〕也。不東，言不來東也。箋云：刺衛諸臣形貌蒙戎然，但爲昏亂之行。汝非無戎車乎〔三〕，何不來東迎我君而復之？黎國在衛西，今所寓在衛東。**叔兮伯兮，靡所與同**。無救患恤同也。箋云：衛之諸臣行如是，不與諸伯之臣同，言其非之特甚也。**瑣兮尾兮，流【九三】離之子**。瑣尾，少好之貌也。流離，鳥名也，少好長醜，始於愉樂，終以微弱。箋云：衛之諸臣，初有小善，終無成功，似流離也。**叔兮伯兮，褎如充耳**。褎，盛服也。充耳，盛飾也。大夫褎然有尊盛之服而不能稱也。箋云：充耳者，塞耳也。言衛之諸臣顔色褎然，如見塞耳無所聞知。如人之耳聾，恒多笑而已。

《旄丘》四章，章四句。

《簡兮》，刺不用賢也。衛之賢者仕於泠官，皆可以承事王者也。泠官，樂官也。泠氏廿掌樂官而善焉，故【九四】後世多號樂官爲泠官。**簡兮簡兮，方將萬舞**。簡，大也。方，四方也。將，行也。以干羽爲萬舞，用之於宗廟山川，故言於四方也。箋云：簡，擇也。將，且也。擇兮擇兮者，爲且祭祀當萬舞也。萬舞，干舞。**日之方中，在前上處**。教國子弟，以日中爲期也。箋云：在前上處者，在前列上頭也。《周禮》「太胥掌學士之版，以待教諸子。春入學，舍菜，合舞也」。**碩人俁俁，公庭萬舞**。碩，大德也。俁俁，容貌大也。萬舞，非但在四方，親在宗廟、公庭。**有力如虎，執轡如組**。組，織組也。武力比於虎，可以御亂。御衆有【九五】文章也，□能□衆〔四〕，動於近，成於遠。箋云：碩人有御亂、御衆之德，可任爲王臣。**左手執籥，右手秉翟**。籥，六孔。翟，翟羽也。箋

〔一〕原拓「用」字上有朱筆改作「困」。

〔二〕556 行小字「爲」上端尚存刻字「六」，小字「不來」右側亦存刻字殘筆，蓋皆「十六」之殘形，當爲原石編號。據 519 行上端與右側所存刻字，及 518 行與 519 行、555 行與 556 行之間拼接痕跡推測，519 行至 555 行所在當爲第十五石，該石有 37 行。

〔三〕原拓「無」旁有朱筆卜煞符號。

〔四〕原拓闕損兩字尚存殘形，S.10、瞿本、臺北本、國圖本、劉本作「言」「治」。

云：碩人多才多藝，又能籥舞。言文武道備。**赫如渥赭，公言錫爵**。赫，赤貌。渥，厚漬也。祭有畀煇、胞、翟、閽、寺者，惠下之道，見惠不過一散。箋云：碩人容色赫然，如厚傅丹，君徒賜其一爵而已，不知其賢而進用之。散，受五升〔一〕。**山有榛，隰有苓**。榛，木名也。下濕曰隰。苓，大苦。箋云：榛也，苓也，生各得其所。以言碩人處非其位。**云誰之思？西方美人**。箋云：我誰思乎？思周室之賢者，以其宜薦碩人【九六】，與在王位。**彼美人兮，西方之人兮**。乃宜在王室。箋云：彼美人，謂碩人也。

《簡兮》三章，章六句。

《泉水》，衛女思歸也。嫁於諸侯，父母終，思歸寧而不得，故作是詩以自見也。以自見者，見己志也。國君夫人，父母在則歸寧，沒則使大夫寧於兄弟。衛女之思歸，雖非禮，思之至也。**毖彼泉水，亦流于淇**。興也。泉水始出，毖然流也。淇，水名也。箋云：泉水【九七】流而入淇，猶婦人出嫁於異國。**有懷于衛，靡日不思**。箋云：懷，至也。靡，無也。以言我有所至念於衛，無一日不思也。所至念者，謂諸姬，諸姑伯姊也。**孌彼諸姬，聊與之謀**。孌，好貌也。諸姬，同姓之女也。聊，願也。箋云：聊，且，畧之辭也。諸姬者，未嫁之女也。我且欲畧與之謀婦人之禮，觀其志意，親親之恩也。**出宿于泲，飲餞于禰**。泲，地名也。祖而舍軷，飲酒於其側曰餞，重始有事於道也。禰，地名也。箋云：泲、禰者，所嫁國適衛之道所經，故思宿餞。**女子有行，遠父母兄弟**。箋云：行，道也。婦人有【九八】出嫁之道，遠於親親，故禮緣人情，使得歸寧。**問我諸姑，遂及伯姊**。父之姊妹稱姑，先生曰姊。箋云：寧則又問姑及姊，親其類也。先姑後姊，尊姑也。**出宿于干，飲餞于言**。干、言，所適國郊也。箋云：干、言，猶泲、禰，未聞遠近同異。**載脂載舝，還車言邁**。脂舝其車，以還我行也。箋云：言還車者，嫁時乘來，今思乘以歸。**遄**【592–593】〔二〕**臻于衛，不瑕有害？**遄，疾也。臻，至也。瑕，遠也。箋云：瑕，猶過也。害，何也。我還車疾至於衛而反，於行無過差，有何不可□止我〔三〕？**我思肥泉，兹之永**【九九】**歎**。所出同、□□異〔四〕，於肥泉。箋云：兹，此也。自衛而來所渡水，故思此而長歎也。**思須與漕，我心悠悠**。須、漕，衛邑也。箋云：自衛而來所經邑，故又思也。**駕言出遊，以寫我憂**。寫，除也。箋云：既不得歸寧，且欲乘車出遊，以除我憂。

《泉水》四章，章六句。

《北門》，刺仕不得志也。言衛之忠臣不得其志爾。不得其志者，君不知己志而遇困苦。**出自北**【百】**門，憂心殷殷**。興也。北門背明向陰也。箋云：自，從也。興者，喻己仕於闇君，猶行而出北門，心爲之憂殷殷然。**終窶且貧，莫知我艱**。窶者，無禮也。貧者，困於財也。箋云：艱，難也。君於己禄薄，終不足以爲禮。又近困於財，無知己以此爲難者。言君既然矣，諸臣亦如之。**已焉哉，天實爲之，謂之何哉！**箋云：謂勤也。謂人事君無二志〔五〕，故自決歸之於天也。我勤身以事君，何哉？忠之至也。**王事適我，政事一埤益我**。適，之也。埤，厚也。箋云：國有王命役使之事，則不以之彼，必來之我；有賦稅之【百一】事，則減彼而一以益我。言君政偏已，兼其苦也。**我入自外，室人交徧讁我**。讁，責也。箋云：我從外入，在室之人更迭徧來責我，使己去也。言室人亦不知己志。**已焉哉，天實爲之，謂之何哉！王事敦我，政事一埤遺我**。敦，厚也。遺，加也。箋云：敦，猶投擲。**我入自外，室人交徧摧我**。摧，沮

〔一〕原拓「升」字略損，蓋爲「升」形。
〔二〕592行大字「舝」上端尚存刻字「六」，蓋「十六」之殘形，當爲原石編號。據556行上端與右側、592行上端所存刻字，及555行與556行、592行與593行之間拼接痕跡推測，556行至592行所在當爲第十六石，該石有37行。
〔三〕原拓「□」尚存殘形，S.10、瞿本、臺北本、國圖本、劉本作「而」。
〔四〕原拓「□□」尚存殘形，S.10、瞿本、臺北本、國圖本、劉本作「所歸」。
〔五〕原拓「謂」旁有朱筆卜煞符號。

也。箋云：摧者，刺譏之言。**已焉哉，天實爲之，謂之何哉！**《北門》三章，章七句【百二】。

《北風》，**刺虐也。衛國並爲威虐，百姓不親，莫不相攜持而去焉。北風其涼，雨雪其雱。**興也。北風，寒涼之風也。雱，盛貌也。箋云：寒涼之風，病害萬物。興者，喻君政教酷暴，使民散亂去也。**惠而好我，攜手同行。**惠，愛也。行，道也。箋云：性仁愛人而又好我者，與我相攜持同道而去。疾時政也。**其虚其邪？既亟只且！**虚，虚也。亟，急也。箋云：邪讀如徐。言今在位之人，其政威儀虚徐寬仁者[一]，今皆以爲急刻之【百三】行也。所以當去，以此故也。**北風其喈，雨雪其霏。**喈，疾貌也。霏，甚貌也。**惠而好我，攜手同歸。**歸有德也。**其虚其邪？既亟只且！莫赤匪狐，莫黑匪烏。**狐赤烏黑，莫能別也。箋云：赤則狐也，黑則烏也，猶今之君臣相承，爲惡則如一。**惠而好我，攜手同車。**攜手就車。**其虚其邪？既亟只且！**《北風》三章，章六句【百四】。

《靜女》，**刺時也。衛君無道，夫人無德。**以君及夫人無道德，故陳靜女遺我以彤管之法德也，如是可以易之爲人君之配也。**靜女其姝，俟我於城隅。**靜，貞靜也。女德貞靜而有法度，乃可說也。姝，美色也。俟，待也。城隅，以言高而不可踰也。箋云：女德貞靜，然後可畜；美色，然後可安。又能服從，待禮而動，自防如城隅，故可愛也。**愛而不見，搔首踟躕。**言志往而【629–630】[二]行止。箋云：志往謂踟躕，行止謂愛之而不往見也。**靜女其孌，貽我彤**【百五】**管。**既有靜德，又有美色，又能遺我以古人法，可以配人君也。古者后夫人必有女史彤管之法，史不記過，其罪殺之。后妃羣妾以禮御於君所，女史書日月，授之以環，以進退之。生子月辰，則以之金環退之。當御者，以銀環進之，著于左手；既御，著于右手。事無大小，記以成法。箋云：彤管，筆赤管也。**彤管有煒，悅懌女美。**煒，赤貌也。彤管以赤心正人也。箋云：「悅懌」當作「說釋」。赤管煒煒然，女史以之說懌妃妾之德美之。**自牧歸荑，洵美且異。**牧，田官也。荑，茅之所生也[三]。夲之於荑，取其有始有終也。箋云：洵，信也。茅，潔白之物也。自牧田歸荑，其信美而異者，可以共祭祀【百六】也，猶貞女在窈窕之處，媒氏達之，可以配人君。**匪女之爲美，美人之貽。**非爲其徒說美色而已，美其人能遺我法則也。箋云：遺我者，遺我以賢妃□[四]。《靜女》三章，章四句。

《新臺》，**刺衛宣公也。納伋之妻，作新臺于河上而要之。國人惡之，而作是詩也。**伋，宣公之世子。**新臺有泚，河水瀰瀰。**泚，鮮【百七】明貌也。瀰瀰，盛貌也。水所以潔汙穢，反於河上而爲淫昏之行。**燕婉之求，籧篨不鮮。**燕，安也。婉，順也。籧篨，不能俯者也。箋云：鮮，善也。伋之妻，齊女也，來嫁於衛。其心夲求燕婉之人，謂伋也；反得籧篨不善，謂宣公也。籧篨，口柔，常觀人顏色而爲之辭，故不能俯仰也[五]。**新臺有洒，河水浼浼。**洒，高峻也。浼浼，平地也。**燕婉之求，籧篨不殄。**殄，絶也。箋云：殄當作腆。腆，善也。**魚網之設，鴻則離之。**言所得非所求也。箋云：設魚□者宜得魚[六]，鴻乃鳥而反離焉。猶齊女以禮來求世子，而得宣公也【百八】。**燕婉之求，得此戚施。**戚施，不能仰者。箋云：戚施面柔也，下人以色，故不能仰也。《新臺》三章，章四句。

[一] 原拓「政」旁有朱筆卜煞符號。
[二] 630行小字後「止」上端尚存刻字「十八」，當爲原石編號。又據592行與593行、629行與630行之間拼接痕跡推測，593行至629行所在當爲第十七石，該石有37行。
[三] 原拓「所」旁有朱筆卜煞符號。
[四] 原拓「□」尚存殘形，蓋「也」字。
[五] 原拓「仰」旁有朱筆卜煞符號。
[六] 原拓「□」尚存殘形，蓋「網」字。

《二子乘舟》，思伋、壽也。衛宣公之二子爭相爲死，國人傷而思之，作是詩也。　**二子乘舟，汎汎其景。**二子，伋也、壽也。宣公爲伋取於齊齊女而美〔二〕，公奪之，生壽及朔。朔與其母愬伋於公，公令伋之齊，使賊先待於隘而殺之。壽知之，以告伋，使去之。伋曰：「君命也，不【百九】可以逃。」壽竊其節而先往，賊殺之。伋至，曰：「君命殺我，壽有何罪？」賊又殺之。國人傷其涉危遂往，如乘舟而無所薄也，汎汎然迅疾而不礙危也。**願言思子，中心養養。**願，毎也。養養愁憂不知所定也。箋云：願，念也。念我思此二子，心爲之憂養養然。**二子乘舟，汎汎其逝。**逝，往也。**願言思子，不瑕不害。**言二子之不遠害也。箋云：瑕，猶過也。我念思此二子之事，於行無過差，有何不可而不去乎？　**《二子乘舟》二章，章四句。**邶國十有九篇，七十一章，□百六十三句〔三〕【百十】。

毛詩卷第二　經二千二百〼，注五千九百九十三字【百十一】

〔二〕原拓後「齊」旁有朱筆卜煞符號。
〔三〕原拓「百」前之字不清晰，尚可辨出「二」形。

重慶中國三峽博物館藏近代出土蜀石經殘石拓片録文

説　明

1938年因日軍空襲，成都拆除城垣以便市民疏散，陸續於老南門發現蜀石經殘石若干。重慶中國三峽博物館現藏蜀石經《周易》《尚書》《毛詩》《儀禮》四經殘石拓片，去除重複，得拓片十三葉，分屬七石。其中《尚書·説命》《君奭》殘拓爲鄧胥功捐獻，有陳達高題識及藏印，此石乃陳氏舊藏。《毛詩·周頌》《魯頌》殘拓爲王纘緒捐獻，有羅希成題識及藏印，此石乃羅氏舊藏。《毛詩·鄭風》《曹風》殘拓爲馮漢驥捐獻，有篆書題字「蜀石經毛詩傳箋」，鈐「寉笙所臧」朱文正方印、「結金石緣」白文長方印、「潛修山館」白文長方印等江鶴笙、江友樵父子藏印，此石乃江氏舊藏。《儀禮·特牲饋食禮》殘拓爲鄧少琴捐獻，除鈐有「鄧少琴」朱文正方印外，另有「曾敏大利」「文字之福」兩方白文正方印，當爲曾祐生手拓。今據此十三葉殘拓録文，以阿拉伯數字標出所存行數；雙面書刻者，按各經傳世本順序確定A面、B面；字形殘損但尚可辨識者，徑録其文；不足以辨識者，則以「□」符號標識。辨字過程中參考了四川博物院、中國國家博物館展陳之蜀石經原石。此外，亦將陳達高、羅希成二人題識稍作整理，列爲附録一。其中《尚書·説命》《君奭》殘拓題識凡三則，按從右至左、從上至下順序録文。

在成都拆除城垣過程中，還發現《古文尚書》殘石一塊、《毛詩》重言殘石兩塊〔一〕，重慶中國三峽博物館亦藏有拓片，去除重複後凡六葉。其中《古文尚書》殘拓爲鄧少琴捐獻，除鈐有「鄧少琴」朱文正方印外，另有「寶麓堂」白文長方印、「達高收臧」白文正方印等陳達高藏印，此石亦陳氏舊藏。《毛詩》重言殘拓之《小雅·伐木》《采薇》、《小雅·蓼蕭》《湛露》兩葉皆有「周萼生所得金石文字」朱文正方印，當爲周氏舊藏拓片。前人或將晁公武所刻《古文尚書》歸爲蜀石經，或疑《毛詩》重言殘石即南宋張㒟所撰《石經注文考異》。本書既不以前者爲狹義之蜀石經，也不以後者爲《石經注文考異》〔二〕，故將二者圖版列入「附圖」，録文置於附録二。録文時以阿拉伯數字標出所存行數；按傳世本順序確定A面、B面；字形殘損但尚可辨識者，徑録其文；不足以辨識者，則以「□」符號標識。

録　文

一、周易·履　泰　否

A面：周易·履

1. **人凶武□□□**
2. 居陽以柔乘剛者乎故以此爲 行跛足者也以此履危見咥者
3. 履欲以陵武於人爲于大君行未 能免於凶而志存于王頑之甚也
4. **視不足以有明也跛**
5. **與行也咥人之凶位**
6. **爲于大君志剛也**

〔一〕《毛詩》重言殘石現藏地不明，目前僅見拓片。

〔二〕不以晁公武所刻《古文尚書》爲狹義之蜀石經，理由已見《概述》。不以《毛詩》重言殘石爲《石經注文考異》，則因王應麟《玉海·藝文》稱張書「校注文同異」，内容顯然與羅列《毛詩》重言不同，此種殘石與清人王筠《毛詩重言》所做工作相似。此外，文獻中明確記載晁公武《石經考異》曾刻石，張書卻無刻石記録。且宋、明著録整套蜀石經拓本者，如《石刻鋪敘》《文淵閣書目》，皆載晁書而無張書。由此推測《石經注文考異》很可能並未刻石，也就不會有殘石出土。

7. **愬終吉**逼近至尊以□虎尾愬愬

8. 處危懼終獲其志故終吉也　**象**

9. **九五夬履□**

10. 處實是以危　□〔一〕

11. **九視履**

12. 履道成高而□

13. □〔二〕

B面：周易・泰　否

1. 泰道于隍

2. 道已成不行也

3. ☰☷坤乾上

4. **往小來□**〔三〕

5. **貞大往小□**〔四〕

6. **物不通也上**

7. **也内陰而外陽**

8. **人而外君子小人**

9. **也象曰天地不交□**〔五〕

10. **辟難不可榮以禄初**

11. **其彙貞吉亨**居否□〔六〕者也

12. 之時動則入邪三陰同進□茅茹以類貞而□〔七〕

二、周易・中孚

A面：周易・中孚

1. 以涉難若乘木舟虚也　**中孚以**

2. 盛之至也**象曰澤上有風**

3. **獄緩死**信發於中雖過可亮　**初九**

4. **燕**虞猶專也爲信之始而□〔八〕者也志未能變繫心於

5. **曰初九虞吉志未□**

6. **在陰其子和之我□**

7. **靡之**處内而居重陰之下而其眞者也立誠篤

〔一〕原拓此處蓋「象」字殘形。

〔二〕原拓此處蓋「吉」字殘形。

〔三〕原拓「來」後蓋「彖」字殘形。

〔四〕原拓「小」後蓋「來」字殘形。

〔五〕原拓「交」後蓋「否」字殘形。

〔六〕原拓「否」後蓋「之」字殘形。

〔七〕原拓「進」後蓋「故」字殘形。

〔八〕原拓「而」後蓋「應」字殘形。

B面：周易・中孚

易五十　旅

1. 故曰鳴鶴在陰其子和之
是與誠之至也故曰我□〔一〕

2. **其子和之中心願**

3. **鼓或罷或泣或歌**

4. 之謂也以陰居陽欲進者
也四履正而承五非己所□〔二〕

5. 懼見侵陵故或泣也四履
見害故或歌也不量其力□〔三〕

6. **象曰或鼓或罷**

7. **幾望□**

三、《尚書・禹貢》

單面：尚書・禹貢

1. □〔四〕

2. □□　□州從
東循山治水而西 **既修**

3. 曰太原今以爲郡名岳太
岳在太原西南山南曰陽 **覃**

4. □〔五〕 覃懷近河地名漳水横流
入河從覃懷致功至□□

5. 曰□水去土復
其性□□而□〔六〕 **厥賦惟上**

6. 第一錯雜也雜
出第二之賦 **厥田惟中**

7. **恒衛既從大陸既作**

8. **島夷皮服** 海曲謂之島□
還服其皮明□〔七〕

9. **入于河** 碣石海畔山禹夾□
此州帝都不説境□〔八〕

四、尚書・説命　君奭

A面：尚書・説命

1. **□巳** 言立之主使治巳

2. **時憲惟臣欽若惟**

3. □立教臣□□□
□以從上□□〔九〕 **惟口起**

4. □胄兜□□□□
□令□□兵□〔一〇〕 **惟衣裳□**

〔一〕原拓「我」後蓋「有」字殘形。

〔二〕原拓「所」後蓋「克」字殘形。

〔三〕原拓「力」後蓋「進」字殘形。

〔四〕原拓此處蓋「於」字殘形。

〔五〕原拓此字僅可辨出右半爲「章」，然觀察原石，左半尚存第一筆作「、」，當爲「漳」字。

〔六〕原拓「曰」後蓋「壤」字殘形，「而」後蓋「壤」字殘形；「性」後之字磨泐嚴重，然觀察原石，蓋「色」字殘形。

〔七〕原拓「島」後蓋「居」字殘形，「明」後蓋「水」字殘形。

〔八〕原拓「境」後蓋「界」字殘形。

〔九〕原拓「立」字似有改刻痕跡。

〔一〇〕原拓「令」前蓋「教」字殘形。

5. **厥躬** 言□□□□□□人 □不□□□□□□[一] **王惟□**

6. **明乃罔不休** 言王戒慎此四惟□ 信能明政乃無不□

7. **庶官** □所官得人則[二] 治失人則亂 **官不**

8. □加□□[三] □能是官 **爵□**[四]

B面：尚書・君奭

1. □至矣惟 □受言多福[五] **其汝□**[六]

2. **讓後人于丕時** 其汝□ 人在禮□[七]

3. **嗚呼篤棐時二人我式**

4. **休** 言我厚輔是文武之道而行 我用能至于今日其政美也

5. **功于不怠丕冒海隅**

6. 今我周家皆成文王功于不 □冒海隅日所出之地無不[八]

7. **不□**[九]

五、毛詩・鄭風　曹風

A面：鄭風・叔于田　大叔于田

1. **□于田三章章□□**[一〇]

2. **大叔于田刺莊公也叔多**

3. **不義而得衆也　大**

4. **馬** 叔之從 公田也 **執轡如組兩**

5. 箋云如組者如織組 之爲也在旁曰驂 **叔在**

6. 禽之府也烈列也具俱也箋 云列人持火俱舉言衆同□[一一]

7. **所** 禮裼肉袒也暴虎空□[一二] 之箋云獻于公所進於

8. **傷女** 狃習也箋云狃復□[一三] 請叔無復者愛也

B面：曹風・鳲鳩　下泉

1. 四國之長言 任爲侯伯 **鳲鳩□**

五十六[一四]

〔一〕原拓小字第二行僅能辨出「不」，然觀察原石照片，「不」前當爲「兵」，「不」後第二字當爲「任」，「不」後第五字當爲「才」。
〔二〕原拓「所」前蓋「言」字殘形。
〔三〕原拓「加」前蓋「不」字殘形，「加」後蓋「私昵」殘形。
〔四〕原拓「爵」後蓋「罔」字殘形。
〔五〕原拓「受」前蓋「勝」字殘形。
〔六〕原拓「汝」後蓋「克」字殘形。
〔七〕原拓「汝」後蓋「能」字殘形，「禮」後蓋「讓」字殘形。
〔八〕原拓「冒」前蓋「覆」字殘形。
〔九〕原拓「不」後蓋「惠」字殘形。
〔一〇〕原拓「于」前蓋「叔」字殘形，末字蓋「句」字殘形。
〔一一〕原拓「同」後蓋「心」字殘形。
〔一二〕原拓「空」後蓋「手」字殘形。
〔一三〕原拓前「復」之後蓋「也」字殘形。
〔一四〕原拓此處有小字「五十六」，刻於原石第一、二行之間上端，當爲原石編號。

2. 子正是國人正□

3. 正長也能長人 則人欲其壽考 鳲□

4. 下泉思治也曹人疾□〔一〕

5. 不得其所憂而思明王□

6. 洌彼下泉浸彼苞稂 興也 下流也

7. 粱非□草得水而病也箋□□□喻共 □□困□□□□當□〔二〕

六、毛詩・周頌　魯頌

A面：周頌・桓　賚

1. □桓有威武之武□ □意也於是用武事於四方能□□□先王

2. 遂有 □下 於昭于天皇以閒之 閒代也箋云于曰 也皇君也於明乎

3. □也紂爲天下之君但〔三〕 爲惡天以武王代之　桓一章九句

4. □封於廟也賚予也言所以錫予

5. 也 大封武王伐紂時 封諸臣有功者　文王既勤止

6. □之敷時繹思我徂維求定 勤 勞

7. □也箋云敷猶徧也文王既勞心於政事 □業當而受之敷是文王之勞心能陳繹

8. □往以此〔四〕 天下也　時周之命於繹思 箋云 勞心

9. □以受天命而王之所由也於女□ □而思行之以文王之功業勑〔五〕

10. □六句

B面：魯頌・駉

1. □□□然□□ □黑曰驪黄騂曰黄諸侯□〔六〕

2. 馬有田馬有駑馬彭彭有 地水草既美牧人又良飲食

3. □〔七〕　思馬斯臧〔八〕 箋云臧善也 僖公之思遵

4. 法反□□□無有竟已乃 □馬斯善多其所及廣博　駉駉牡馬

5. 之野薄言駉者有騅有駓有騂

6. □以車伾伾〔九〕 倉白雜毛曰騅黄白雜毛曰 駓赤黄曰騂倉祺曰騏伾伾

7. 力 思無期思馬斯才 才多 材也 駉駉牡馬

8. 在坰之野薄言駉者有驒有駱有騮

9. □以車繹繹〔一〇〕 青驪驎曰驒白馬黑鬣曰 駱赤身黑鬣曰□黑〔一一〕

〔一〕原拓「疾」後蓋「共」字殘形。

〔二〕原拓「非」後蓋「溉」字殘形，「喻」前蓋「者」字殘形，「當」前蓋「其民稂」之殘形，「當」後蓋「作」字殘形。

〔三〕原拓「也」前蓋「天」字殘形。

〔四〕原拓「往」前蓋「我」字殘形。

〔五〕原拓「女」後蓋「諸」字殘形，後「而」前蓋「繹」字殘形。

〔六〕原拓「然」後蓋「驪」字殘形，「黑」前蓋「純」字殘形，「侯」後蓋「六」字殘形。

〔七〕原拓此處蓋「耳」字殘形。

〔八〕原拓「馬」前之字上部殘損，然觀察原石可知爲「思」字。

〔九〕原拓「以」前蓋「騏」字殘形。

〔一〇〕原拓「以」前蓋「雒」字殘形。

〔一一〕原拓第三個「黑」前蓋「騮」字殘形。

10. □無□

七、儀禮・特牲饋食禮

A面：儀禮・特牲饋食禮

1. □□如□〔一〕

2. 止□爵者三 室中是以□

3. □内〔二〕□□人鋪之西 □□自房來 主□〔三〕

4. □拜□爵〔四〕

5. 今 爵 宗婦□〔五〕

6. 設□□兩籩〔六〕初贊 薦□〔七〕

7. 人□

B面：儀禮・特牲饋食禮

1. 拜焉□肝受 毋拜荅

2. 其文耳古文〔八〕 備爲復 □洗酌〔九〕

3. 荅拜尸□酒啐酒奠

4. □荅其欲□己也奠之者□ □子齒於□姓凡非主人□〔一〇〕

5. 子洗酌于東方之尊〔一一〕

6. 觶于長兄弟如主人□〔一二〕

7. 人告祭胥胥俎也所告所者〔一三〕 獻時設薦

〔一〕原拓「如」前蓋「三獻」殘形，「如」後蓋「初」字殘形。

〔二〕原拓「内」前蓋「户」字殘形。

〔三〕原拓「主」後蓋「婦」字殘形。

〔四〕原拓「拜」前蓋「人」字殘形，「拜」後蓋「受」字殘形。

〔五〕原拓「婦」後蓋「贊」字殘形。

〔六〕原拓「設」後蓋「兩豆」殘形。

〔七〕原拓「薦」後蓋「兩」字殘形。

〔八〕原拓「文耳」處有改刻痕跡，觀察原石，蓋「耳」處原刻「文」，又在其上改刻「耳」，「耳」前「文」字似擠刻。

〔九〕原拓此處殘損，觀察原石，當爲「洗酌」二字，「洗」前蓋「奠」字殘形。

〔一〇〕原拓「荅」前蓋「者」字殘形，「欲」後蓋「酢」字殘形，「者」後蓋「復」字殘形，「子」前蓋「嗣」字殘形，「人」後蓋「升」字殘形。

〔一一〕原拓「洗」前之字、「之」後之字殘損，觀察原石，分別爲「子」「尊」。

〔一二〕原拓「人」後蓋「酬」字殘形。

〔一三〕原拓「所告所」處有改刻痕跡，觀察原石，「告」字下部「口」上疊刻一「所」字，「告」前擠刻一「所」字。

附録一：蜀石經殘石拓片題識録文

一、《尚書·説命》《君奭》殘拓陳達高題識

此石於民國三十年出土，今歸寶麓堂。（鈐「寶麓堂」白文長方印）

毋昭裔，河中龍門人，後主時拜左僕射同中書門下下平章事，性好藏書，酷嗜古文，精經術。嘗按雍都舊本九經，命張德釗等書之，刻於成都學官。蜀土自唐末以來學校廢絶，昭裔出私財營立黌舍，且請後主鏤板印九經，由是文學復盛[一]。　乙酉三月念徽居士題記。（鈐「仰之」白文正方印）

蜀相毋昭裔捐俸金取九經琢石於學宫，依太和舊本，令張德釗書。皇祐中，田元均補刻《公羊》《穀梁》二傳，然後十二經始全。至宣和間，席升獻又刻《孟子》參焉[二]。今攷之，《孝經》《論語》《爾雅》廣政甲辰歲張德釗書，《周易》辛亥歲楊鈞、孫逢吉書，《尚書》周德貞書，《周禮》孫朋吉書，《毛詩》《禮記》《儀禮》張紹文書。《左氏傳》不誌何人書，而「祥」字闕其畫，亦必爲蜀人所書。然則蜀人之立石蓋十經，其書者不獨德釗，而能盡用太和本，固已可嘉。凡歷八年，其石千數，昭裔獨辦之，尤偉業也[三]。此石出土於成都之南門，知者無人，函川大竟不覆，輾轉歸余，只淳先生屬搨[四]，達高記。（鈐「陳達高」、「蜀石經慶」朱文正方印）

二、《毛詩·周頌》《魯頌》殘拓羅希成題識

世之論石經者，漢熹平石經、魏三體石經、唐開成石經，皆有經無注。惟蜀廣政石經，經注并刻，視前代爲尤備，其時悉選士大夫善書者模丹入石。據晁公武《郡齋讀書志》所載，《孝經》《論語》《爾雅》秘書省校書郎張德釗書，《周易》楊鈞、孫逢吉[五]，《尚書》周德貞書，《周禮》孫朋吉書，《毛詩》《禮記》《儀禮》張紹文書，惟《左傳》不題書者姓名，字皆精謹。當五代之季，天下大亂，典章文物蔽壞已極。孟氏據有兩川，獨能崇尚儒術，舉諸經刻石以嘉惠學者，自是人文蔚起。蜀儒文學名天下，孟氏實有以啟之，不爲無功也。其拓本傳世者皆北宋本，有《毛詩》《周官》《左傳》《公羊》《穀梁》五經，遞藏於黄松石小松尊人、趙谷林、趙晋齋、陳芳林、楊幼雲、陳頌南、子迪昆季[六]、張叔憲、李亦元諸家。後至癸亥內閣庫書叢殘八千袋逸出，羅振玉以巨資獲得，中有《穀梁》卷五首半葉五行[七]。除黄松石所藏《毛詩》及趙晋齋所藏《周官》第八卷未識存佚外，其餘悉歸盧江劉健之體乾收藏[八]，并闢齋庋藏，偏徵時賢題識，誠一時盛事。至言蜀石經之始末者，自宋迄清有席氏益、晁氏公武、洪氏適、趙氏希弁、曾氏宏父、王氏應麟、顧氏炎武、萬氏斯同、吴氏任臣、杭氏世駿、翁氏方綱、何氏紹基、朱氏竹垞、繆氏荃孫，皆有記述，而獨不言其石亡佚何時。故皆意斷原石毀於宋末元初，因元明金石家無言之者，故有此論斷也。按，曹能始《四川名勝志》稱石經《禮記》有數段在合州賓館。劉燕庭手批《錢竹汀日

[一] 原文「同中書門下下平章事」句衍「下」字。此段文字當源於吴任臣《十國春秋》卷五二毋昭裔本傳，然陳氏或直接襲自萬斯同《石經考》檃括之文。

[二] 「升獻」當爲「叔獻」。説詳顧永新《蜀石經續刻、補刻考》，《儒家典籍與思想研究》第3輯，北京大學出版社，2011年，第171頁；王天然《蜀石經著録疏證（上）》，《經學文獻研究集刊》第20輯，上海書店出版社，2018年，第86頁。

[三] 此段文字當源於晁公武《石經考異序》，然陳氏或直接襲自顧炎武《石經考》檃括之文。

[四] 「只淳」即鄧胥功。

[五] 原文「吉」後當漏「書」字。

[六] 羅希成於《魯頌》殘拓左下勘誤：「十一行『陳頌南』下遺『吴子肅』三字。」

[七] 此處蓋襲取王秉恩説，然羅振玉所獲爲《穀梁》卷六文公首半開，「卷五」有誤。説詳王天然《蜀石經著録疏證（下）》，《經學文獻研究集刊》第21輯，上海書店出版社，2019年，第39—40頁。

[八] 「盧江」當爲「廬江」。

記》有自述爲蜀臬時，聞乾隆四十四年制軍福安康修成都城〔一〕，什邡令任思仁得蜀石經數十片於土壕中〔二〕，字尚完好。任令貴州人，罷官後原石輦歸黔中，余訪求竟無所得云云。舍此而外蓋略無存者矣。己卯春，舊僕劉某供役黔中，稔知余有好古之癖，輾轉托人運殘石一片貽余，覩之狂喜不已，蓋蜀石經《毛詩》原石矣。函詢其來源，只云偶然拾得，亦不知其所自來。考其得石之地，與劉燕庭所記正合。不意千年古物，尤巍然獨存，自宋末經元明清而昔賢皆未經見者，今余一旦獨得而見之，較錢竹汀見梁茝鄰所藏《左傳》殘拓兩本嘆爲衰年樂事〔三〕，更難能而可貴也。嗣余因事赴蓉，當五月四日渝中爲倭機狂炸，余妻繩穎於烈火濃烟中倉皇出走，僅抱此石與身免。後攜來蓉，復與張溥泉、嚴谷聲兩先生手自拓墨，此又爲千數百年來金石家所未有之快。況亂離作此較太平文賞尤爲消憂，他日清暇無忘此題。　己卯初冬敬奉

治公〔四〕　鑒存　　羅希成謹識於成都。（鈐「羅」朱文、「希成」白文印〔五〕）

〔一〕「福安康」當爲「福康安」。

〔二〕「任思仁」當爲「任思正」。說詳馬衡《凡將齋金石叢稿》，北京：中華書局，1977 年，第 216 頁。

〔三〕錢大昕所見蜀石經《左傳》爲昭公二年殘拓，錢氏見時梁章鉅尚未獲藏，且該本僅存三十五行，亦非「兩本」。

〔四〕「治公」即王纘緒。

〔五〕羅氏此處所鈐蓋連珠印。《周頌》殘拓左下有「羅希成」朱文正方印，《魯頌》殘拓右下有「羅希成珍藏金石書画」朱文正方印，左下有「天下佳我有此石」朱文正方印、「富有蜀石經殘石之家」白文正方印。

附録二：《古文尚書》、《毛詩》重言殘石拓片録文

一、《古文尚書・禹貢》《多士》

A面：古文尚書・禹貢

□八[一]　上

1. 凡堣𡰥旡帤惟甾
2. 桒𩔁廣㡯乎田惟
3. 乎貢鹽絺桒物惟
4. 案怪启萊𡰥
5. □□于泲桒
6. □羽

B面：古文尚書・多士

1. 㞢畀允□
2. □惟帝㞢畀
3. □□眀㫘𢦔聋曰□
4. □適俗劓惟帝夅𢦏
5. 啻帝大坙俗𠂆𦓤
6. 乎惟廢元𠦒夅致□[二]

二、《毛詩・小雅》重言

A面：小雅・鹿鳴　四牡

1. 鹿鳴之什
2. 呦呦 鹿鳴呦呦鹿鳴傳 呦呦然鳴而相呼
3. 騑騑 四牡四牡騑騑傳 騑騑行不止之貌
4. 嘽嘽 四牡嘽嘽駱馬傳 嘽嘽喘息之貌

B面：小雅・蓼蕭　湛露

1. 忡忡 蓼蕭鞗革忡□□ 忡忡垂飾貌
2. 湛湛 湛露湛湛露斯傳 湛湛露茂盛貌
3. 厭厭 湛露厭厭夜飲傳 厭厭安也
4. 離離 湛露其實離離傳 離離垂也

[一] 原拓「八」前蓋「書」字殘形，此行當爲原石編號。
[二] 原拓「致」後蓋「罰」字殘形。

三、《毛詩・小雅》重言

A面:小雅・伐木　采薇

1. **蹲蹲** 興舞蹲蹲□[一]
2. **烈烈** 采薇憂心烈烈傳 烈烈憂皃[二]
3. **業業** 采薇四牡業業傳 業業然壯也
4. **騤騤** 采薇四牡騤騤傳 騤騤彊也

B面:小雅・六月　采芑

1. **棲棲** 六月六月棲棲傳 棲棲簡閲皃
2. **翼翼** 采芑四騏翼翼傳 翼翼壯健皃[三]
3. **瑲瑲** 采芑八鸞瑲瑲傳 瑲瑲聲也
4. **淵淵** 采芑□□

[一] 原拓後「蹲」殘損，然據殘形尚可辨識，此字後蓋「然」字殘形。「興舞蹲蹲」爲鄭箋之文，而《毛詩》重言殘石所存條目皆稱「傳」，此處殘損，或亦作「傳」。蓋此種文獻將毛傳、鄭箋渾言爲「傳」，而非所據之本與傳世本存在異文。

[二] 「烈烈憂皃」爲鄭箋之文，然此處稱「傳」，蓋渾言毛傳、鄭箋，而非與傳世本存在異文。

[三] 「翼翼壯健皃」爲鄭箋之文，然此處稱「傳」，蓋渾言毛傳、鄭箋，而非與傳世本存在異文。

石經文獻集成

虞萬里　主編

蜀石經集存

王天然　編著

毛詩

附　近代出土殘石拓片

圖版目録

毛詩卷一 卷二

書衣……三
書匣……五
面板
題簽 錢坫……七
題識 戴熙……八
葉志詵……一一

毛詩卷一

國風·召南

鵲巢……一四
采蘩……一五
草蟲……一七
采蘋……一九
甘棠……二二
行露……二三
羔羊……二六
殷其靁……二七
摽有梅……二九
小星……三一
江有汜……三三
野有死麕……三五
何彼襛矣……三八
騶虞……四〇

毛詩卷二

國風·邶風

柏舟……四二
緑衣……四五
燕燕……四八
日月……五〇
終風……五三
擊鼓……五六
凱風……五九
雄雉……六一
匏有苦葉……六四
谷風……六七
式微……七三
旄丘……七四
簡兮……七七
泉水……八〇
北門……八三
北風……八六
静女……八八
新臺……九〇

二子乘舟……九二
題識　厲鶚(李福録)……九六
丁敬(李福録)……九七
趙昱(李福録)……九八
全祖望(李福録)……一〇〇
黄丕烈……一〇二
信札　钱大昕……一〇六
黄丕烈……一〇七
黄丕烈……一〇八
背板……一一〇

近代出土殘石拓片

周易
履(A面)……一一二
泰(B面)……一一三
否(B面)……一一三
中孚(A面、B面)……一一四
尚書
禹貢(單面)……一一六
説命、君奭(整拓圖)……一一七
題識　陳達高……一一七
説命(A面)……一一八
君奭(B面)……一一九
毛詩
鄭風　叔于田、大叔于田(整拓圖)……一二〇
曹風　鳲鳩、下泉(整拓圖)……一二一
鄭風　叔于田(A面)……一二二
大叔于田(A面)……一二二
曹風　鳲鳩(B面)……一二三
下泉(B面)……一二三
魯頌　駉(整拓圖)……一二四
題識　羅希成……一二四
周頌　桓、賚(整拓圖)……一二五
周頌　桓(A面)……一二六
賚(A面)……一二六
魯頌　駉(B面)……一二七
儀禮
特牲饋食禮(A面、B面)……一二八
附　圖
古文尚書
禹貢(A面)……一三二
多士(B面)……一三三

毛詩重言

小雅

鹿鳴（A面）……一三四
四牡（A面）……一三四
蓼蕭（B面）……一三五
湛露（B面）……一三五
伐木（A面）……一三六
采薇（A面）……一三六
六月（B面）……一三七
采芑（B面）……一三七

毛詩卷一卷二

四

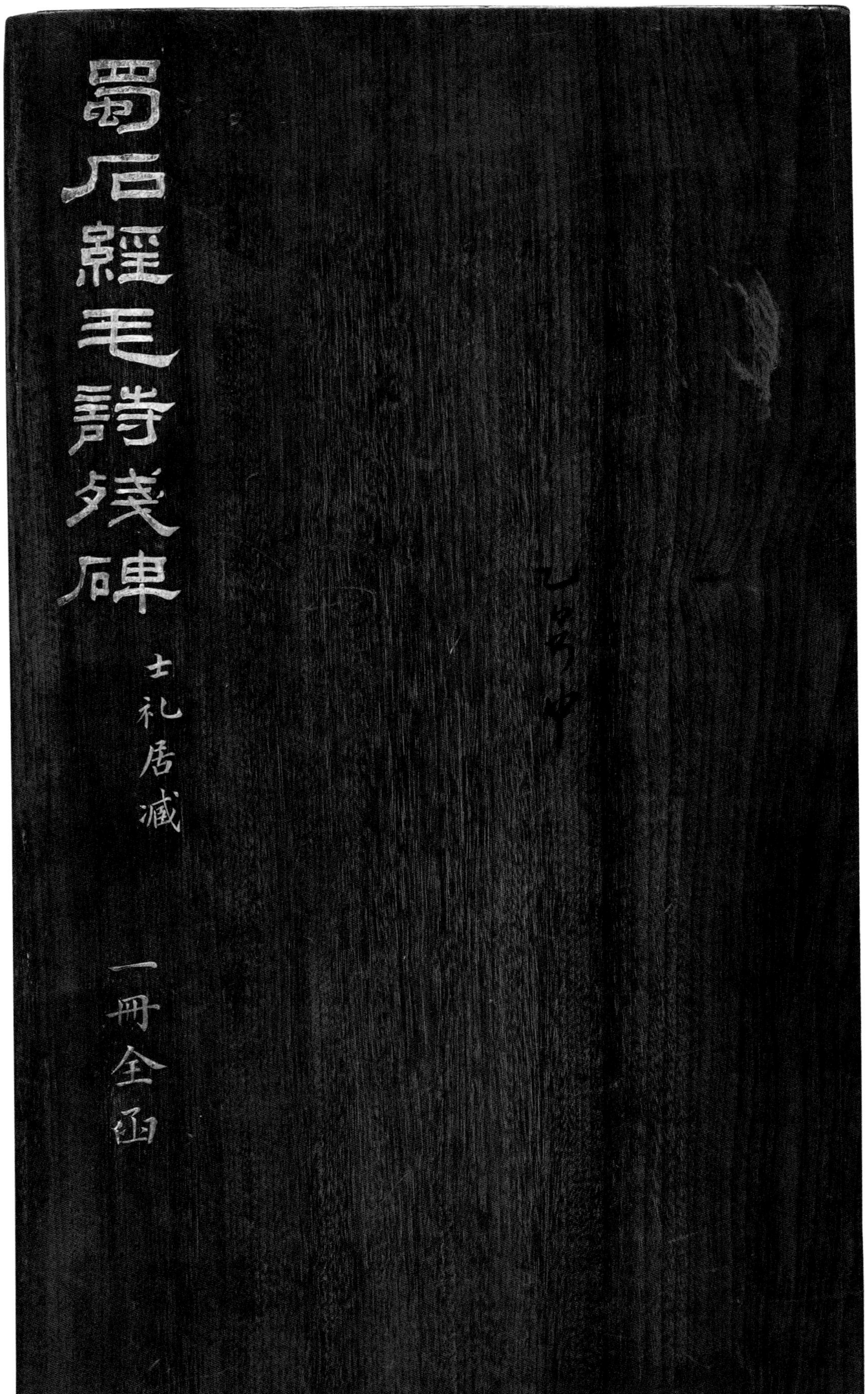

蜀石經毛詩殘碑

士礼居臧

一冊全函

蜀石經毛詩殘本

蜀石經毛詩殘本非毛詩善本也然不得謂非毛詩別本蜀石經宋晁公武有石經攷異張奐有石經注文攷異其書皆未見此毛詩殘本與今本所異國朝嚴氏杰有蜀石殘本毛詩攷證當中亦無此書惟王侍郎昶金石萃編列其異數百條謂時孫逢吉爲博士請斠克益如許儀徵相國阮氏十三經注疏校勘記經注本第一論列此所謂或義或脫或不同皆無足取然如經文江有汜之子歸之子于歸見足利本同彼襛矣肅雝作肅雍見文選注五十七初學記十柏舟以敖以遊作以遨以遊見釋文雄雉泄泄其羽作洩洩以避諱見唐石經匏有苦葉濟盈不濡軌作濡軌釋文云軓音犯雝雝鳴鴈作雍雍亦見唐石經谷風宴爾新昏作燕爾見釋文又見足利本毋逝

我巢毋發我笱作無釋文有無發我笱文蓋唐石本如是教如說懌如美作悅懌亦見釋文也孟唐傳箋術文鼓文或古未定本未必皆兼字脫字唐石有汜禍亦自悔也作者也抗文義當有者字簡兮伶官作泠官釋文本作泠或作伶傳於露紡帛作紡帛本作紡見釋文柏舟慍怒也亦本作怒正義引說文正作怒凱風校宋本多棘難長養者五字與正義合箋甘棠不重煩勞作重煩勞重讀去聲與司馬相如傳合孟王氏謂北門誤作出門今研文作北門甚明阮氏謂不以角乃以味之乃味之譌今研文作味字甚明此所謂不善不如是之甚者也學者存為別本亦足以資參訂用敢匡其瑕而表其瑜

道光戊申五月

蘭川程六兄見示蜀石經毛詩殘本謹跋後請政 醇士弟戴熙

道光戊申春三月朔日葉志詵借觀時將就養
粵東梅署匆匆倚裝題記京師宣坊橋寓朱
竹垞舊宅

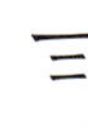

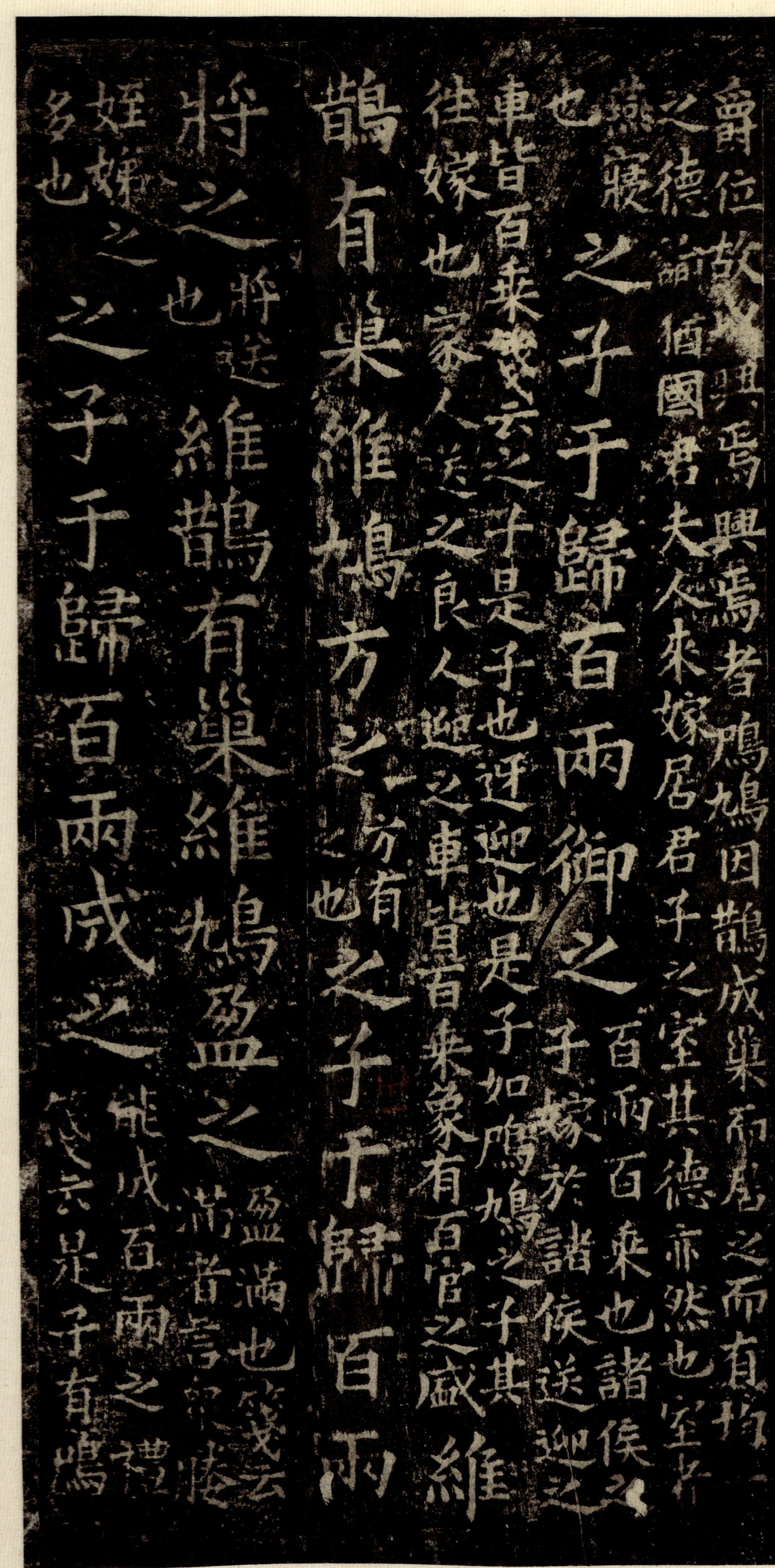

鳩之德宜配國君故以百兩之禮送迎成之

鵲巢三章章四句

采蘩夫人不失職也夫人可以奉祭祀則不失職矣苦祭祀者采蘩之事也不失職者夙夜在公也

于以采蘩于沼于沚蘩皤蒿也于於也沼沚也沚渚也公侯夫人執蘩菜以助祭祀神享德與信不求備焉沼沚谿澗之草猶可以薦王后則荇菜也箋云于以猶言往以執蘩菜者以豆薦蘩菹也

于以用之公侯之事之事祭事也箋云言夫人

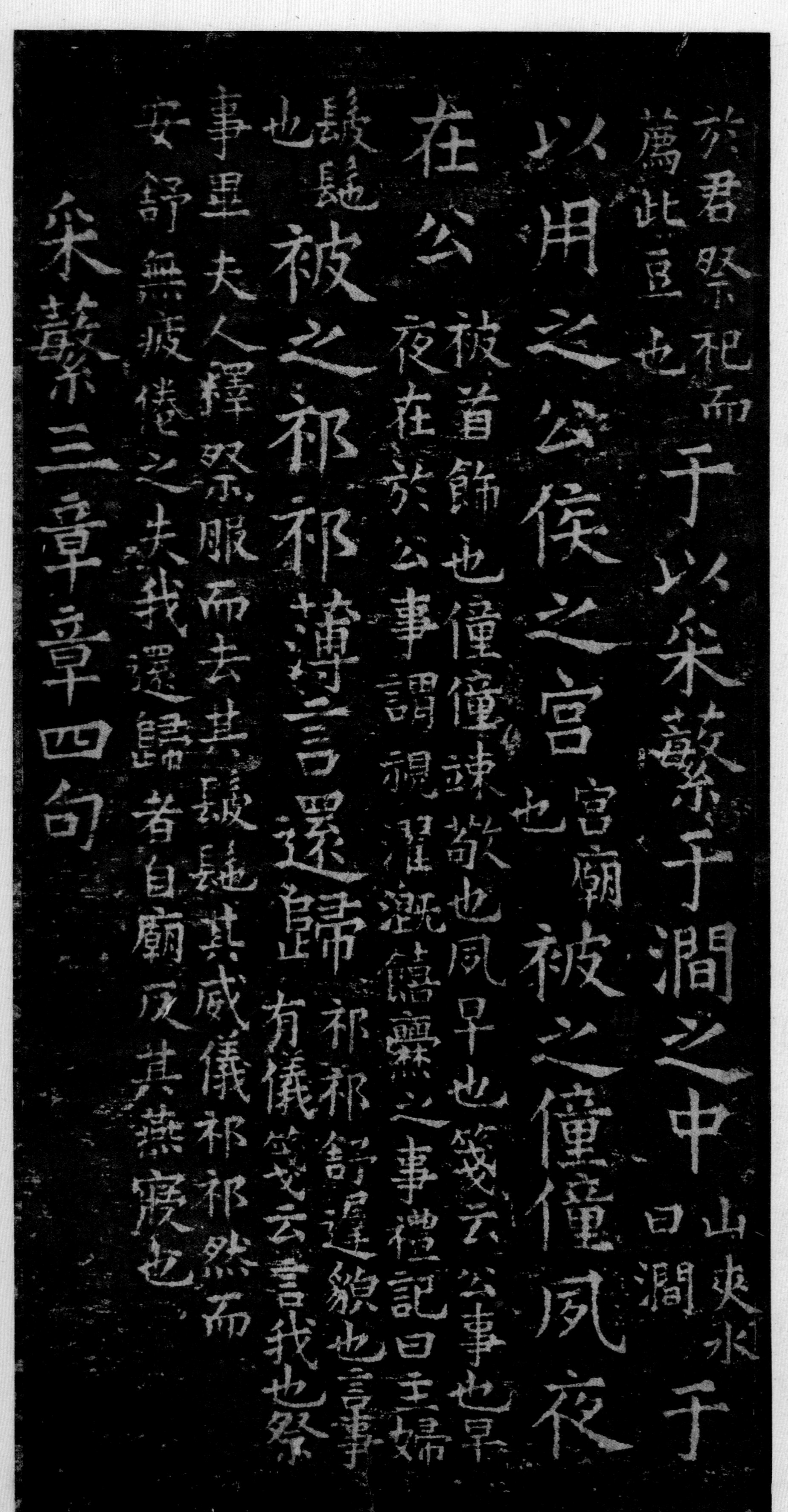

草蟲大夫妻能以禮自防也卿大夫之妻待禮而行隨從君子也

喓喓草蟲趯趯阜螽興也喓喓聲也草蟲常羊也趯趯跳躍也阜螽蠜

螽也卿大夫之妻待禮而行隨從君子箋云草蟲鳴而

阜螽躍而從之異種同類猶男女嫁時以禮相求呼也

未見君子憂心忡忡忡忡猶衝衝也婦人雖適人猶有歸宗之義箋

云未見君子者謂在塗之時也在塗之時而憂憂不當

君子無以寧父母故心衝衝然是其不自絕於其族

之情亦既見止亦既覯止我心則降止辭也覯

也

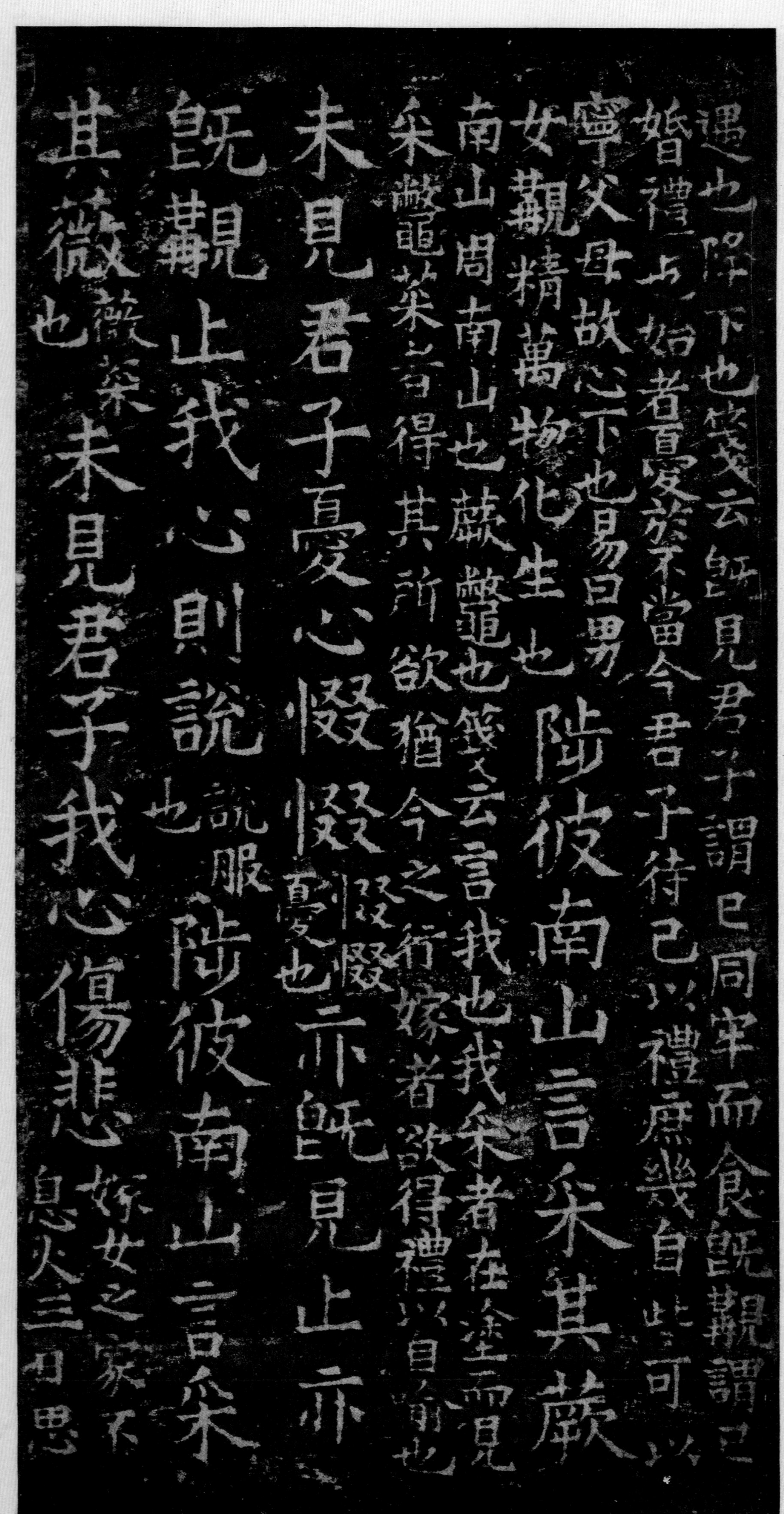

遇也降下也箋云既見君子謂已同牢而食既覯謂已
婚禮也始者憂於不當今君子待己以禮庶幾自此可以
寧父母故心下也易曰男
女覯精萬物化生也陟彼南山言采其蕨
南山周南山也蕨鱉也箋云言我也我采者在塗而見
采鱉菜者得其所欲猶今之行嫁者欲得禮以自喻也
未見君子憂心惙惙惙惙憂也亦既見止亦
既覯止我心則說說服也陟彼南山言采
其薇薇菜也未見君子我心傷悲嫁女之家不息火三日思

相離也箋云惟父母思己故己亦傷悲也亦既見止亦既覯止我心則夷夷平也

草蟲三章章七句

采蘋大夫妻能循法度也能循法度則可以承先祖共祭祀矣女子十年不出姆教婉娩聽從執麻枲治絲繭織紝組紃學女事以共衣服觀於祭祀納酒漿籩豆菹醢禮相助奠十有五年而笄二十而嫁此言能循法度者今既嫁爲大夫妻能循其所爲女子之時所學所觀之事以爲法度也

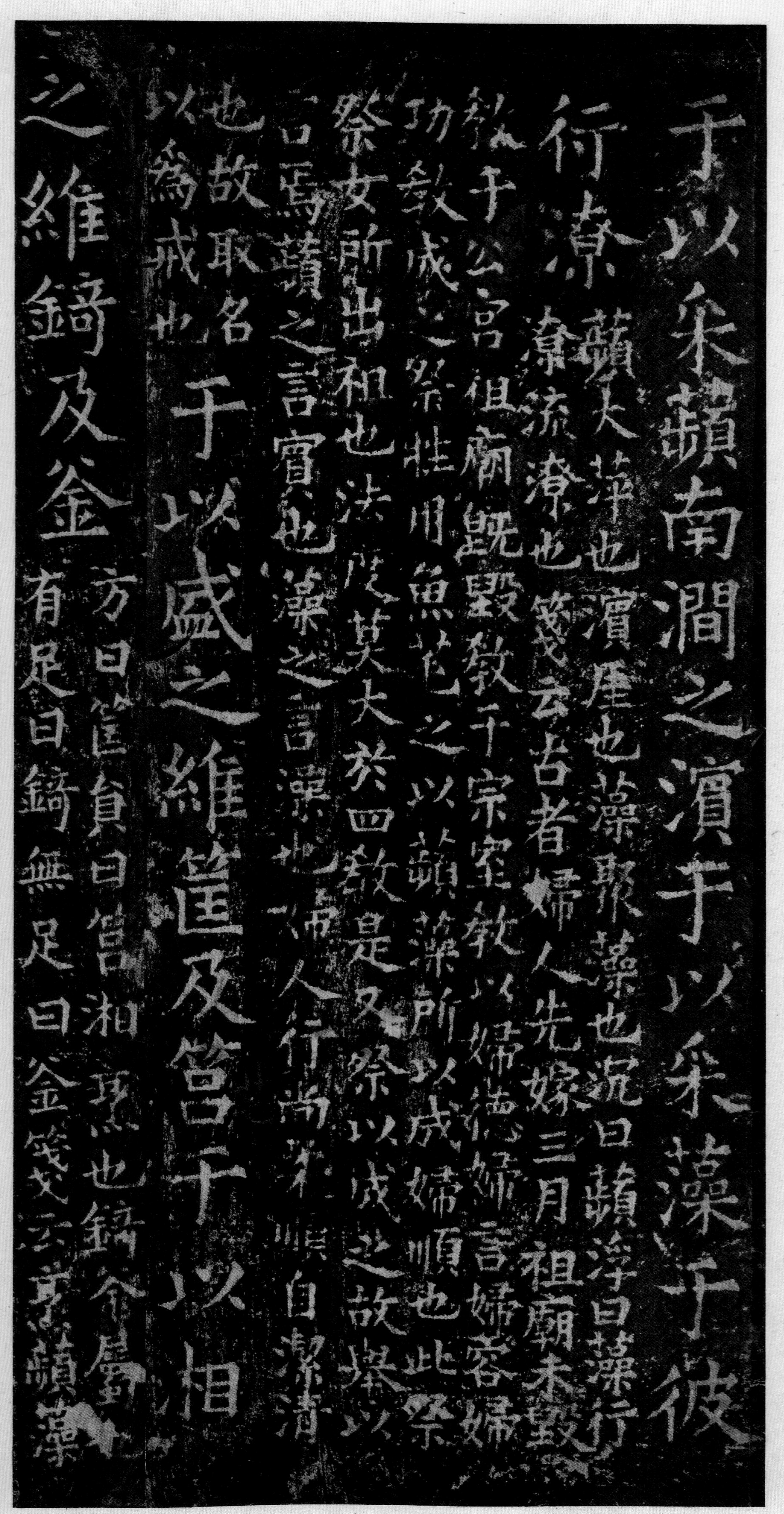
于以采蘋南澗之濱于以采藻于彼
行潦蘋大蓱也濱厓也藻聚藻也泥曰蘋浮曰藻行
潦流潦也箋云古者婦人先嫁三月祖廟未毀
教于公宮祖廟既毀教于宗室教以婦德婦言婦容婦
功教成之祭牲用魚芼之以蘋藻所以成婦順也此祭
祭女所出祖也法度莫大於四教是又祭以成之故舉以
言焉蘋之言賓也藻之言澡也婦人行尚柔順自潔清
也故取名以爲戒也于以盛之維筐及筥于以相
之維錡及釜方曰筐員曰筥湘烹也錡釜屬
有足曰錡無足曰釜箋云亨蘋藻

者於魚湆之中是鉶羹之芼也 于以奠之宗室牖下 奠置也宗室太

宗之廟也大夫士祭於宗廟奠於牖下箋云牖下戶牖

間之前也祭不於室中者凡昏事於女禮設几筵於戶

外此其義也與宗子主此祭禮唯君使有司爲之 誰其尸之有齊季

女 尸主也齊敬也季少也蘋藻薄物也澗潦至質也筐筥錡釜陋器也少女微主也古之將嫁女者必先

醴之於宗室牲用魚芼之以蘋藻箋云主婦設羹奠者季女則非醴也女將行父醴之而俟迎者蓋母薦之無

祭事也祭禮主婦設羹教成祭之更使季女者成婦禮季女不主魚魚俎實男子設之其齊盛蓋以黍稷

采蘋三章章四句

甘棠美召伯也召伯之教明於南國
召伯姬姓也名奭食菜於召作上公爲二伯
後封於燕此美其爲伯之功故言伯云也
蔽芾甘棠勿翦勿伐召伯所茇蔽芾小貌也甘
棠杜也翦去也伐擊也箋云茇草舍也召伯聽男女之
訟重煩勞百姓止舍小棠之下而聽斷焉國人被其德
而說其化思其人敬其樹也
蔽芾甘棠勿翦勿敗召伯

所憩憩息也蔽芾甘棠勿翦勿拜召伯所說說舍也箋云拜之言拔也甘棠三章章三句

行露召伯聽訟也衰亂之俗微貞信之教興彊暴之男不能侵陵貞女也衰亂之俗微貞信之教興者此殷之末世周之盛德當文王與紂之時也

厭浥行露興也厭浥濕意也行道也豈不夙夜謂行多露豈不言有是也箋云夙夜

早暮也猒浥然濕道中始有露謂二月中嫁娶之時也我
豈不知當早夜成昏禮與謂道中之露太多故不早
行耳彊暴之男以此多露之時禮不足而彊來不度時之
可否故云然也周禮仲春之月令會男女之無夫家者
仲春行事必
以昕之時誰謂雀無角何以穿我屋不思物變而推
誰謂女無家何以速我獄其類雀之穿屋
似有角者速召也獄訟也箋云汝女彊暴之男變異也
人皆謂雀之穿屋似有角彊暴之男召我而獄似有室
家之道於我也物有相似而不同者雀之穿屋不以角乃
以味今彊暴之男召我而獄不以室家之道於我乃以

侵陵物有與事有似而非者士師當審也雖速我獄室家不足婚禮純帛不過五兩箋云幣可以備也室家之道不足謂不以媒妁之言不知六禮之來彊委之也誰謂鼠無牙何以穿我墉誰謂女無家何以速我訟墉墻也視墉之穿推其物類可謂鼠有牙也雖速我訟亦不女從不女從終不棄禮而隨此彊暴之男也

行露三章一章三句二章章六句

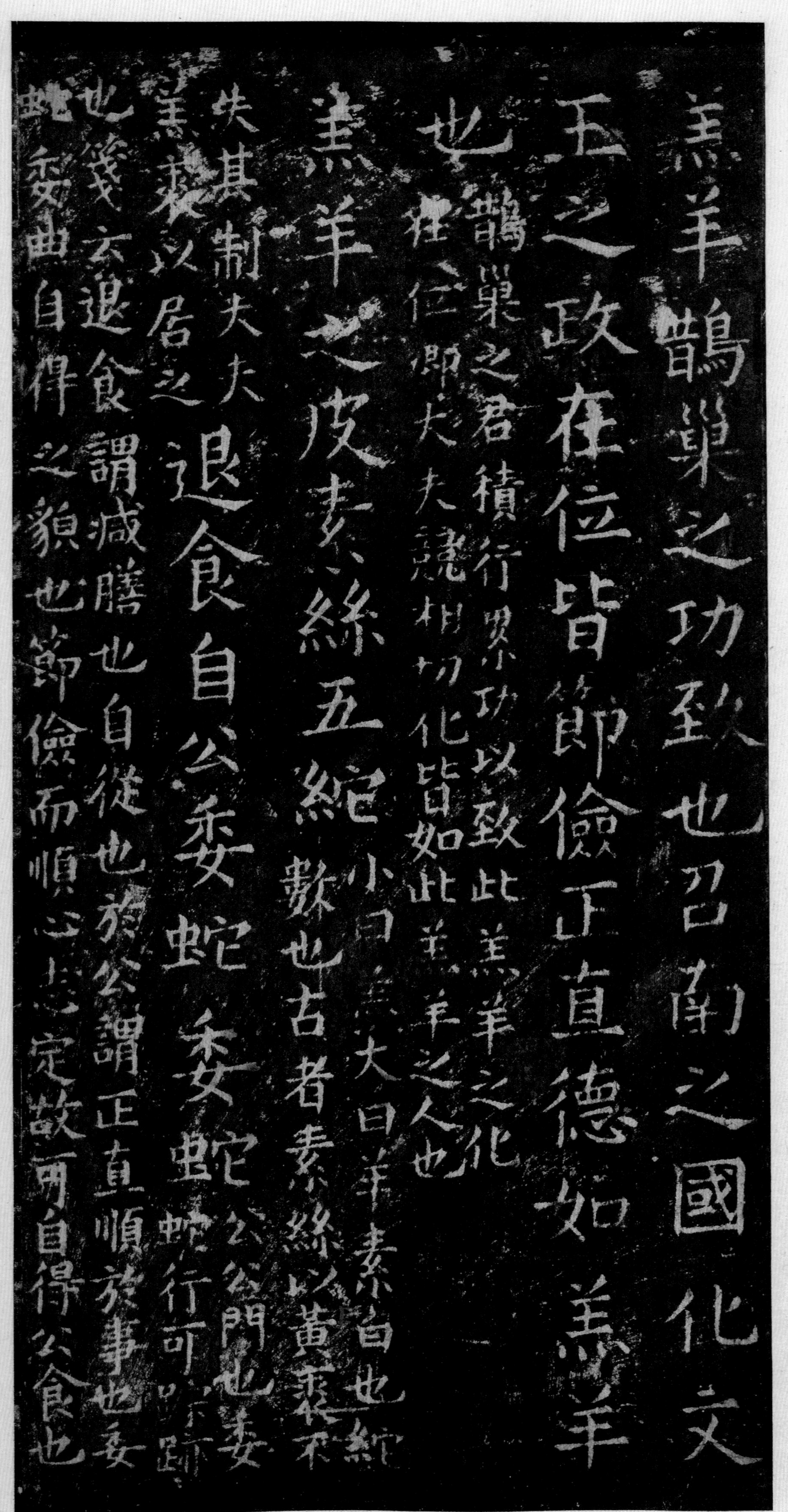

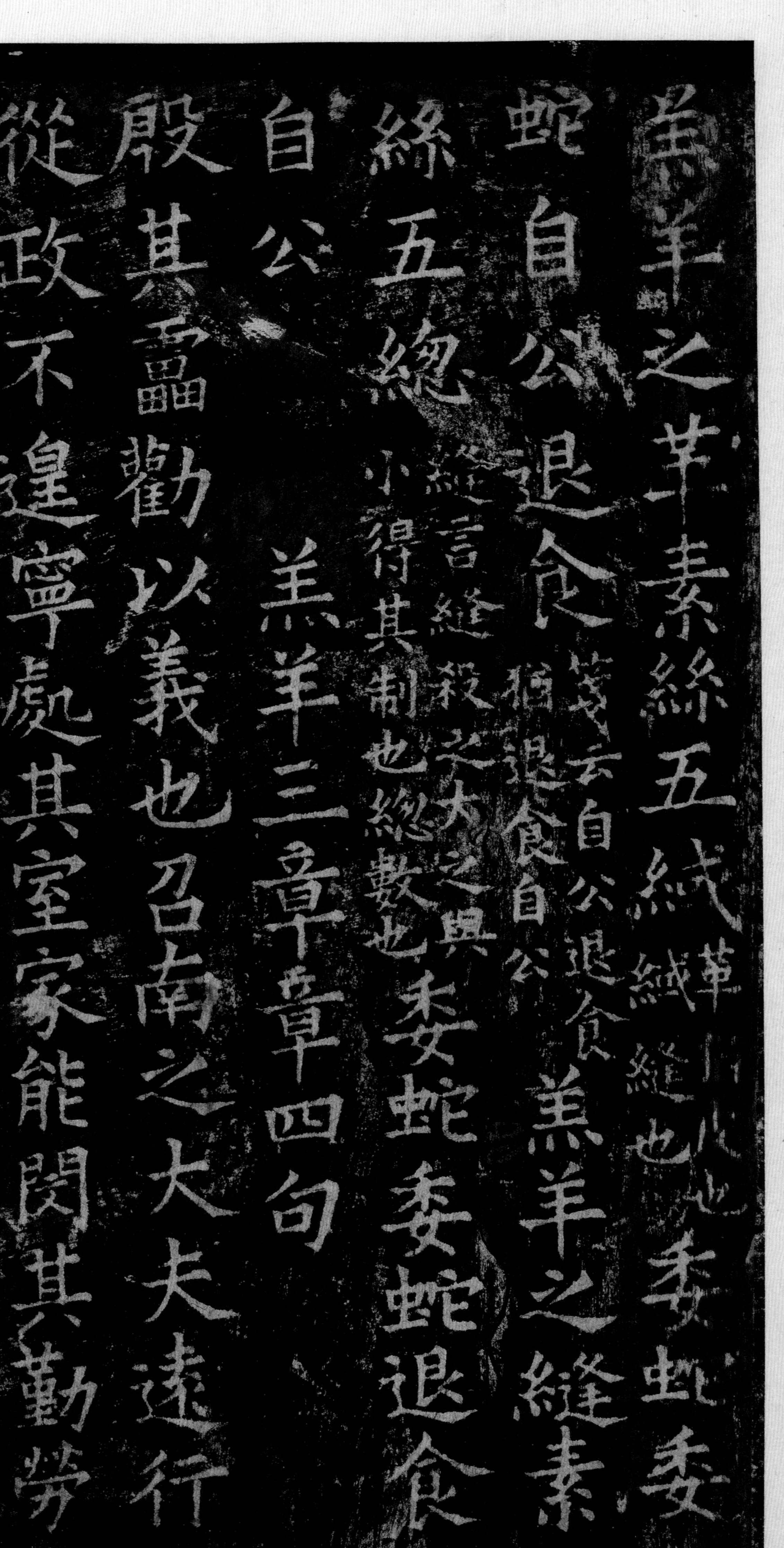
羔羊之革素絲五紽革猶皮也紽縫也委蛇委蛇自公退食箋云自公退食猶退食自公羔羊之縫素絲五總縫言縫殺之大小得其制也總數也委蛇委蛇退食自公

羔羊三章章四句

殷其靁勸以義也召南之大夫遠行從政不遑寧處其室家能閔其勤勞

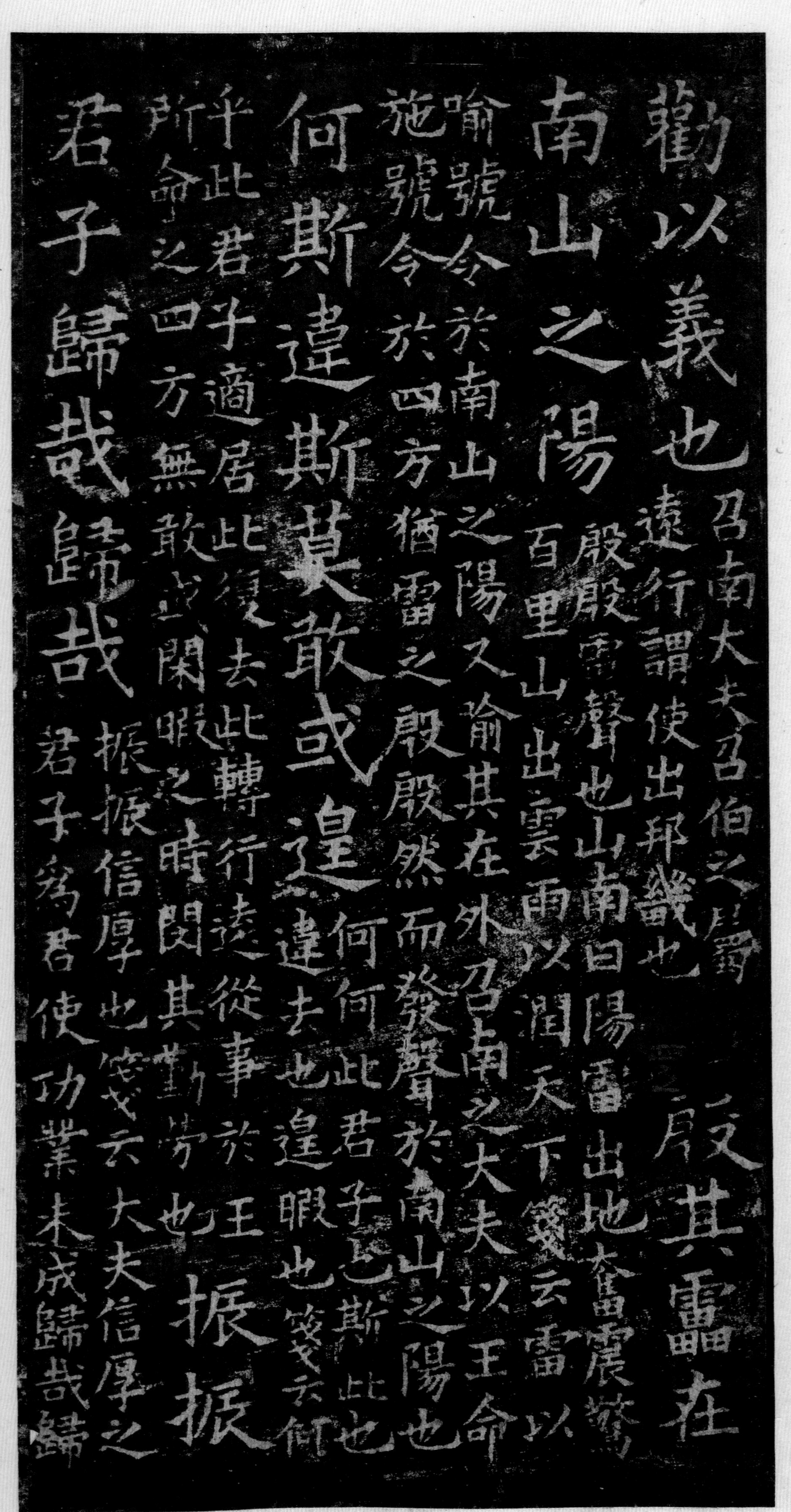
勸以義也召南大夫召伯之屬遠行謂使出邦畿也序殷其靁在
南山之陽殷殷靁聲也山南曰陽靁出地奮震驚百里山出雲雨以潤天下箋云靁以
喻號令於南山之陽又喻其在外召南之大夫以王命施號令於四方猶靁之殷殷然而發聲於南山之陽也
何斯違斯莫敢或遑何何此君子也斯此也違去也遑暇也箋云何
乎此君子適居此復去此轉行遠從事於王所命之四方無敢或閑暇之時閔其勤勞也振振
君子歸哉歸哉振振信厚也箋云大夫信厚之君子爲君使功業未成歸哉歸

（哉者勸以爲臣之義未得歸也）殷其靁在南山之側（亦在其陰與左右也）何斯違斯莫敢遑息（息止也）振振君子歸哉歸哉

殷其靁在南山之下（或在其下箋云下謂山足下也）何斯違斯莫或遑處（處居）振振君子歸哉歸哉

殷其靁三章章六句

摽有梅男女及時也召南之國被文

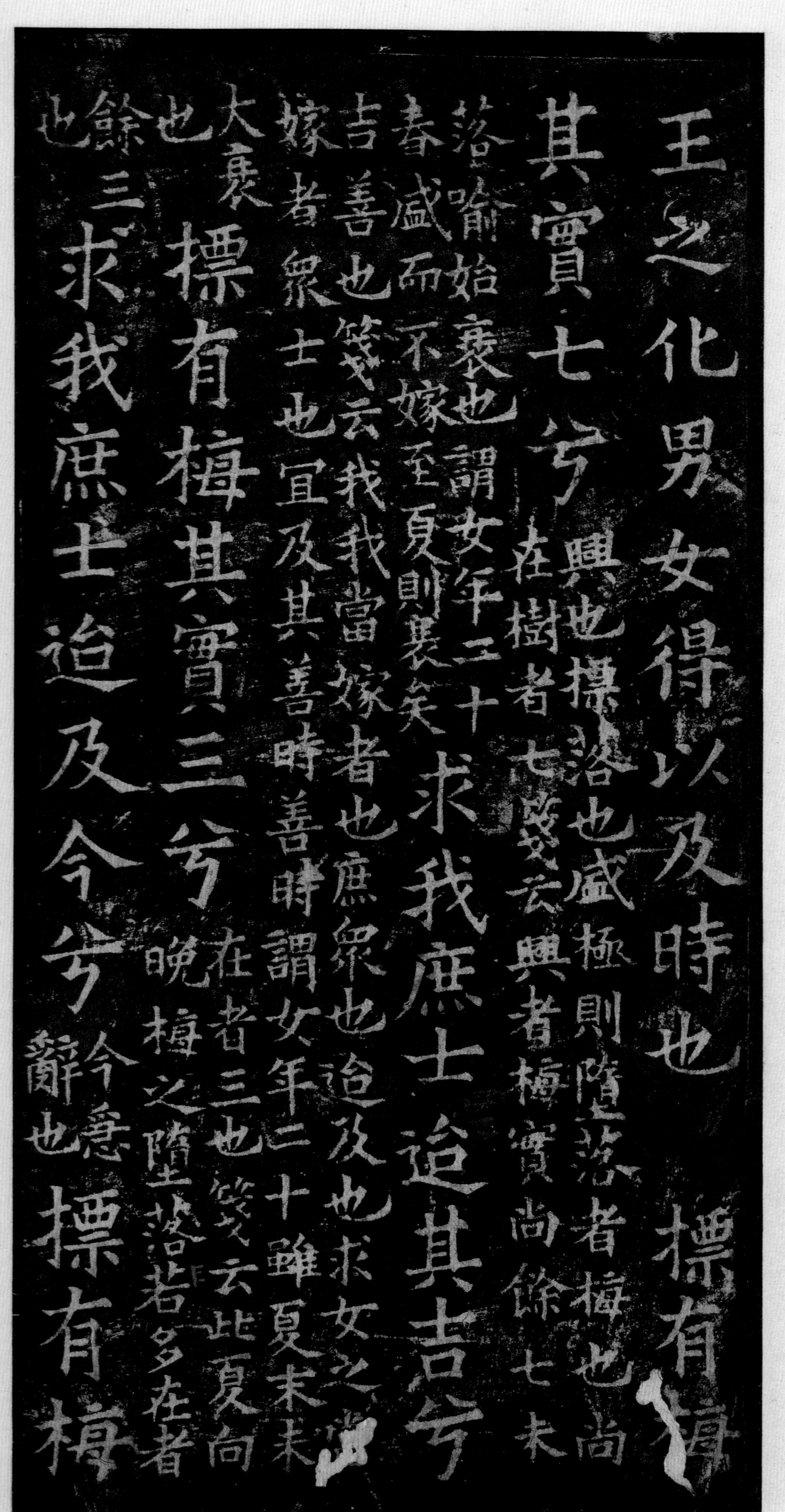

王之化男女得以及時也　摽有梅其實七兮興也摽落也盛極則隨落者梅也尚在樹者七箋云興者梅實尚餘七未落喻始衰也謂女年二十春盛而不嫁至夏則衰矣　求我庶士迨其吉兮吉善也箋云我我當嫁者也庶衆也迨及也求女之當嫁者衆士也宜及其善時善時謂女年二十雖夏末未大衰也　摽有梅其實三兮在者三也箋云此夏向晚梅之墮落若多在者餘三也　求我庶士迨及今兮今急辭也　摽有梅

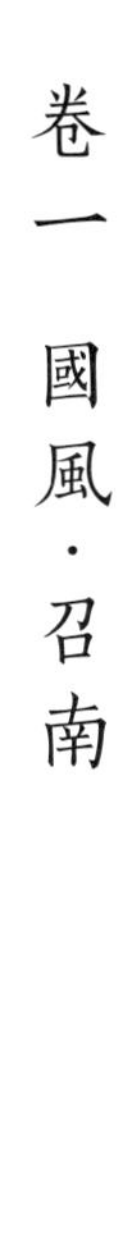

頃筐塈之塈取也箋云頃筐取之謂夏之已晚以頃筐取之於地也求我庶士迨其謂之不待備禮也三十之男二十之女禮未備則不待禮會而行之所以蕃育人民也箋云謂勤也女年二十而無嫁端則有勤望之憂不待禮會而行謂明年仲春不待以禮會之時雖不備相奔亦不禁也

摽有梅三章章四句

小星惠及下也夫人無妬忌之行惠及賤妾進御於君知其命有貴賤能

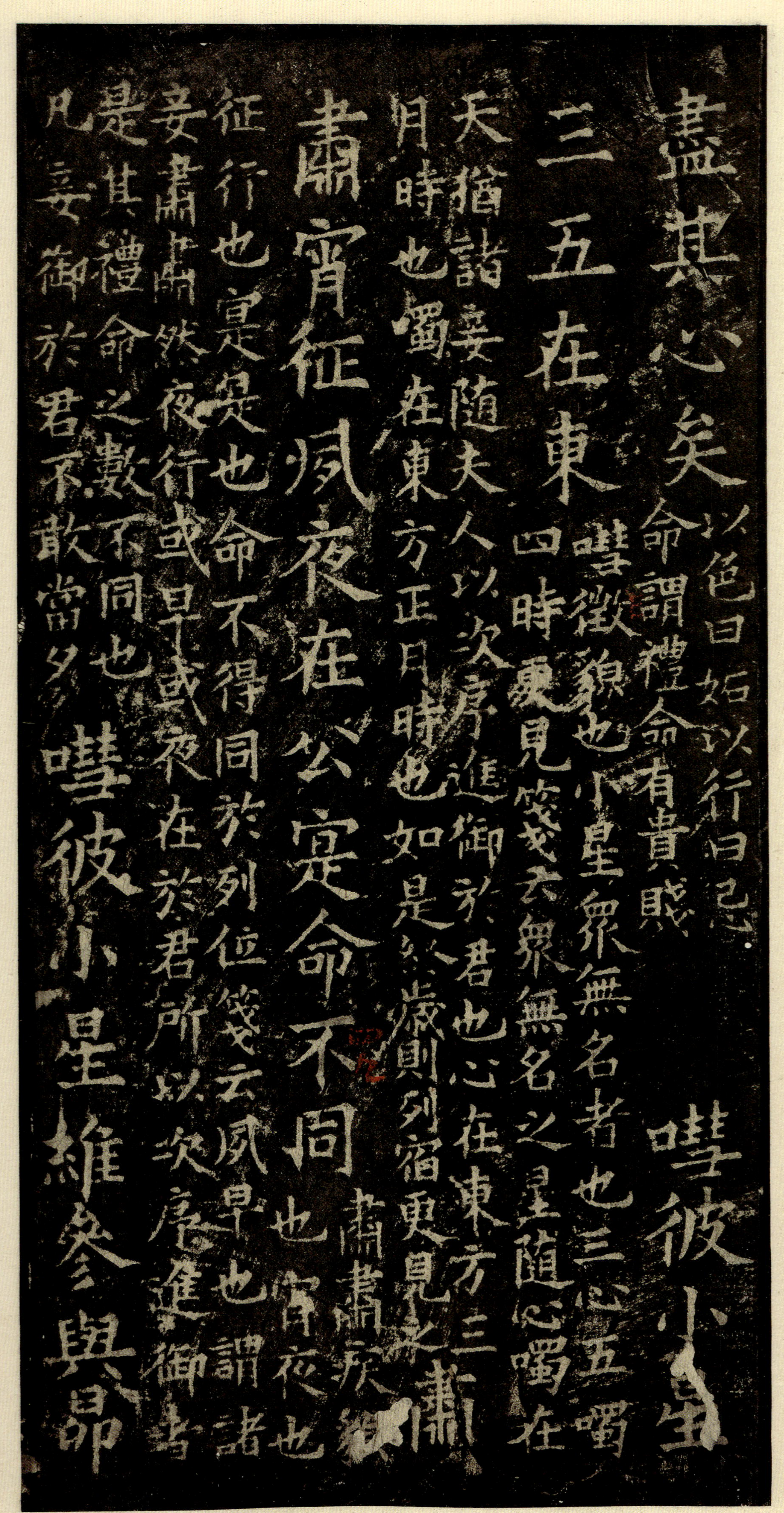
盡其心矣以色曰妬以行曰忌命謂禮命有貴賤嘒彼小星
三五在東嘒微貌也小星衆無名者也三心五噣四時更見箋云衆無名之星隨心噣在
天猶諸妾隨夫人以次序進御於君也心在東方三月時也噣在東方正月時也如是終歲列宿更見肅肅疾
肅宵征夙夜在公寔命不同也宵夜也
征行也寔是也命不得同於列位箋云夙早也謂諸
妾肅肅然夜行或早或夜在於君所以次序進御者
是其禮命之數不同也凡妾御於君不敢當夕嘒彼小星維參與昴

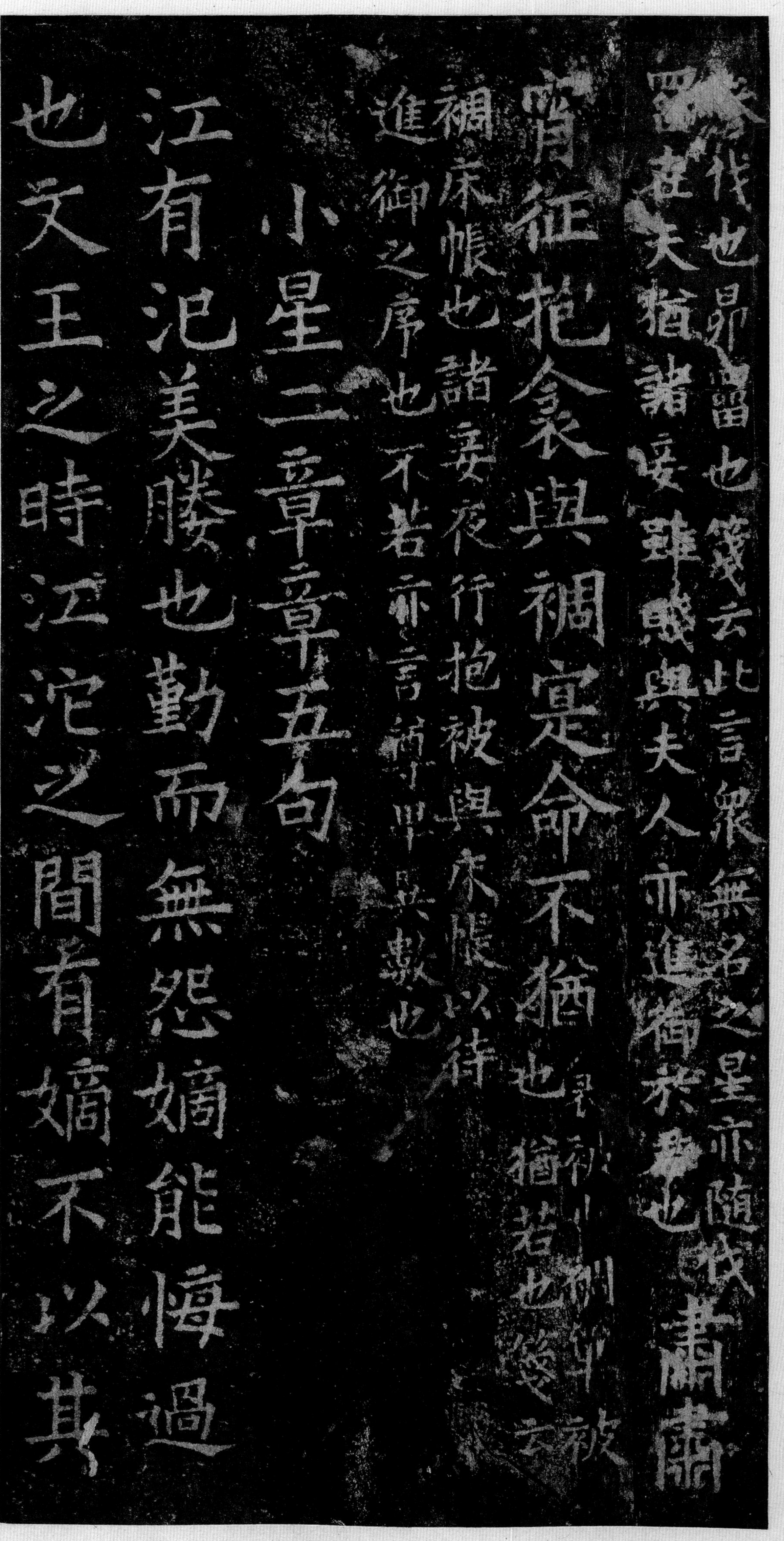
參伐也昴留也箋云此言衆無名之星亦隨伐留在天猶諸妾雖賤與夫人亦進御於君也肅肅宵征抱衾與裯寔命不猶寔是也衾被也裯襌被也猶若也箋云裯床帳也諸妾夜行抱被與床帳以待進御之序也不若亦言尊卑異數也

小星二章章五句

江有汜美媵也勤而無怨嫡能悔過也文王之時江沱之閒有嫡不以其

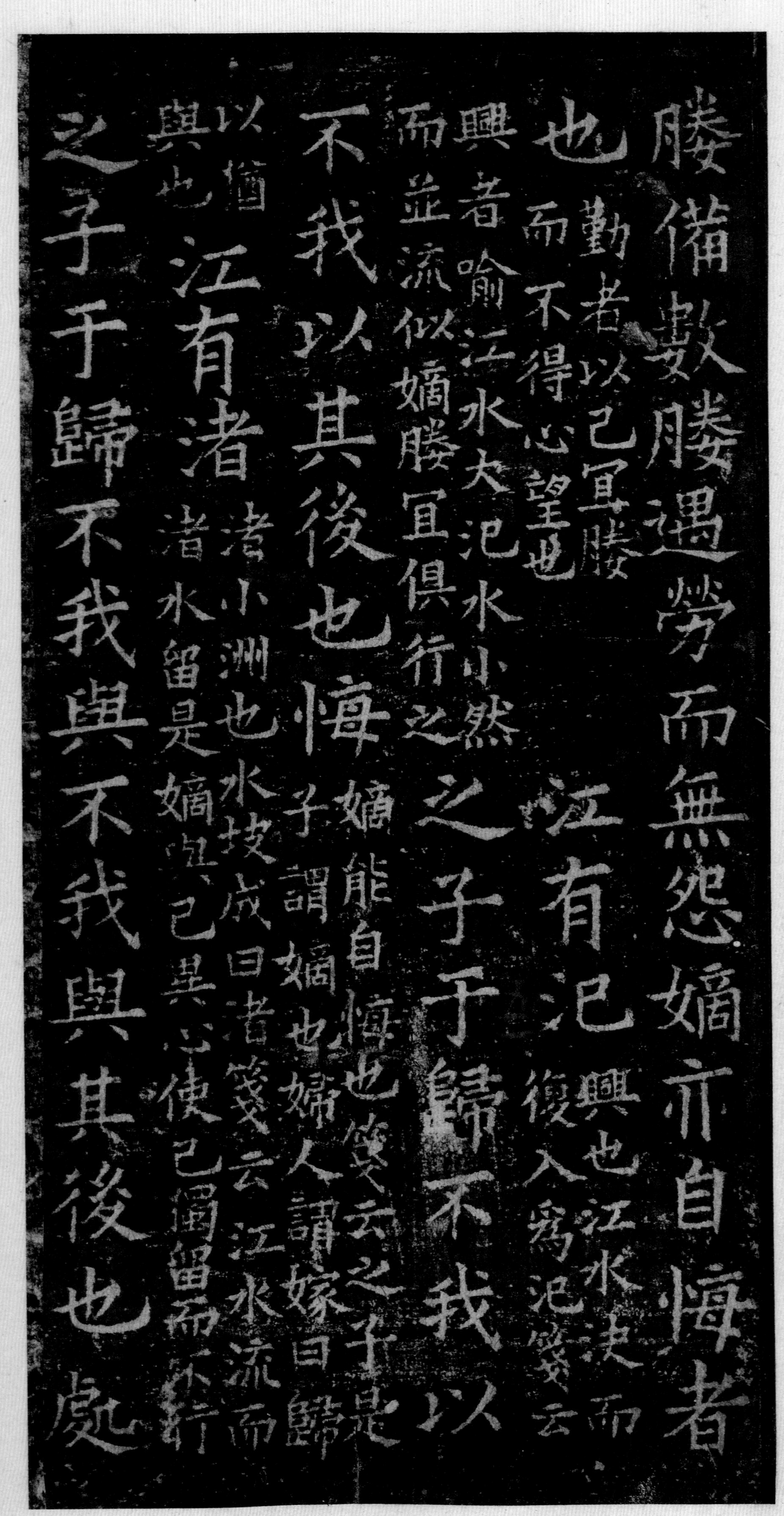

媵備數媵遇勞而無怨嫡亦自悔者也勤者以己宜媵而不得心望也江有汜興也江水決而復入爲汜箋云興者喻江水大汜水小然而並流似嫡媵宜俱行之子于歸不我以不我以其後也悔嫡能自悔也箋云之子是子謂嫡也婦人謂嫁曰歸以猶與也江有渚渚小洲也水岐成曰渚箋云江水流而渚水留是嫡與己異心使己獨留不行之子于歸不我與不我與其後也處

處止也箋云嫡而悔過自止江有沱沱江水之別者箋云岷山導江東別爲沱之子于歸不我過不我過其嘯也歌箋云嘯者蹙口而出聲也嫡有所思而說爲之既覺自悔而歌歌者言其悔過以自解說之也

江有汜三章章五句

野有死麕惡無禮也天下大亂彊暴相陵遂成淫風被文王之化雖當亂

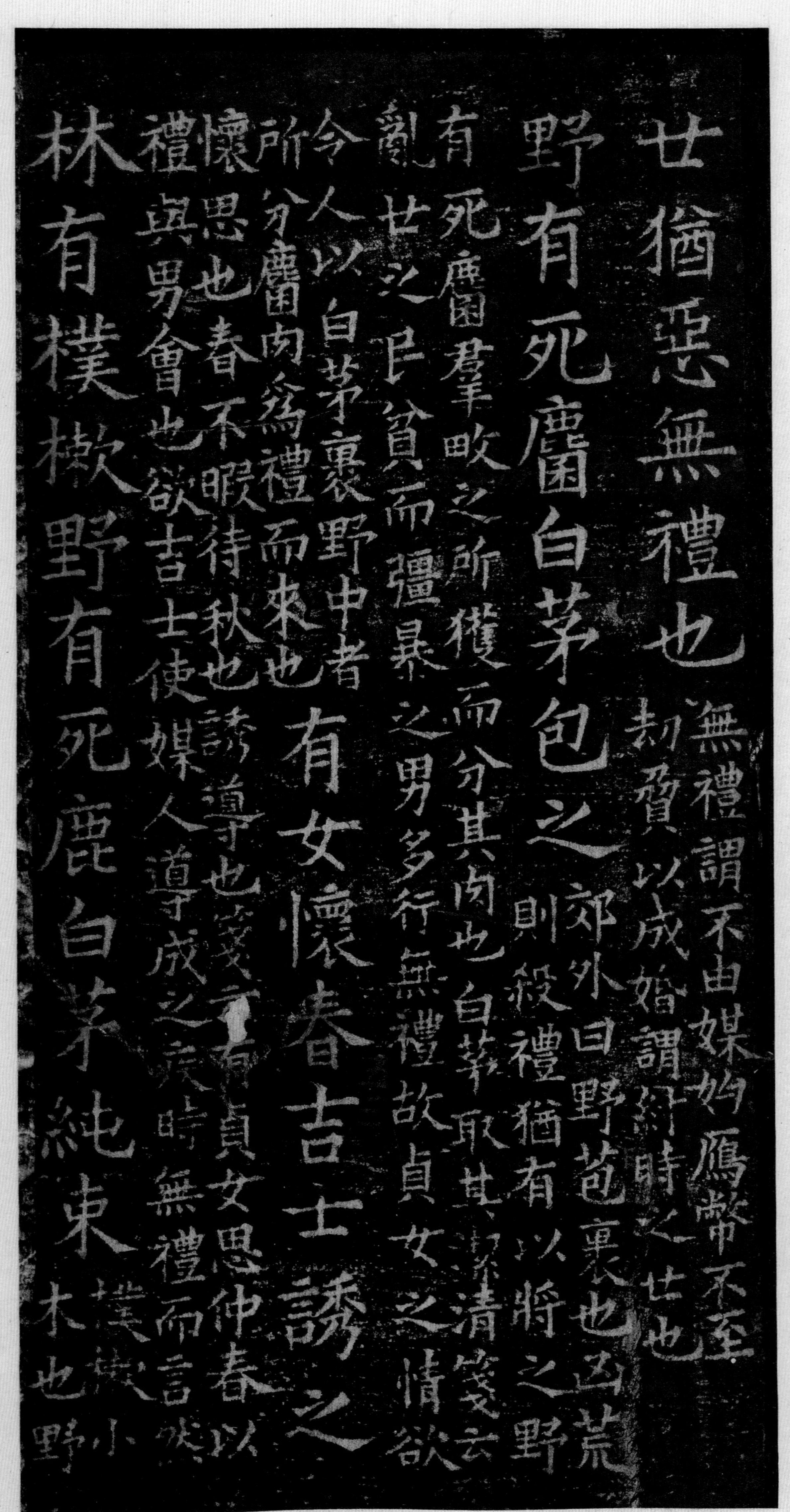
世猶惡無禮也無禮謂不由媒妁鴈幣不至劫脅以成婚謂紂之世也
野有死麕白茅包之郊外曰野苞裹也凶荒則殺禮猶有以將之野
有死麕羣田之所獲而分其肉也白茅取其絜清箋云亂世之民貧而彊暴之男多行無禮故貞女之情欲
令人以白茅裹野中者所分麕肉爲禮而來也有女懷春吉士誘之懷思也春不暇待秋也誘導也箋云有貞女思仲春以
禮與男會也欲吉士使媒人導成之疾時無禮而言然
林有樸樕野有死鹿白茅純束樸樕小木也野

有死麕廣物也純束猶包之也箋云樸樕之中及野有死麕皆可以白茅裹束以爲禮廣可用之物非獨麕肉也純讀爲屯也有女如玉德如玉也箋云如玉者取其堅潔白也舒而脫脫兮舒徐也脫脫舒貌也箋云貞女欲吉士以禮來脫脫然舒也又疾時彊暴之男相劫脅也無感我帨兮感動也帨佩巾也夲走節則動其佩飾也帨音稅也無使尨也吠尨狗也非禮相陵則狗吠

野有死麕三章二章章四句一章章三句

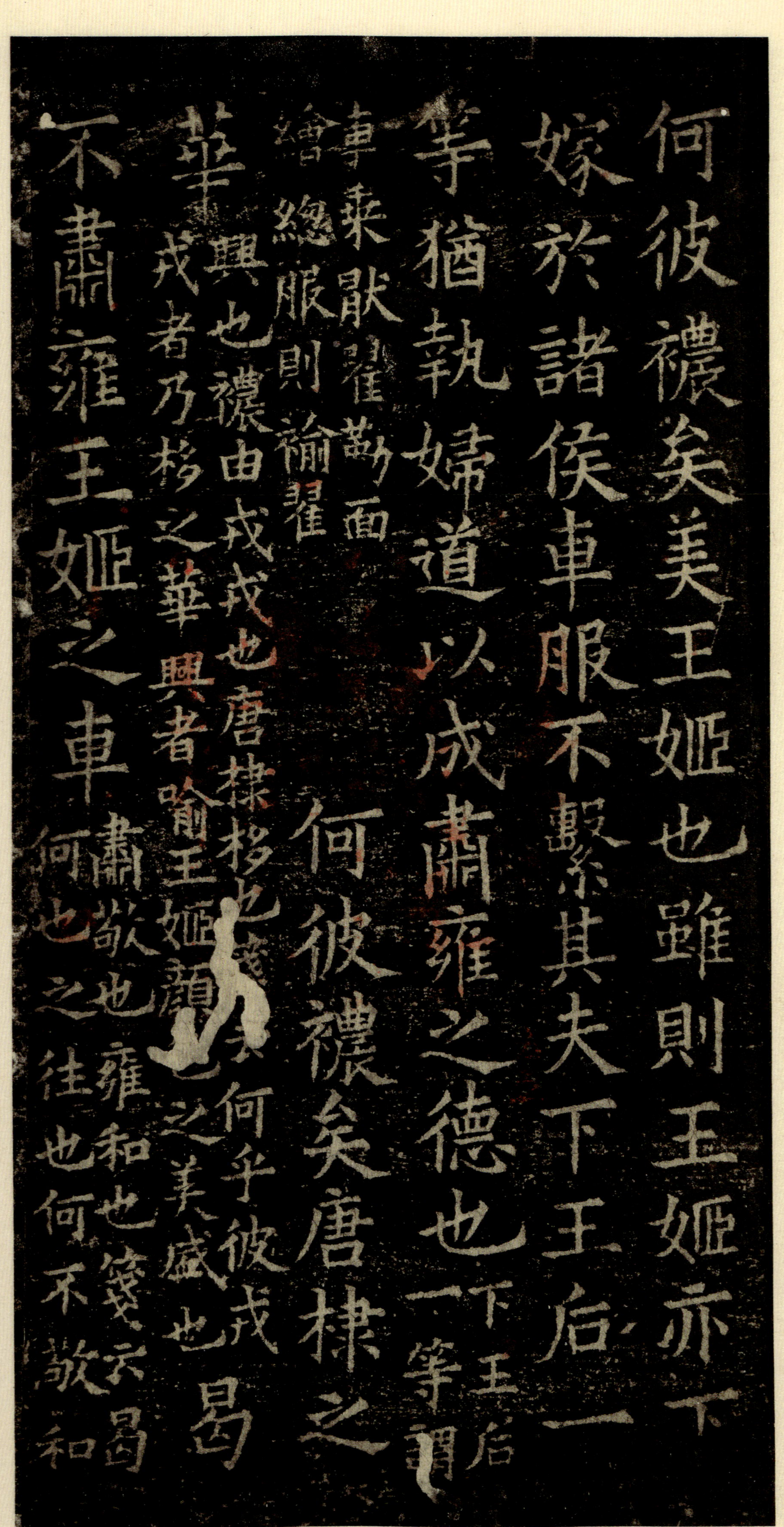
何彼襛矣美王姬也雖則王姬亦下嫁於諸侯車服不繫其夫下王后一等猶執婦道以成肅雝之德也下王后一等謂車乘猒翟勒面繢總服則褕翟

何彼襛矣唐棣之華興也襛由戎戎也唐棣栘也箋云何乎彼戎戎者乃栘之華興者喻王姬顏色之美盛也曷不肅雝王姬之車肅敬也雝和也箋云曷何也之往也何不敬和

于王姬往乘之車言嫁時始乘車則已敬和矣何彼襛矣華如桃李

平王之孫齊侯之子平正也武王之女文王孫適齊侯之子箋云

華如桃李者興王姬與諸侯之子顏色俱盛也正王者德能正天下之王其釣維何

維絲伊緡齊侯之子平王之孫伊維也緡綸也

箋云釣者以此有求於彼何以爲之乎以絲爲之綸則是善釣也以言王姬與齊侯之子以善道相求

何彼襛矣三章章四句

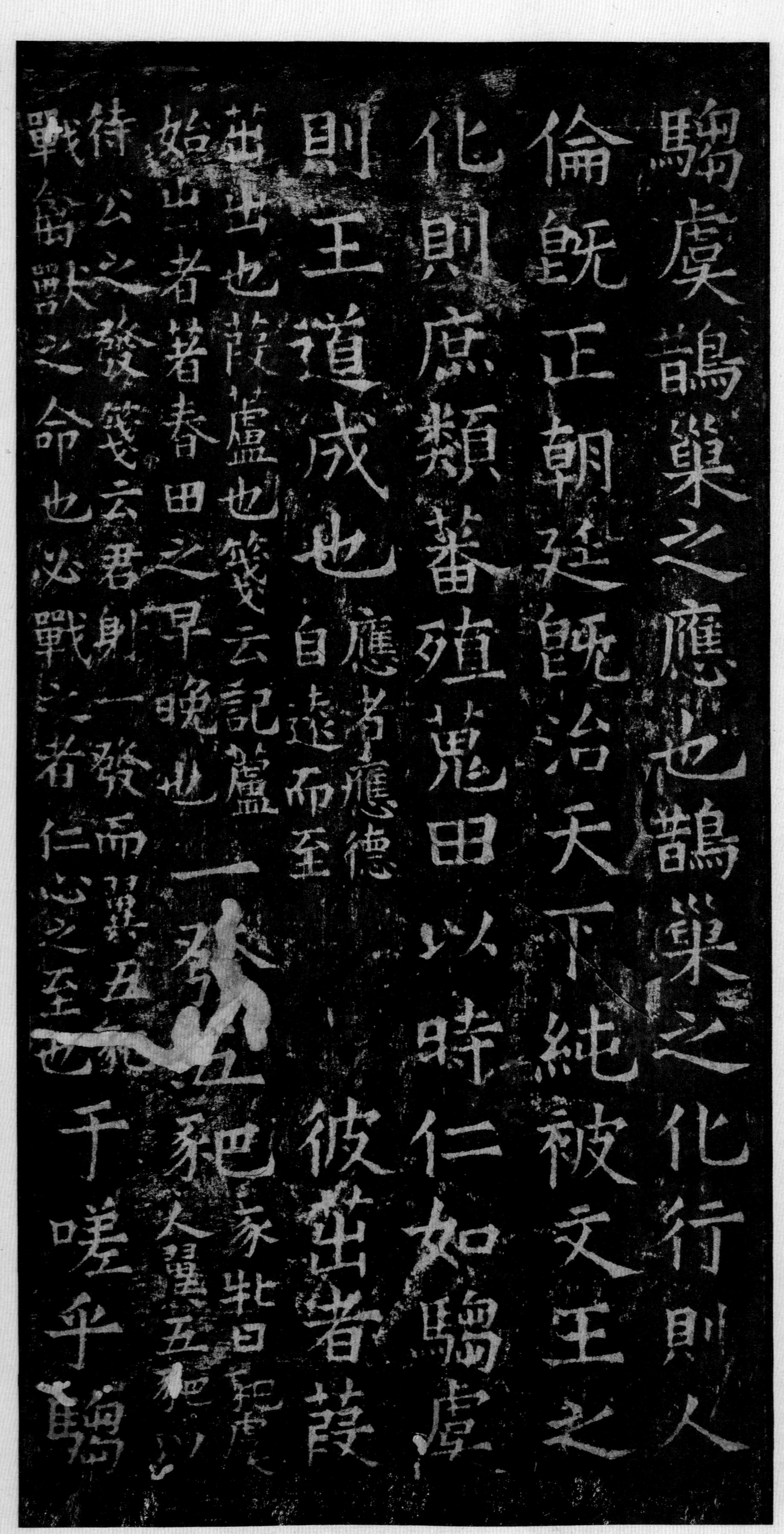
騶虞鵲巢之應也鵲巢之化行則人
倫旣正朝廷旣治天下純被文王之
化則庶類蕃殖蒐田以時仁如騶虞
則王道成也應者應德自遠而至彼茁者葭
茁出也葭蘆也箋云記蘆始出者著春田之早晚也一發五豝豕牡曰豝虞人翼五豝以
待公之發箋云君射一發而翼五豝者戰禽獸之命也必戰之者仁心之至于嗟乎騶

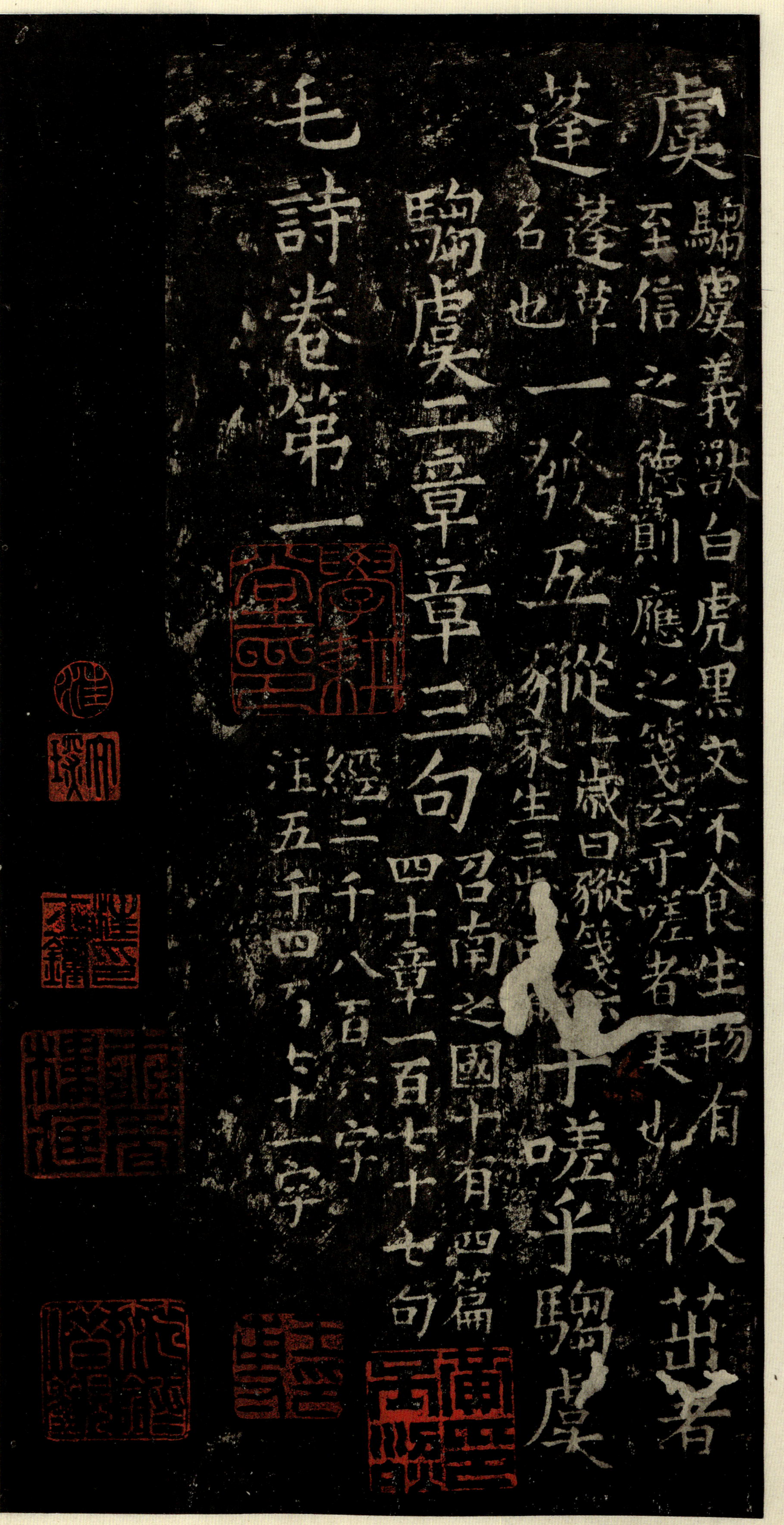
虞騶虞義獸白虎黑文不食生物有
至信之德則應之箋云于嗟者美之
蓬蓬草名也一發五豵一歲曰豵箋云豕生三曰豵于嗟乎騶虞
騶虞二章章三句
召南之國十有四篇
四十章一百七十七句
經二千八百六字
注五千四百七十三字
毛詩卷第一

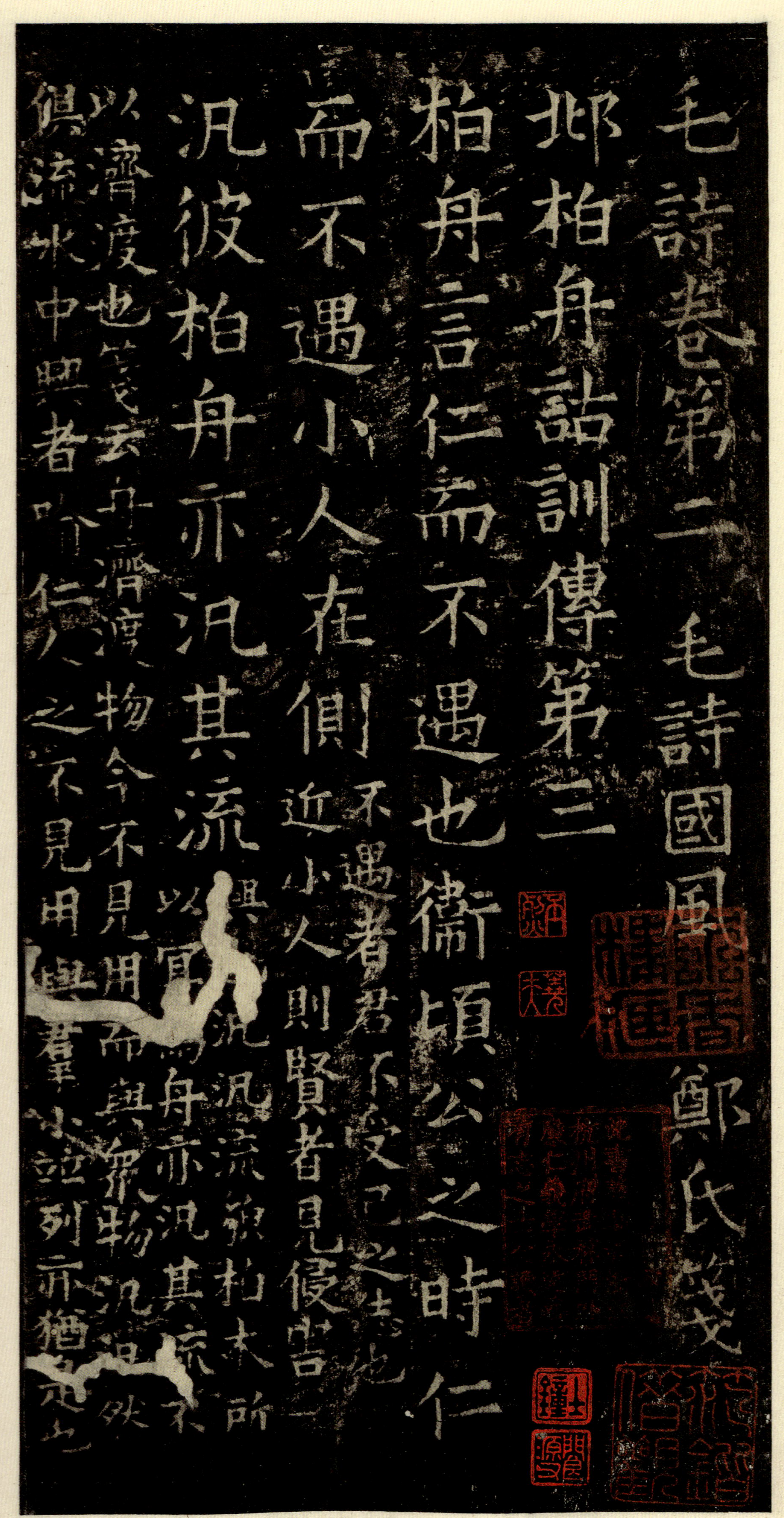

毛詩卷第二　毛詩國風　鄭氏箋
邶柏舟詁訓傳第三
柏舟言仁而不遇也衛頃公之時仁
人不遇小人在側不遇者君不受己之志也近小人則賢者見侵害
汎彼柏舟亦汎其流興也汎汎流貌柏木所以宜為舟亦汎汎其流不
以濟渡也箋云舟濟渡物今不見用而與衆物汎汎然
俱流水中興者喻仁人之不見用而與羣小並列亦猶是也

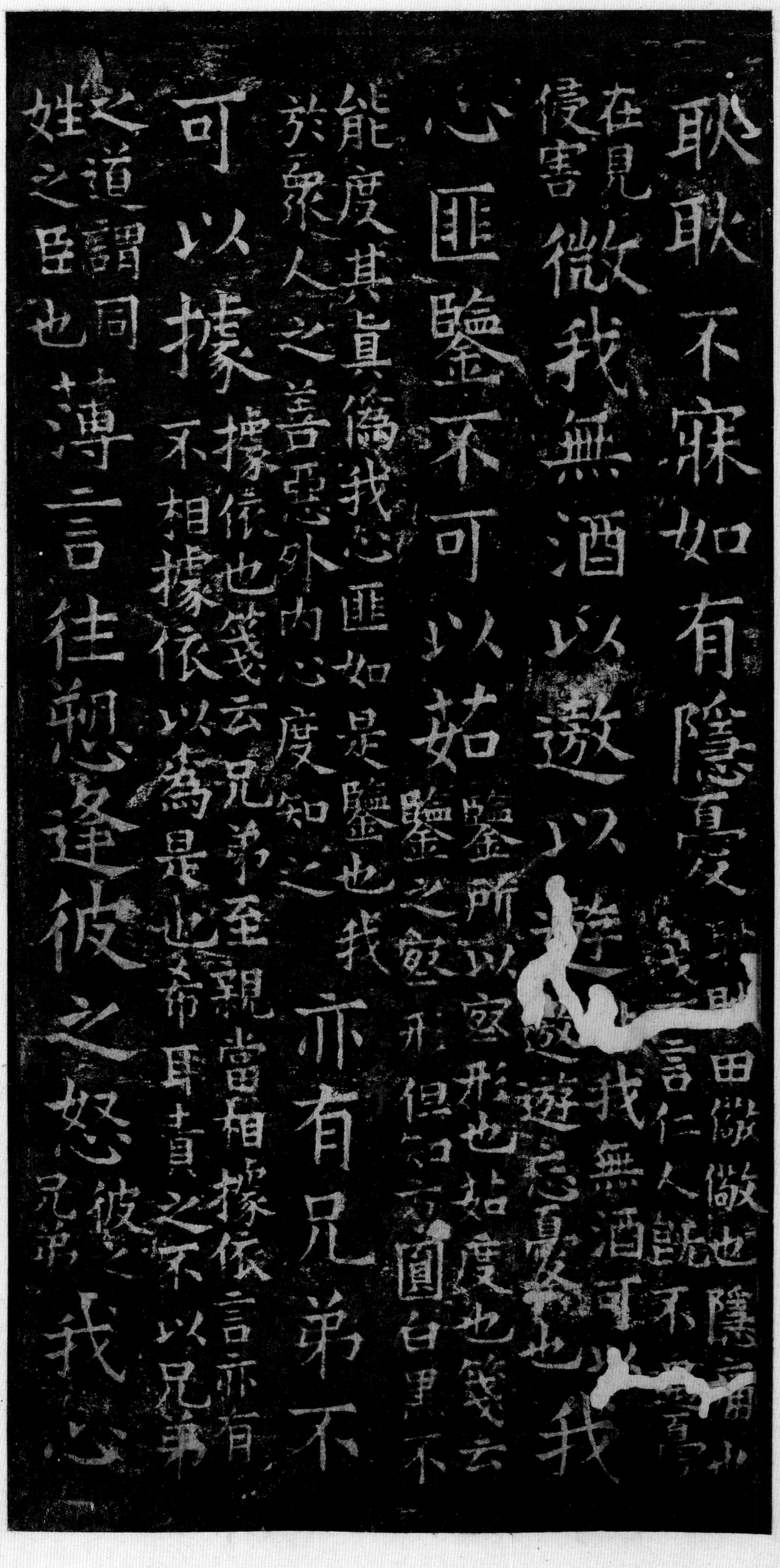
耿耿不寐如有隱憂耿耿猶儆儆也隱痛也箋云仁人既不遇憂
在見侵害微我無酒以遨以遊非我無酒可以遨遊忘憂也我
心匪鑒不可以茹鑒所以察形也茹度也箋云鑒之察形但知方圓白黑不
能度其眞僞我心匪如是鑒也我於衆人之善惡外內心度知之亦有兄弟不
可以據據依也箋云兄弟至親當相據依言亦有不相據依以爲是也希耳責之不以兄弟
之道謂同姓之臣也薄言往愬逢彼之怒彼兄弟我心

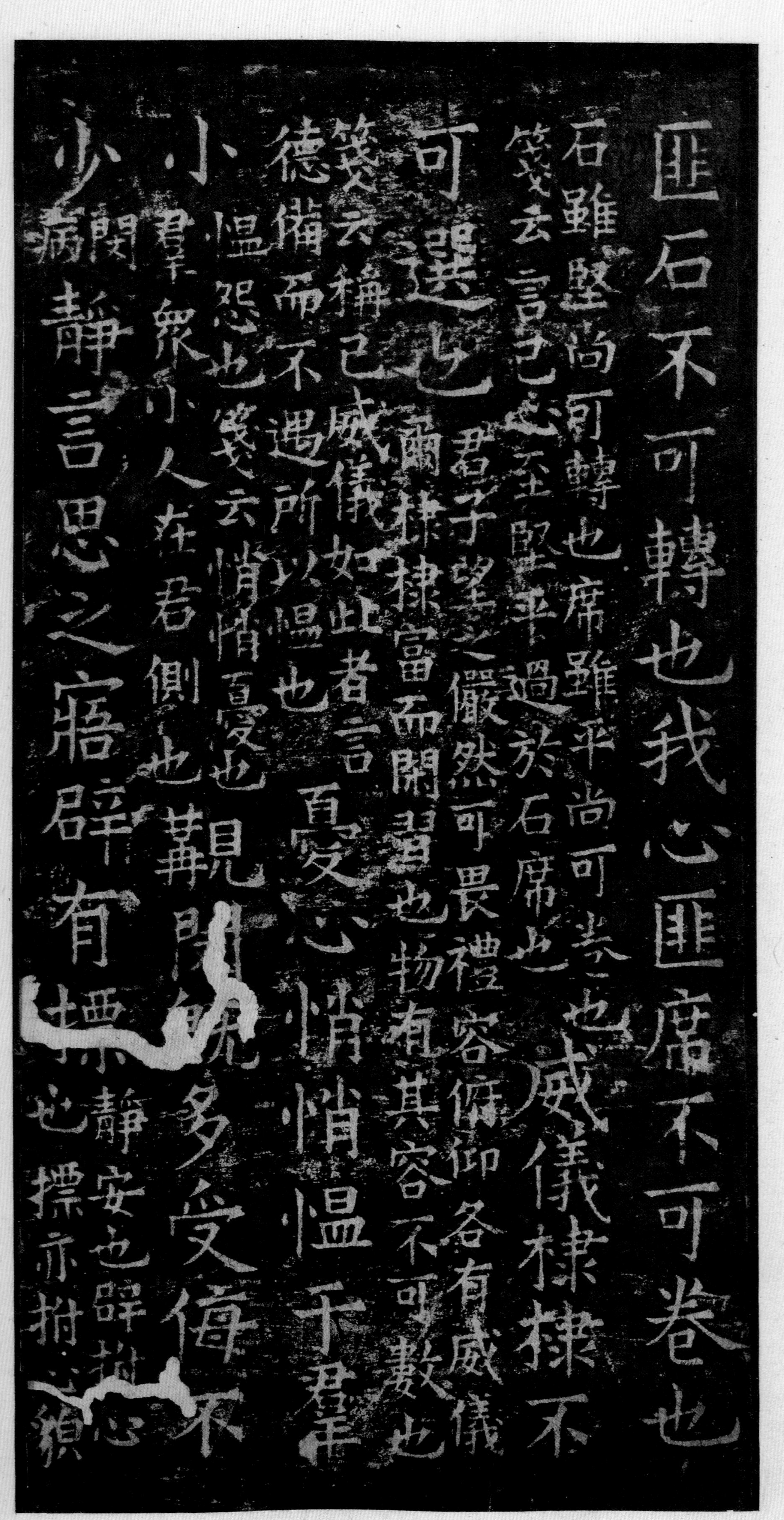

匪石不可轉也我心匪席不可卷也石雖堅尚可轉也席雖平尚可卷也箋云言己心志堅平過於石席也威儀棣棣不可選也君子望之儼然可畏禮容俯仰各有威儀耳棣棣富而閑習也物有其容不可數也箋云稱己威儀如此者言德備而不遇所以慍也憂心悄悄慍于羣小慍怨也箋云悄悄憂皃羣小衆小人在君側者也覯閔既多受侮不少閔病靜言思之寤辟有摽靜安也辟拊心也摽拊心皃

也箋云言我也日居月諸胡迭而微箋云日君象也月臣象也微謂虧傷也君道當常明如月而有虧盈今君失道而任用小人臣下專恣則日如月然也心之憂矣如匪澣衣如衣之不澣矣箋云衣之不澣則憒亂垢辱無照察也靜言思之不能奮飛不能如鳥奮翼而飛去箋云臣不遇於君猶不忍去厚之至也

柏舟五章章六句

綠衣衛莊姜傷己也妾上僭夫人失

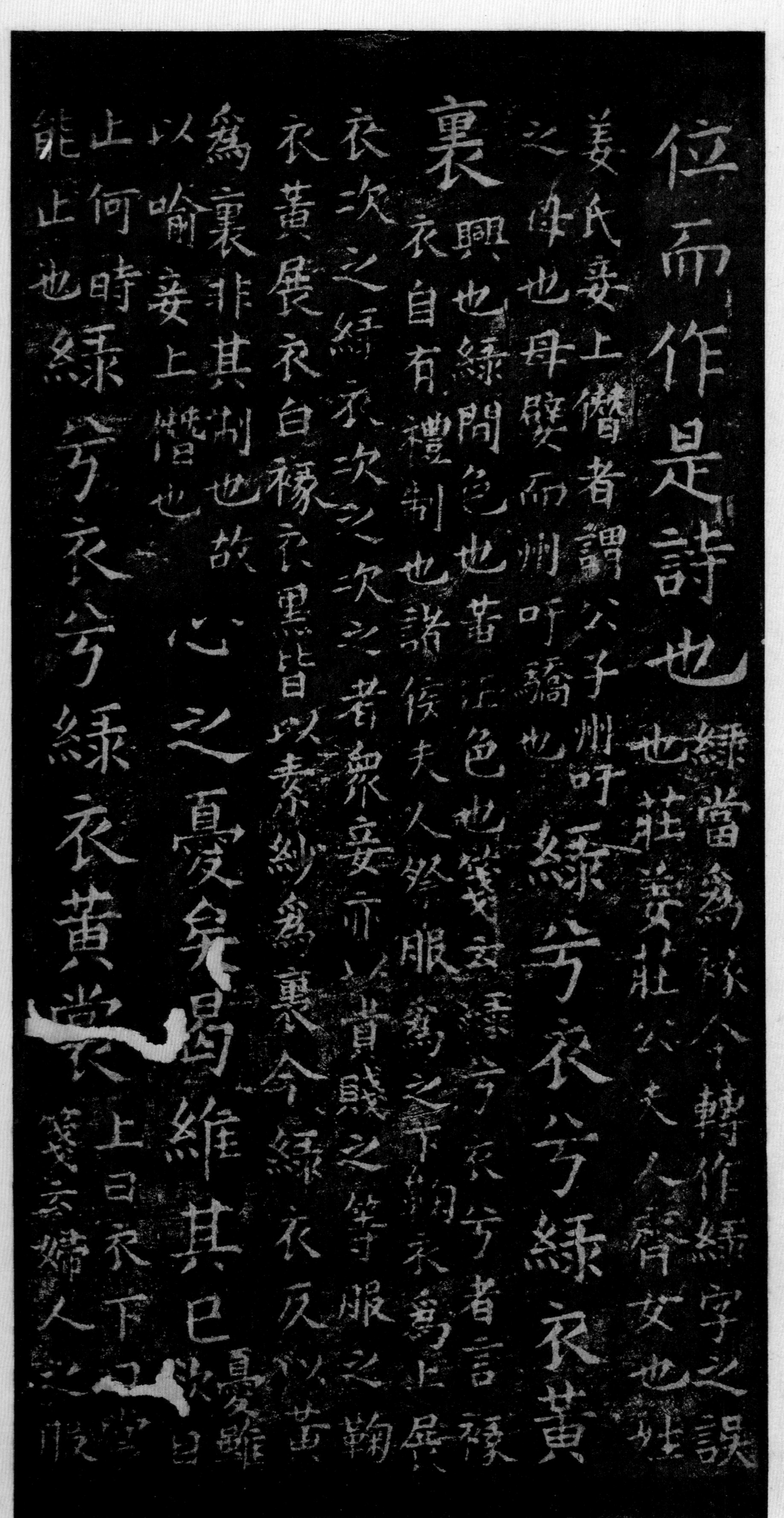
位而作是詩也綠當為褖今轉作綠字之誤
也莊姜莊公夫人齊女姓
姜氏妾上僭者謂公子州吁
之母也母嬖而州吁驕也綠兮衣兮綠衣黃
裏興也綠間色黃正色箋云綠兮衣兮者言褖
衣自有禮制也諸侯夫人祭服之下鞠衣為上展
衣次之褖衣次之次之者衆妾亦以貴賤之等服之鞠
衣黃展衣白褖衣黑皆以素紗為裏今綠衣反以黃
為裏非其制也故心之憂矣曷維其已憂雖
以喻妾上僭也欲自
止何時綠兮衣兮綠衣黃裳上曰衣下曰
能止也箋云婦人之服

不殊衣裳上下同色今衣黑而裳黃喻亂嫡妾之禮也心之憂矣曷維其亡箋云亡之言忘也綠衣絲兮女所治兮綠末也絲本也箋云汝汝妾上僭也先染絲後製衣皆女所治為也而女反亂之亦喻其亂嫡妾之禮也責以本末之行禮大夫以上衣織故本於絲也我思古人俾無訧兮俾使也訧過也箋云古人謂制禮者我思此定尊卑使人無過差之行故心善之絺兮綌兮淒其以風淒寒風也箋云絺綌所以當暑服也今以待寒喻失所也我思古人實

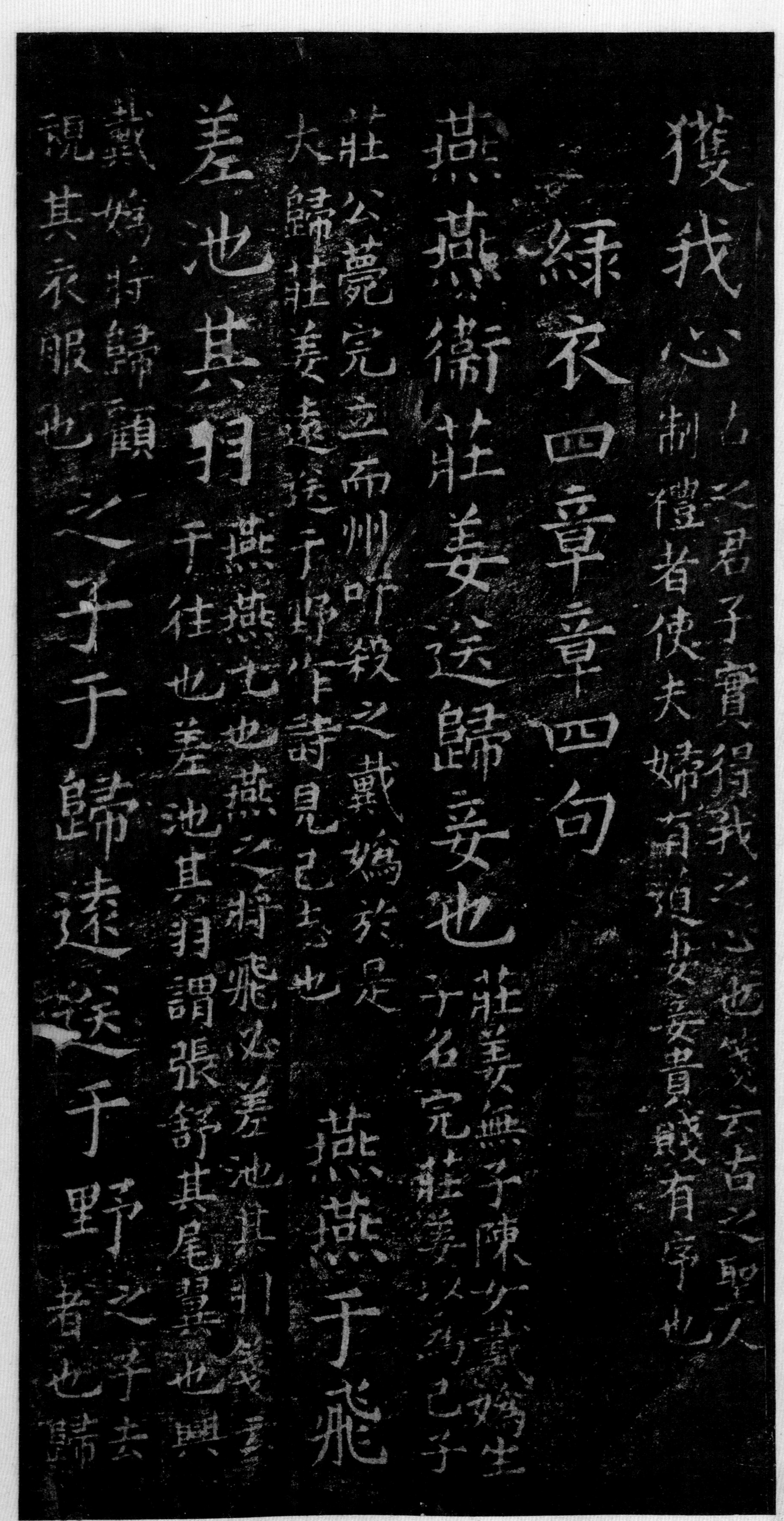
獲我心古之君子實得我之心也箋云古之聖人
制禮者使夫婦有道妾媵貴賤有序也
緑衣四章章四句
燕燕衛莊姜送歸妾也 莊姜無子陳女戴嬀生
子名完莊姜以爲己子
莊公薨完立而州吁殺之戴嬀於是
大歸莊姜遠送于野作詩見己志也 燕燕于飛
差池其羽 燕燕乙也燕之將飛必差池其羽箋云
于往也差池其羽謂張舒其尾翼也興
戴嬀將歸顧 之子于歸遠送于野 之子去
視其衣服也 者也歸

歸宗也遠送過禮也于於也野郊外也箋云婦人之禮送
迎不出門今我送是子乃至於野舒己之憤盡己之情
瞻望弗及泣涕如雨瞻視也燕燕于飛頡
之頏之飛上曰頡飛下曰頏箋云頡頏之興戴嬀將歸出入前却也之子于歸
遠送于將之將行也箋云將亦送也瞻望弗及佇立以
泣佇立久立也燕燕于飛下上其音飛而上曰上音飛而下曰
下音箋云下上其音興戴嬀
將歸言語感激聲有大小也之子于歸遠送

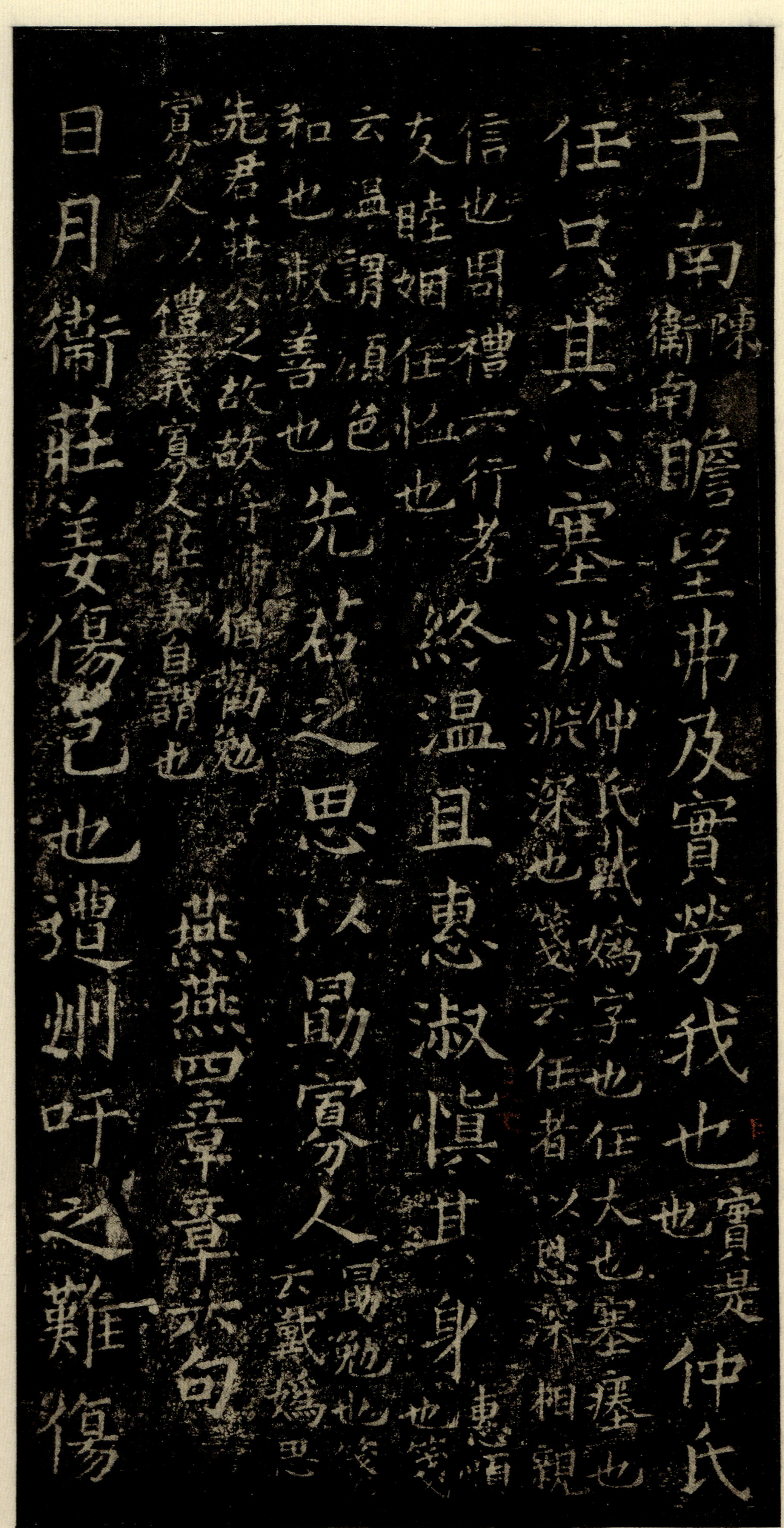

于南（陳在衛南）瞻望弗及實勞我也（實是也）仲氏
任只其心塞淵（仲氏戴嬀字也任大也塞瘗也淵深也箋云任者以恩深相親
信也周禮六行孝友睦婣任恤也）終溫且惠淑慎其身（惠順也箋
云溫謂顏色和也淑善也）先君之思以勗寡人（勗勉也箋云戴嬀思
先君莊公之故故將歸猶勸勉寡人以禮義寡人莊姜自謂也）燕燕四章章六句
日月衛莊姜傷己也遭州吁之難傷

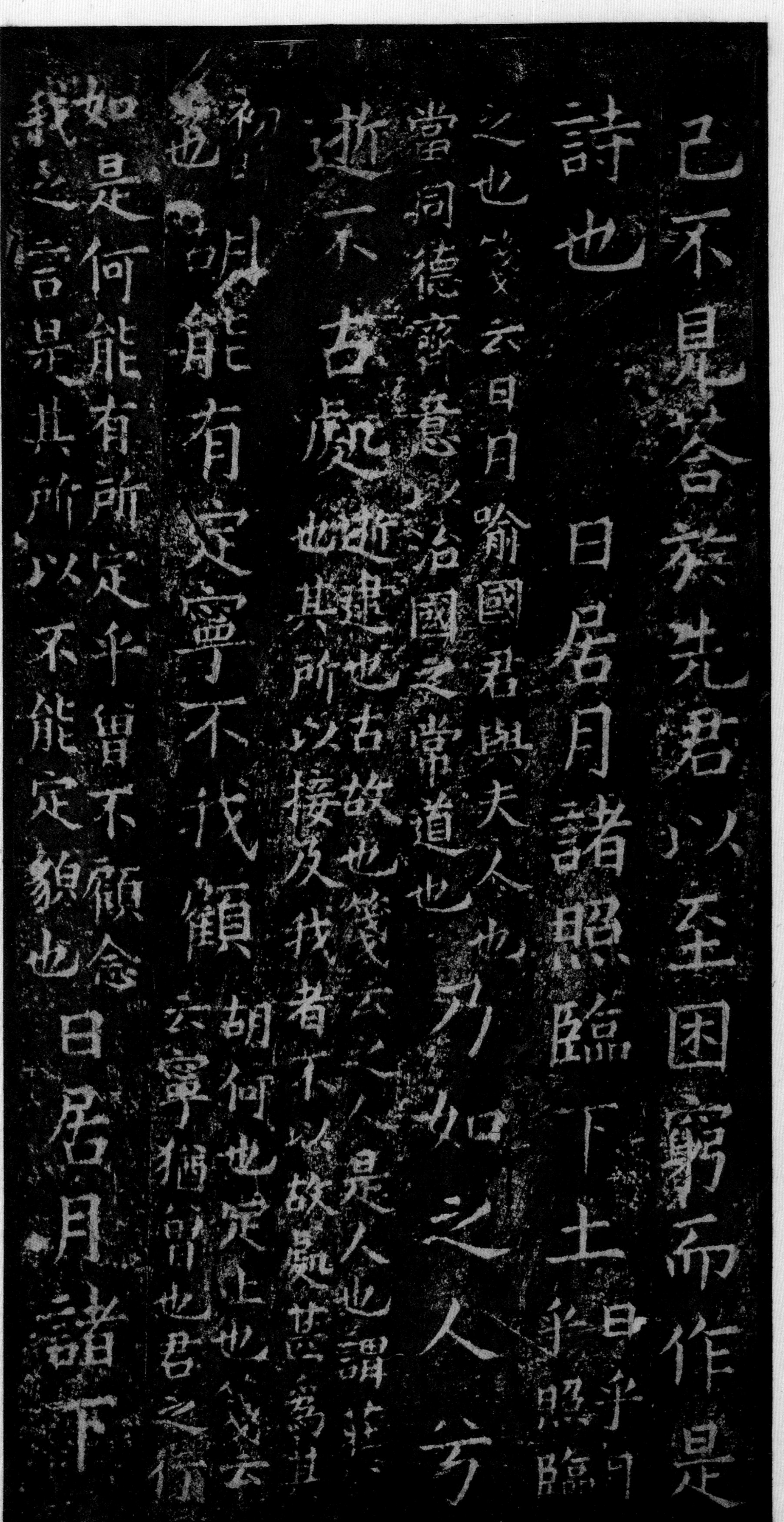

己不見荅於先君以至困窮而作是詩也　日居月諸照臨下土日乎月乎照臨之也箋云日月喻國君與夫人也當同德齊意以治國之常道也　乃如之人兮逝不古處逝逮也古故也箋云之人是人也謂莊姜也其所以接及我者不以故處甚乖其初　胡能有定寧不我顧胡何也定止也箋云寧猶曾也君之行如是何能有所定乎曾不顧念我之言是其所以不能定貌也　日居月諸下

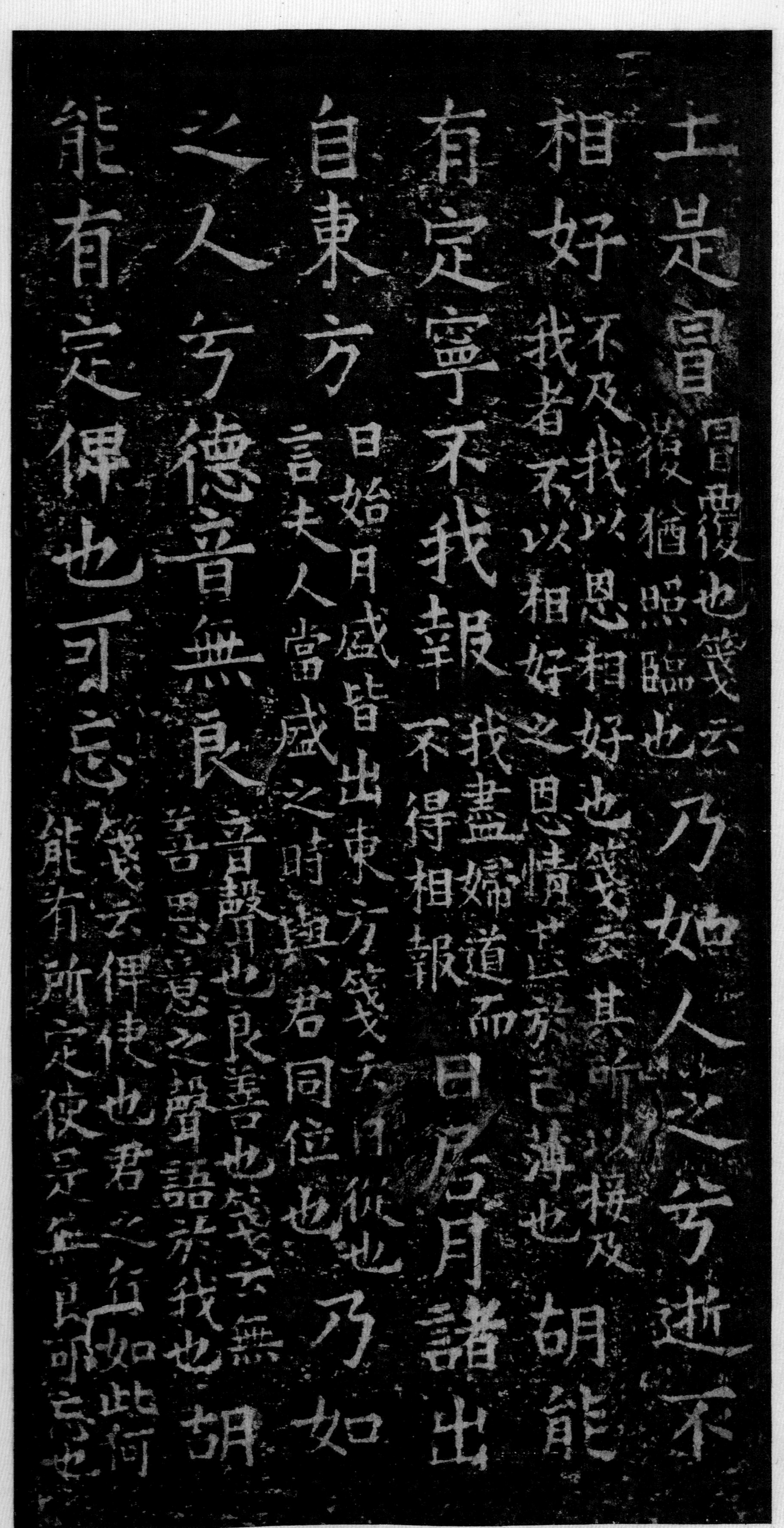
土是冒冒覆也箋云覆猶照臨也乃如人之兮逝不
相好不及我以恩相好也箋云其所以接及我者不以相好之恩情甚於己薄也胡能
有定寧不我報我盡婦道而不得相報日居月諸出
自東方日始月盛皆出東方箋云日從也言夫人當盛之時與君同位也乃如
之人兮德音無良音聲也良善也箋云無善恩意之聲語於我也胡
能有定俾也可忘箋云俾使也君之行如此何能有所定使是無良可忘也

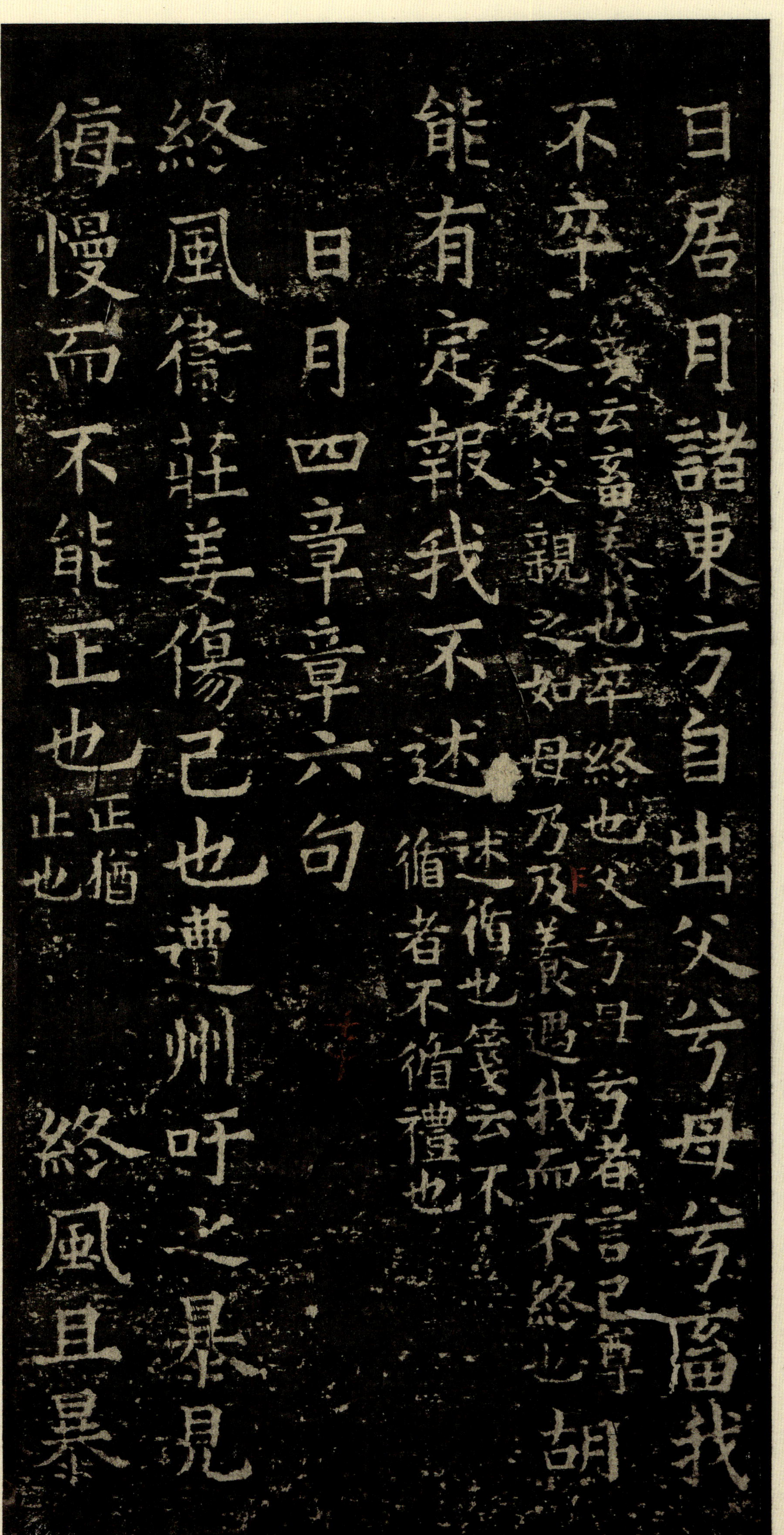
日居月諸東方自出父兮母兮畜我不卒（箋云畜養也卒終也父兮母兮者言己尊之如父又親之如母乃及養遇我而不終也）胡能有定報我不述（述循也箋云不循者不循禮也）

日月四章章六句

終風衛莊姜傷己也遭州吁之暴見侮慢而不能正也（正猶止也）終風且暴

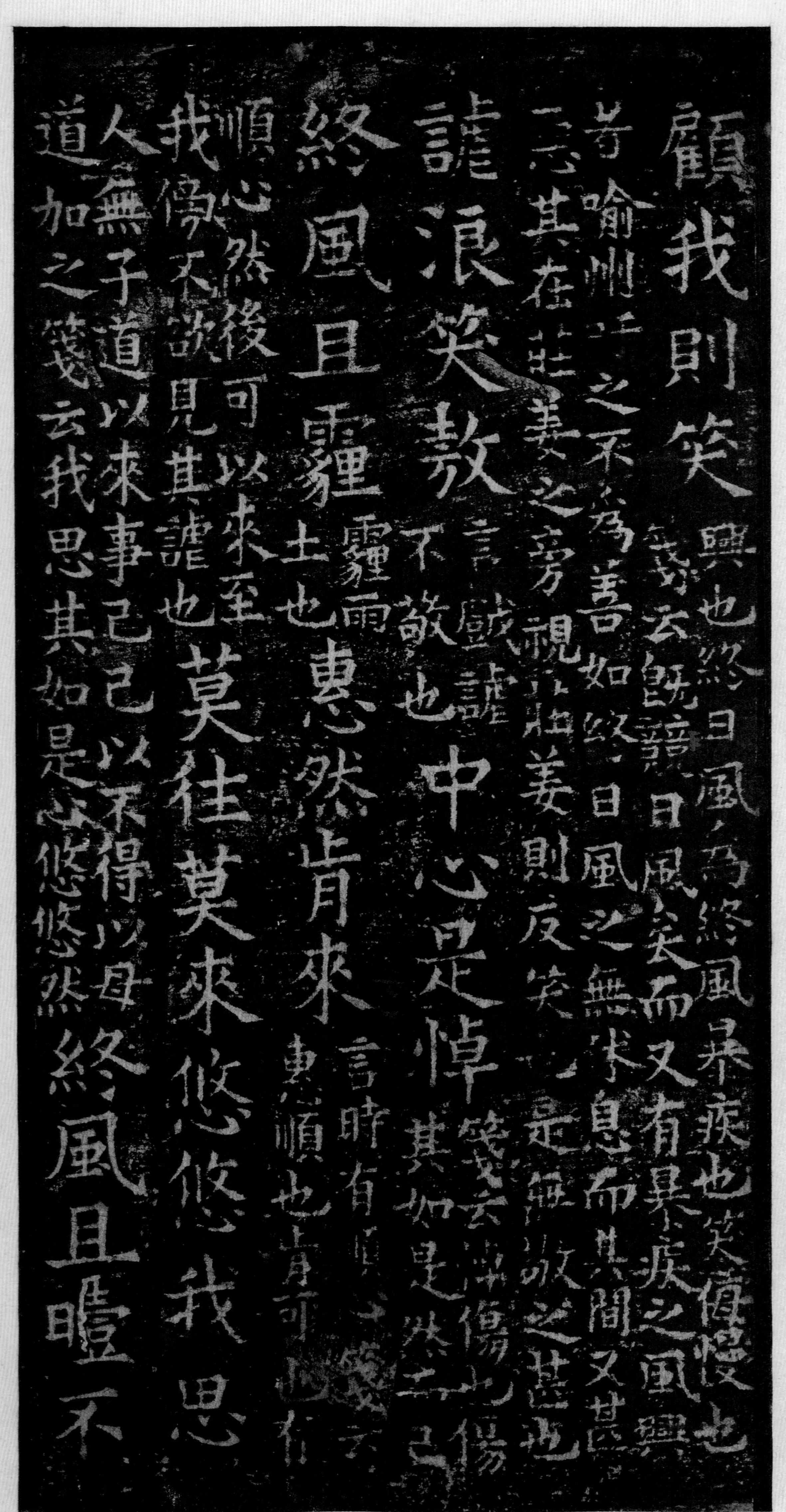
顧我則笑興也終日風爲終風暴疾也笑侮慢也
箋云既竟日風矣而又有暴疾之風興
者喻州吁之不爲善如終日風之無休息而其間又甚
惡其在莊姜之旁視莊姜則反笑之是無敬之甚也
謔浪笑敖言戲謔不敬也中心是悼箋云悼傷也傷
其如是然已
終風且霾霾雨土也惠然肯來言時有順心也箋云
惠順也肯可也有
順心然後可以來至
我傷不敢見其謔也莫往莫來悠悠我思
人無子道以來事己己以不得以母
道加之箋云我思其如是心悠悠然終風且曀不

日有曀陰而風曰曀箋云有又也既竟日風且復曀不見日而又曀也喻州吁之闇亂甚也

寤言不寐願言則嚏嚏跲也箋云言我也願思也嚏讀爲不敢嚏咳之嚏我其憂悼而不能寐汝思我心如是我則嚏矣今俗人嚏云人道我此古之遺言也

曀曀其陰如常陰曀曀然虺虺其靁暴若震雷之聲虺虺然

寤言不寐願言則懷懷傷也箋云懷安也汝思我心如是我則安也

終風四章章四句

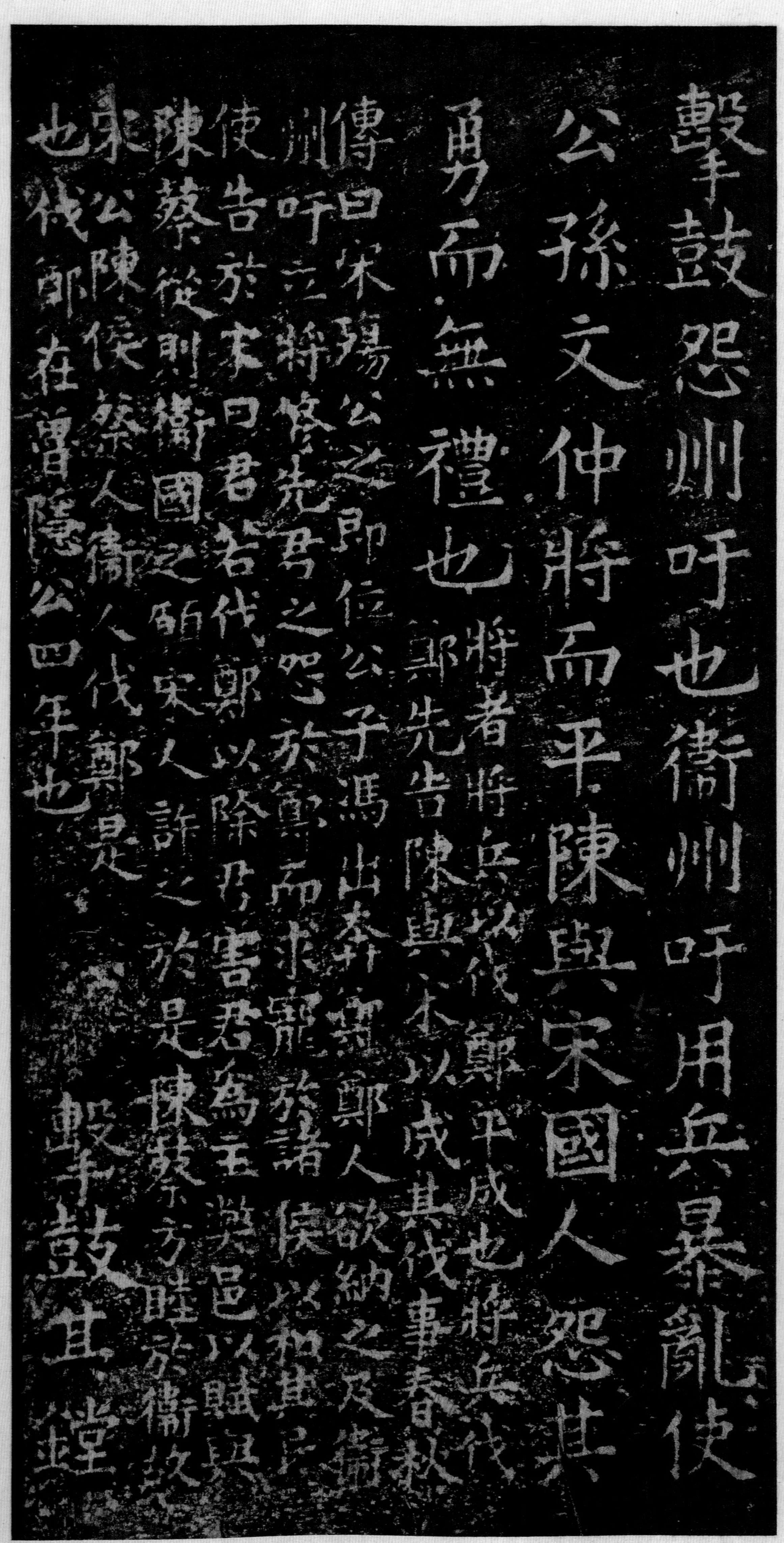
擊鼓怨州吁也衛州吁用兵暴亂使
公孫文仲將而平陳與宋國人怨其
勇而無禮也
將者將兵以伐鄭平成也將兵伐
鄭先告陳與宋以成其伐事春秋
傳曰宋殤公之即位公子馮出奔鄭鄭人欲納之及衛
州吁立將脩先君之怨於鄭而求寵於諸侯以和其民
使告於宋曰君若伐鄭以除君害君為主敝邑以賦與
陳蔡從則衛國之願宋人許之於是陳蔡方睦於衛故
宋公陳侯蔡人衛人伐鄭是
也伐鄭在魯隱公四年也　擊鼓其鏜

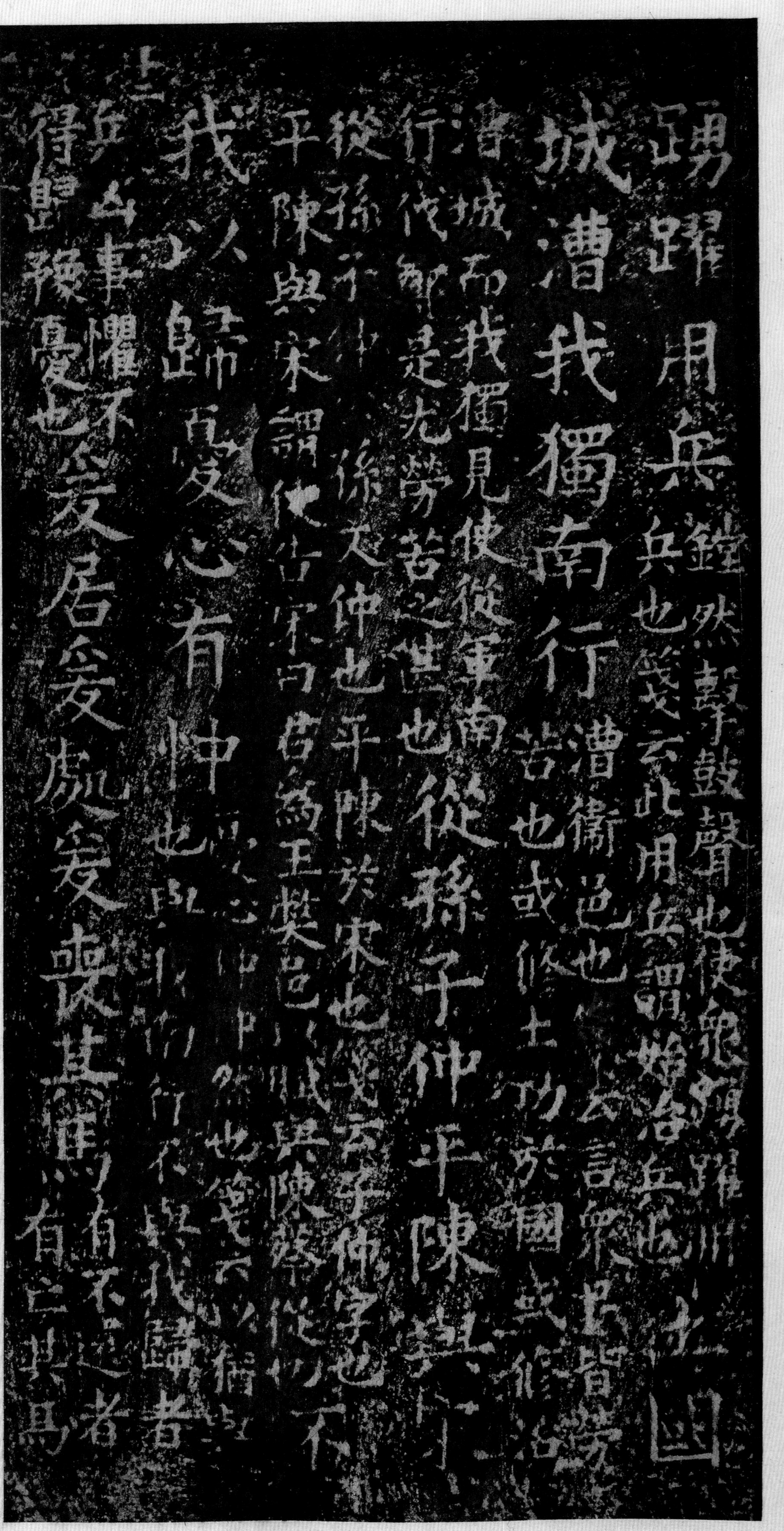

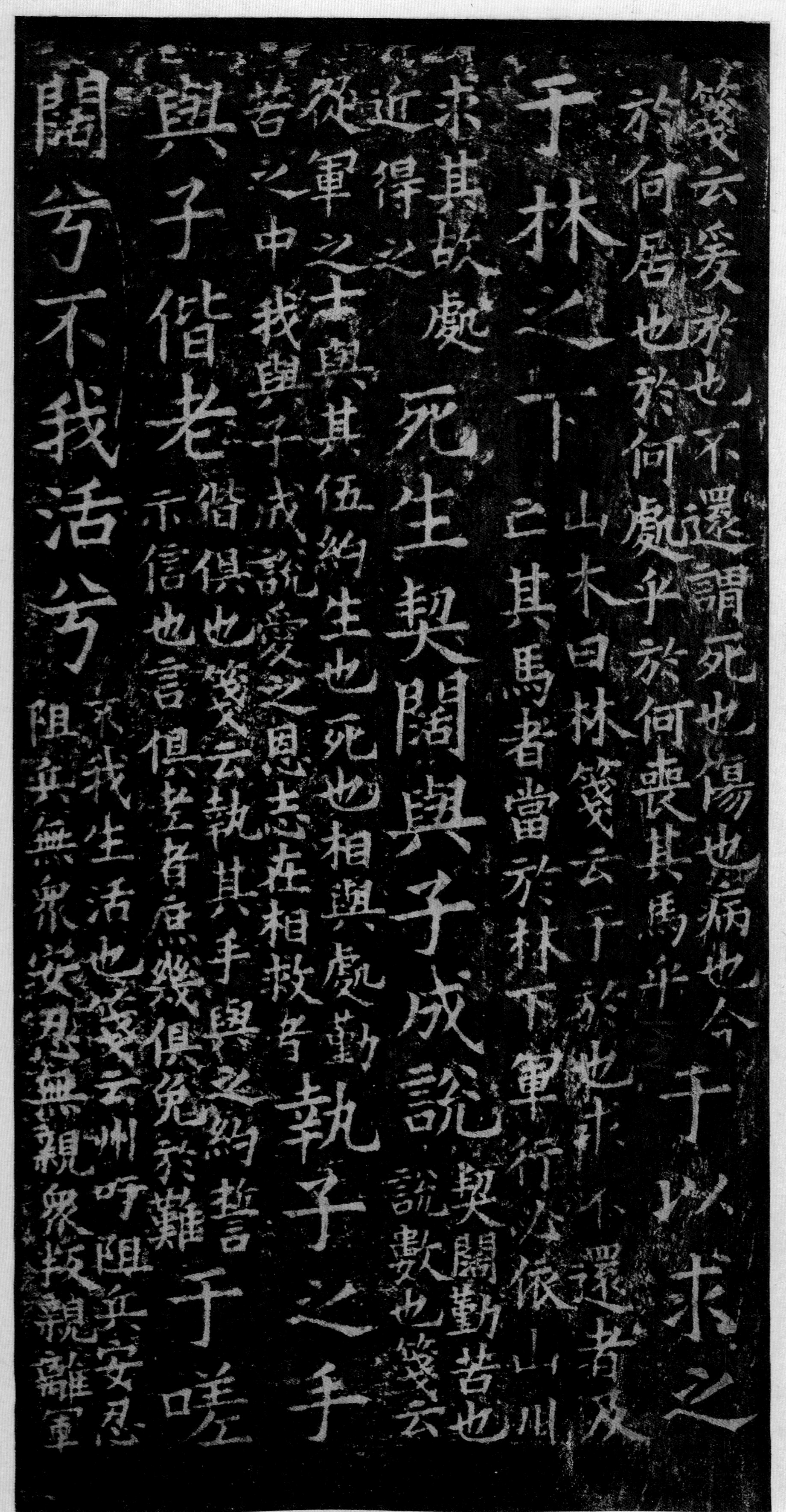
箋云爰於也不還謂死也傷也病也今于以求之於何居也於何處乎於何喪其馬乎于林之下山木曰林箋云于於也求不還者及其馬者當於林下軍行必依山林求其故處近得之死生契闊與子成說契闊勤苦也說數也箋云從軍之士與其伍約生也死也相與處勤苦之中我與子成說愛之恩志在相救急執子之手與子偕老偕俱也箋云執其手與之約誓示信也言俱老者庶幾俱免於難于嗟闊兮不我活兮不我生活也箋云州吁阻兵安忍阻兵無衆安忍無親衆叛親離軍

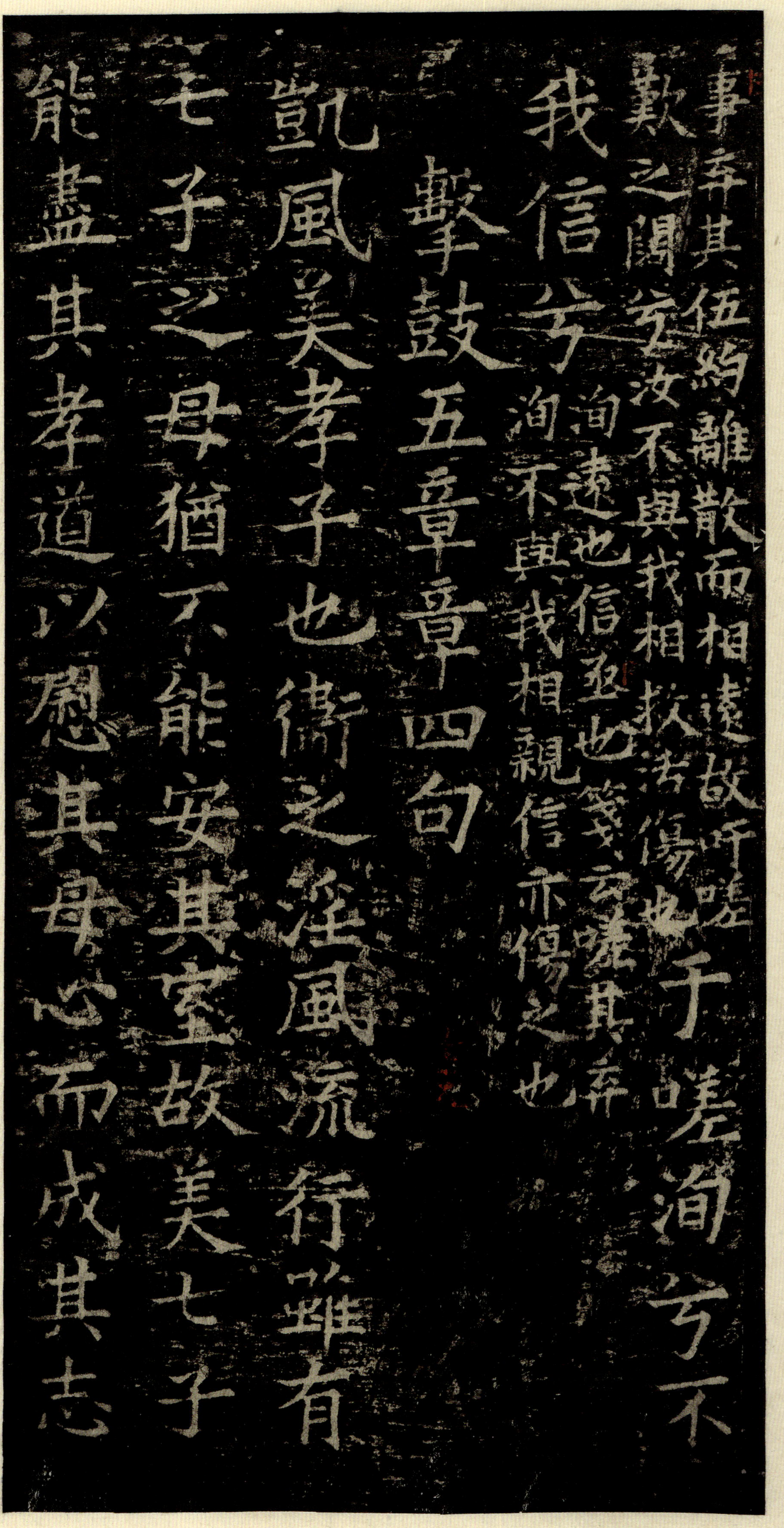

事棄其伍約離散而相遠故吁嗟于嗟洵兮不
歎之闊兮汝不與我相救活傷也
我信兮洵遠也信極也箋云嘆其棄洵不與我相親信亦傷之也
擊鼓五章章四句
凱風美孝子也衛之淫風流行雖有
七子之母猶不能安其室故美七子
能盡其孝道以慰其母心而成其志

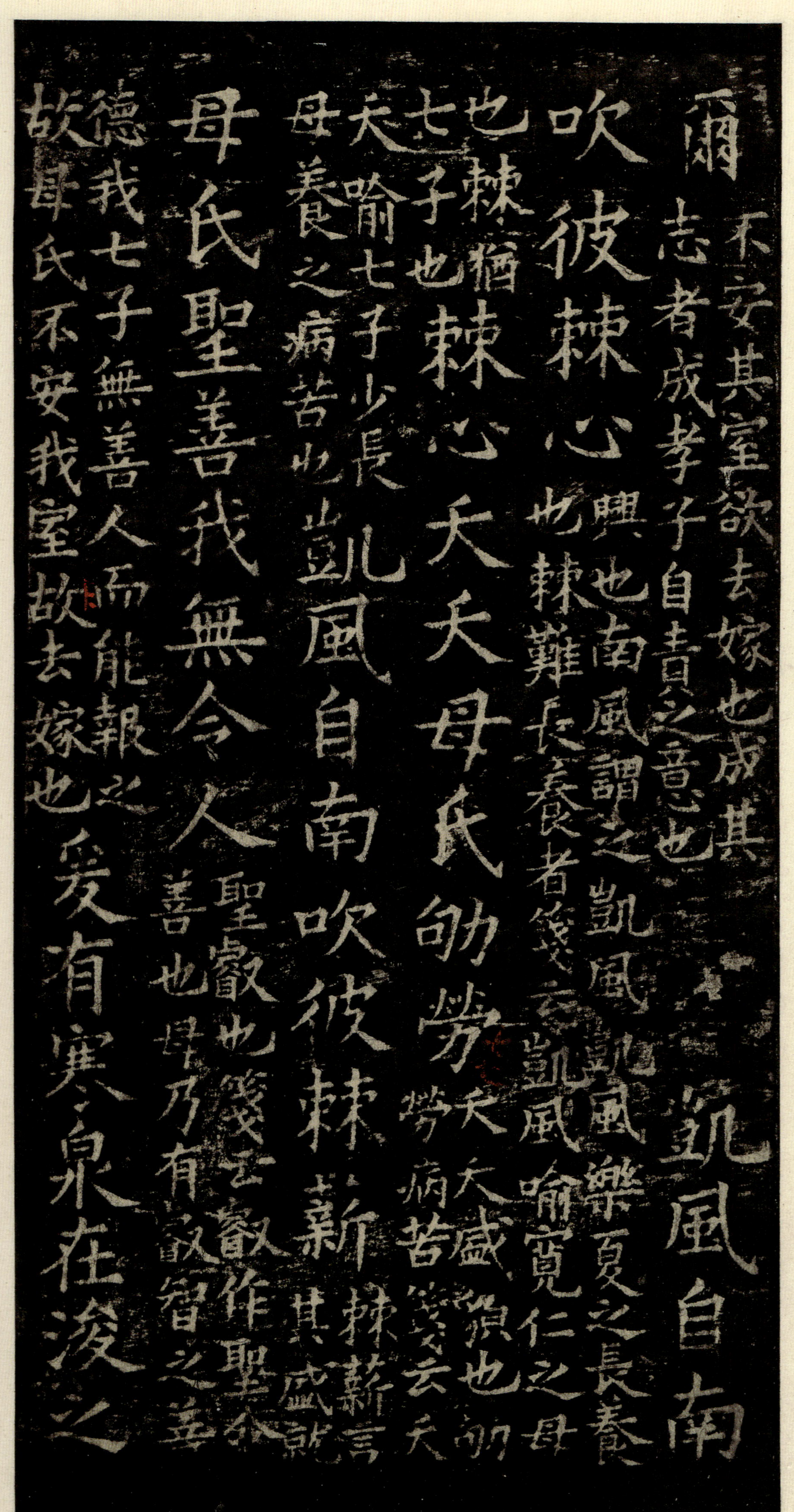

下浚衛邑也在浚之下言有益於浚人也箋云爰曰也曰有寒泉者在浚之下浸潤之使浚之民逸樂以興七子不能如也有子七人母氏勞苦睍睆黃鳥載好其音睍睆好貌也箋云睍睆以興顏色說也好其音者興辭令順也以言七子不能如也有子七人莫慰母心慰安也

凱風四章章四句

雄雉刺衛宣公也宣公淫亂不恤國

事軍旅數起大夫久役男女怨曠國人患之故作是詩也淫亂者荒放於妻妾烝於夷姜之等也國人久處軍役之事故男多曠女多怨男曠而苦其事女怨而望其君子也雄雉于飛洩洩其羽興也雄雉見雌雉飛而鼓其翼洩洩然箋云興者喻宣公整其衣服而起奮迅其形貌志在婦人而已不恤國之政事也我之懷矣自詒伊阻詒遺也伊維也阻難也箋云懷安也伊當作緊緊由是也君子行如是我安在其朝而不去今從軍旅久役不

得歸此自遺以是患難也雄雉于飛下上其音箋云下上其音者喻宣公小大其聲怡悅婦人也展矣君子實勞我心展誠也箋云誠矣君子訴於君也君之行如是實使我心勞矣君若不然則我無軍役之事也瞻彼日月悠悠我思瞻視也箋云視日月之行迭往而迭來今君子獨久行役而不來使我心悠悠思之女怨之辭也道之云遠曷云能來箋云曷何也何時能來望之也百爾君子不知德行箋云爾汝也汝衆君子我不知人之德行何如

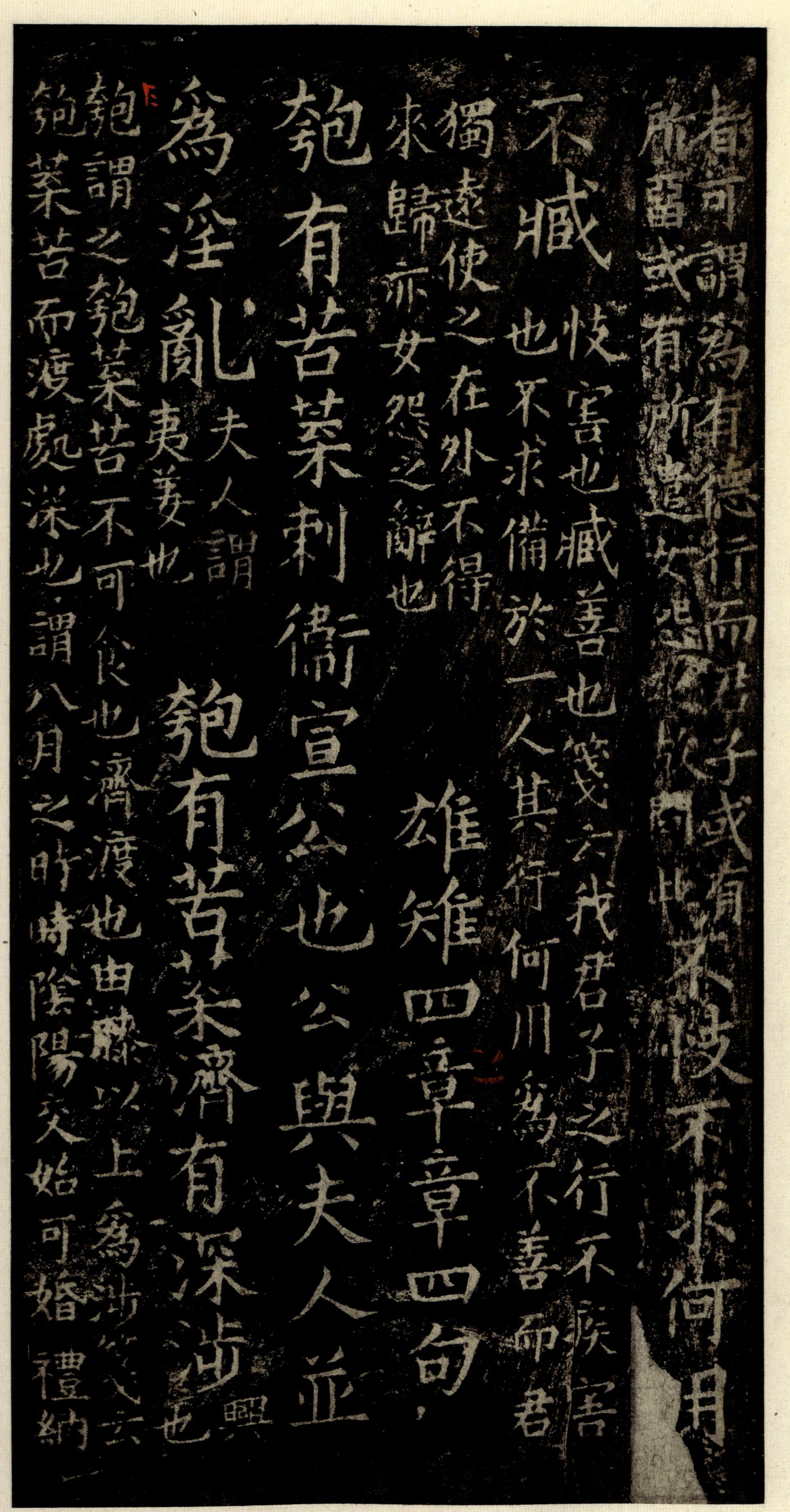

未問名也深則厲淺則揭以衣涉水為厲由帶以上為厲由膝以下為揭揭者揭衣也遭時制宜如遇水深則厲淺則揭以男女之際安可以無禮義將無以自濟也箋云既以深涉記時目以水深淺喻男女之才性賢與不肖及長幼也各順其人之宜為之求妃偶有瀰濟盈有鷕雉鳴瀰深水也盈滿也水人之所難也鷕雌雉聲也衛夫人有淫佚之志授人以色假人以辭不顧禮義之難至使宜有淫昏之行箋云有瀰濟盈謂過於厲喻犯禮深矣濟盈不濡軌雉鳴求其牡濡漬也由輈已上為軌違禮義不由於道由雉鳴求其牡矣飛曰雌雄走曰牝

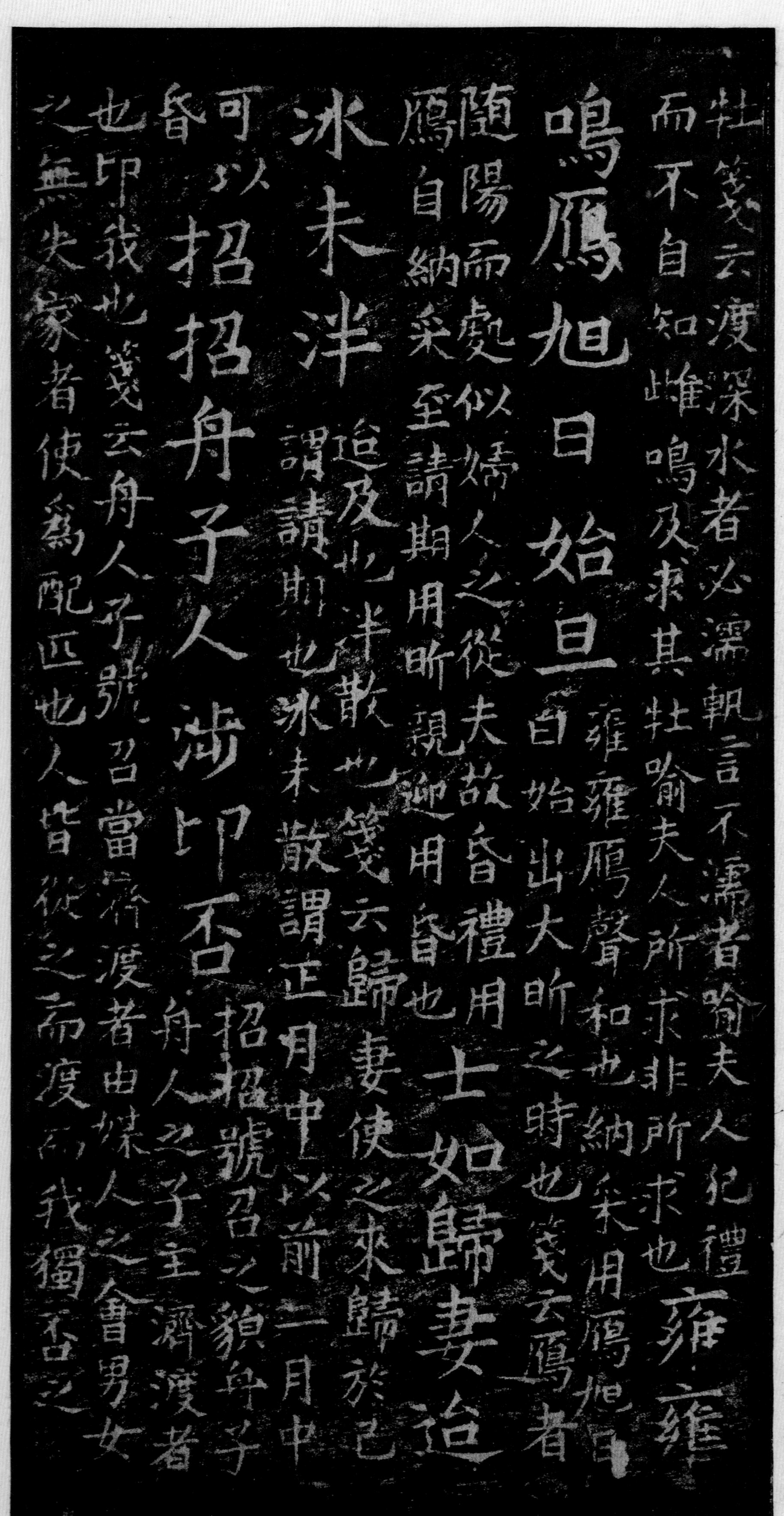

牡箋云渡深水者必濡軌言不濡者喻夫人犯禮雝雝
而不自知雌雉鳴反求其牡喻夫人所求非所求也
鳴鴈旭日始旦雝雝鴈聲和也納采用鴈旭
日始出大昕之時也箋云鴈者
隨陽而處似婦人之從夫故昏禮用
鴈自納采至請期用昕親迎用昏也士如歸妻迨
冰未泮迨及也泮散也箋云歸妻使之來歸於己
謂請期也冰未散謂正月中以前二月中
可以招招舟子人涉卬否招招號召之貌舟子
昏舟人之子主濟渡者
也卬我也箋云舟人之子號召當渡者由媒人之會男女
之無夫家者使爲配匹也人皆從之而渡而我獨否之

人涉卬否卬須我友人皆涉我友未至我猶待之而不涉以言室家之道非得所適貞女不行也知之非得禮義昏姻不成也

匏有苦葉四章章四句

谷風刺夫婦失道也衛人化其上淫於新昏而弃其舊室夫婦離絶國俗傷敗焉新昏新為昏禮

習習谷風以陰以

雨興也習習和舒之貌也東風謂之谷風陰陽和而谷風至夫婦和則室家成室家成則繼嗣生黽勉同心不宜有怒言黽勉思與君子同心也箋云所以黽勉者以爲見譴怒者非夫婦之所宜也采葑采菲無以下體葑須也菲芴也下體根莖也箋云此二菜者蔓菁與葍之類也皆上下可食然而根莖有美時有惡時采之者不可以根莖惡之時并弃其葉也喻夫婦禮義合顏色親不可以顏色衰弃其相與室家之道也德音莫違及爾同死箋云莫無也及與也夫婦之言無相違者則可與汝長相與處至死顏色斯須之耳

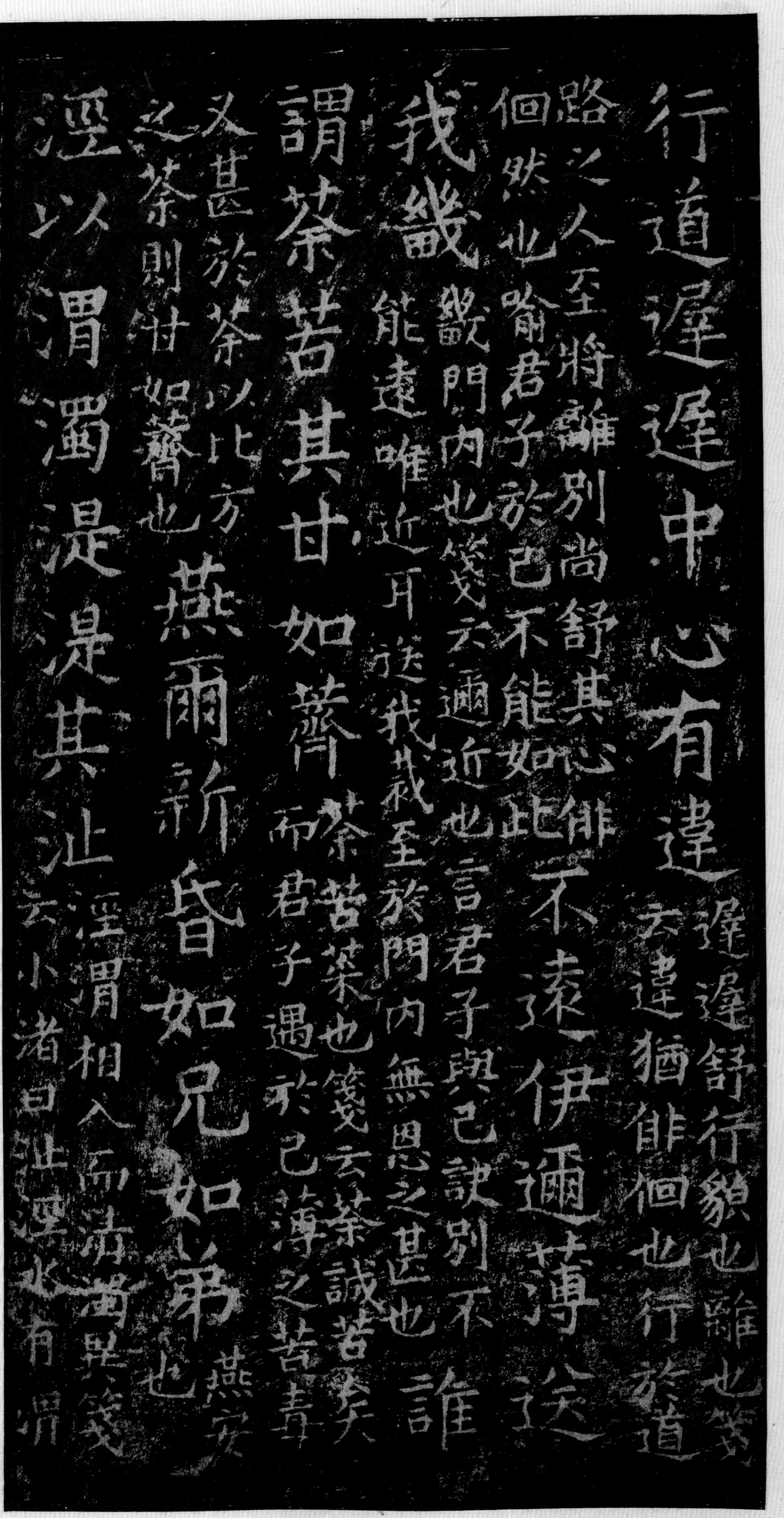

行道遲遲中心有違遲遲舒行皃也違離也箋云違猶佪佪也行於道路之人至將離別尚舒其心佪佪然也喻君子於己不能如此不遠伊邇薄送我畿畿門內也箋云邇近也言君子與己訣別不能遠唯近耳送我裁至於門內無恩之甚也誰謂荼苦其甘如薺荼苦菜也箋云荼誠苦矣而君子遇於己薄之苦毒又甚於荼以比方之荼則甘如薺也燕爾新昏如兄如弟燕安也涇以渭濁湜湜其沚涇渭相入而清濁異箋云小渚曰沚涇水有渭

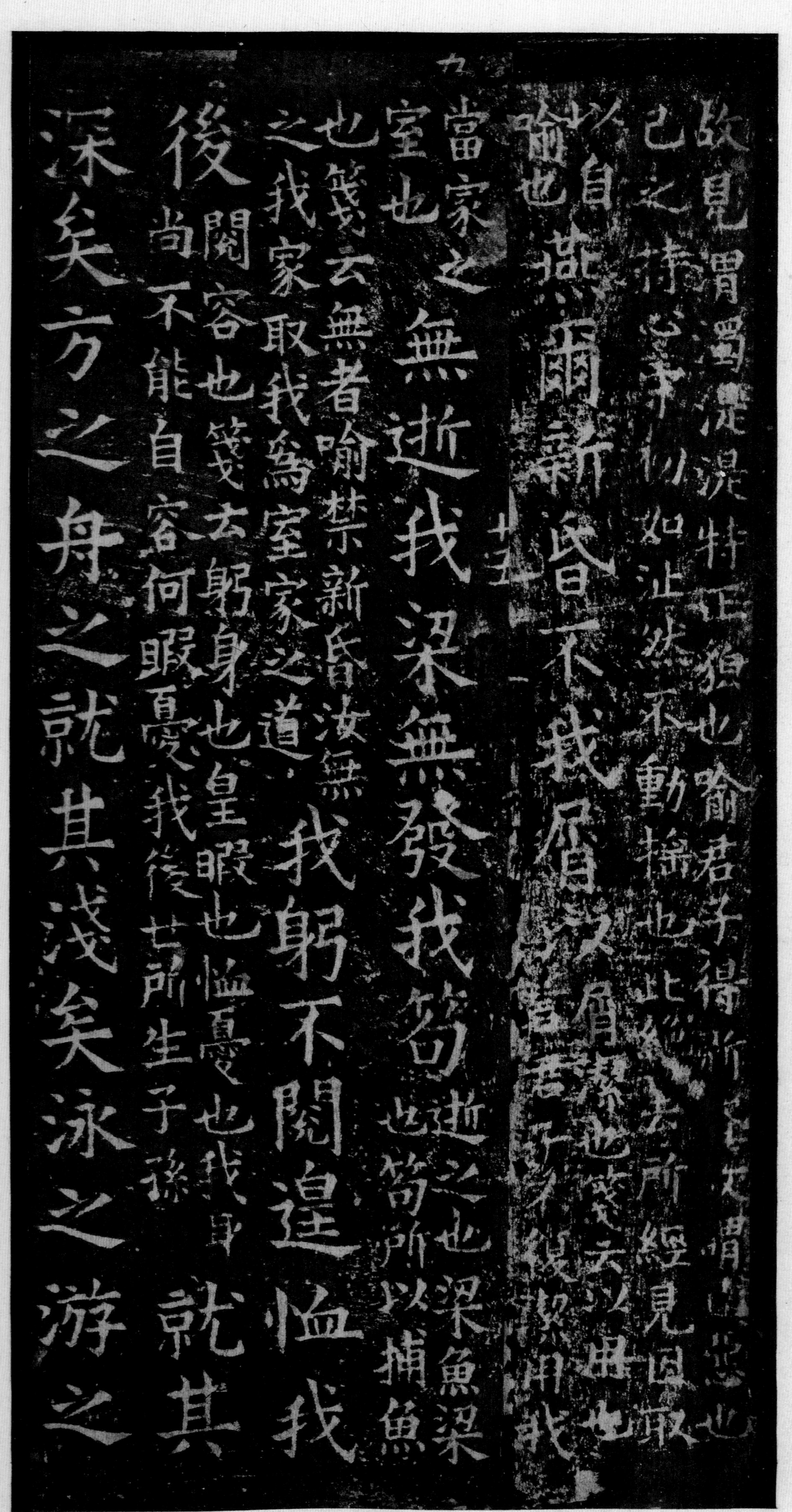

舟船也潛行爲泳言深淺者喻君子之家事無難易吾皆爲之何有何亡
黽勉求之有謂富也亡謂貧也箋云君子何所有乎何所亡乎吾其黽勉勤力爲求之有求多亡求有之凡民有喪匍匐救之箋云匍匐言盡力也凡民有凶禍之事鄰里尚盡力往救之況我於君子之家事難易固當黽勉以疏喻親也不以我
能慉反以我爲讎慉養也箋云慉驕也君子不能以恩驕樂我反憎惡我也
既阻我德賈用不售阻難也箋云既難却我隱蔽我之善我脩婦道

以事之覲其容已猶見疏水如賣物不售者也昔育恐鞫及爾顛覆育長也鞫窮也箋云昔育育稺也及與也昔我幼稺時恐至老窮匱故與汝顛覆盡力於衆事難易無所避也既生既育比予于毒箋云生謂財業也育謂長老也于於也既有其財業又既長老其視我如毒螫言惡之甚也我有旨蓄亦以御冬旨美也御禦也箋云蓄聚美菜者以禦冬月之無時也燕爾新昏以我御窮箋云言君子亦但以我禦窮苦之時至亦當棄我如旨蓄也有洸有潰

既詒我肄洸洸武也潰潰怒也肄勞也箋云詒遺也言君子洸洸然潰潰然而無溫潤之色而盡遺我以勞苦之事欲窮我也不念昔者伊余來塈塈息也箋云君子忘舊不念往者年穉我始來之時安息我也

谷風六章章八句

式微黎侯寓于衛其臣勸以歸也寓寄也黎侯爲狄人所逐弃其國而寄於衛衛處之以二邑因安之可以歸而不歸故其臣勸之

式微式微胡不歸式用也箋云式微微者微乎微者也君何不歸乎禁

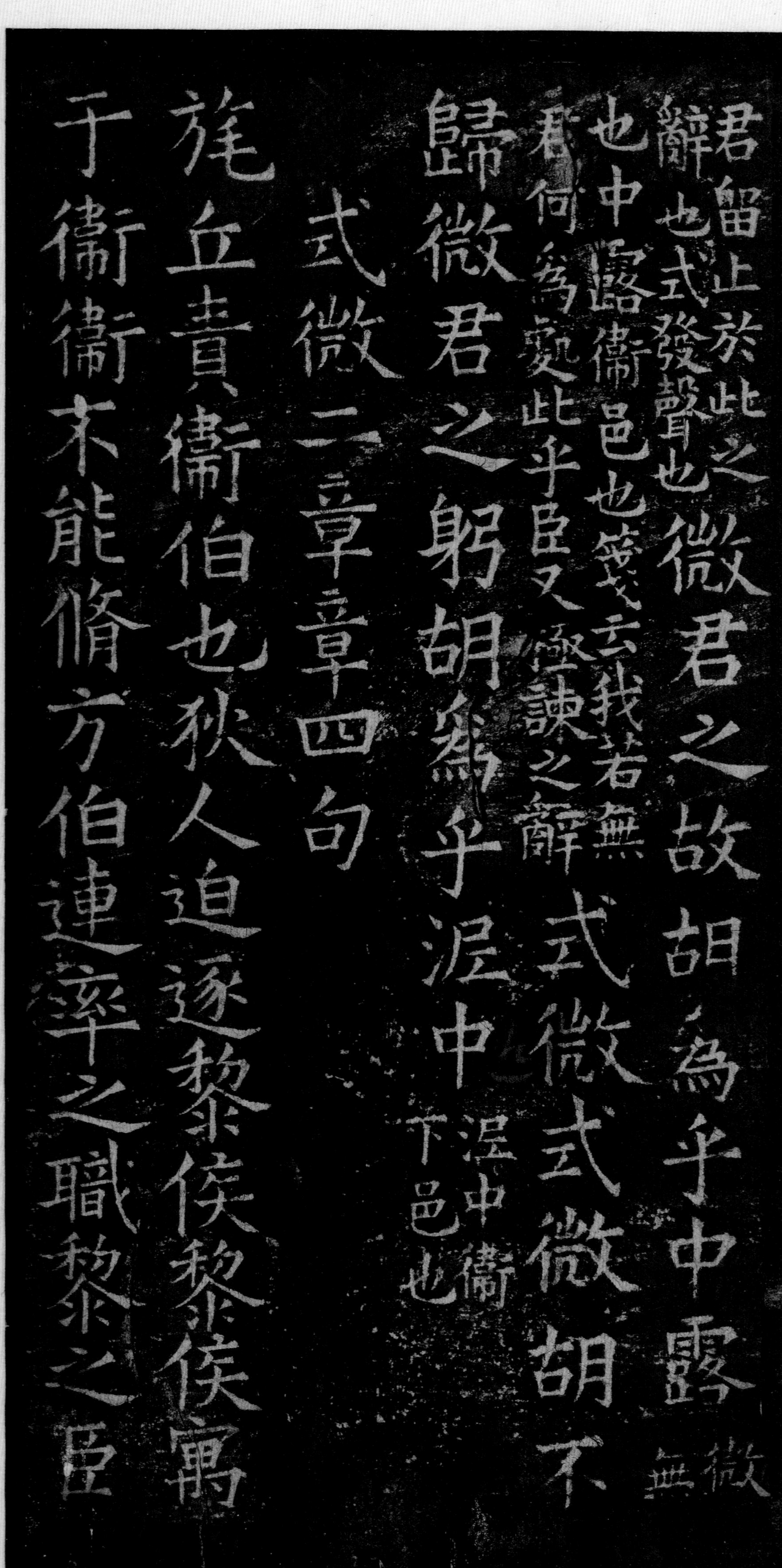

君留止於此之微君之故胡為乎中露微無
辭也式發聲也
也中露衛邑也箋云我若無
君何為處此乎臣又極諫之辭式微式微胡不
歸微君之躬胡為乎泥中泥中衛
下邑也
式微二章章四句
旄丘責衛伯也狄人迫逐黎侯黎侯寓
于衛衛不能脩方伯連率之職黎之臣

子以青於衛也衛康叔之封爵稱侯今稱伯者時為州伯也周之制使伯佐牧春秋傳曰五侯九伯侯為牧也旄丘之葛兮何誕之

節兮興也前高後下曰旄丘諸侯以國相連屬憂患相及如葛延蔓相連也誕闊也箋云土氣暖則葛生闊節也興者喻此時衛伯不恤其職故其臣於君事亦疏廢叔兮伯兮何

多日也日月以逝而不我憂也箋云叔伯字也呼衛之諸臣叔與伯與女期迎我君而復之可以來而不來汝日數何一多先叔後伯臣之命不以齒也何其處也必有與

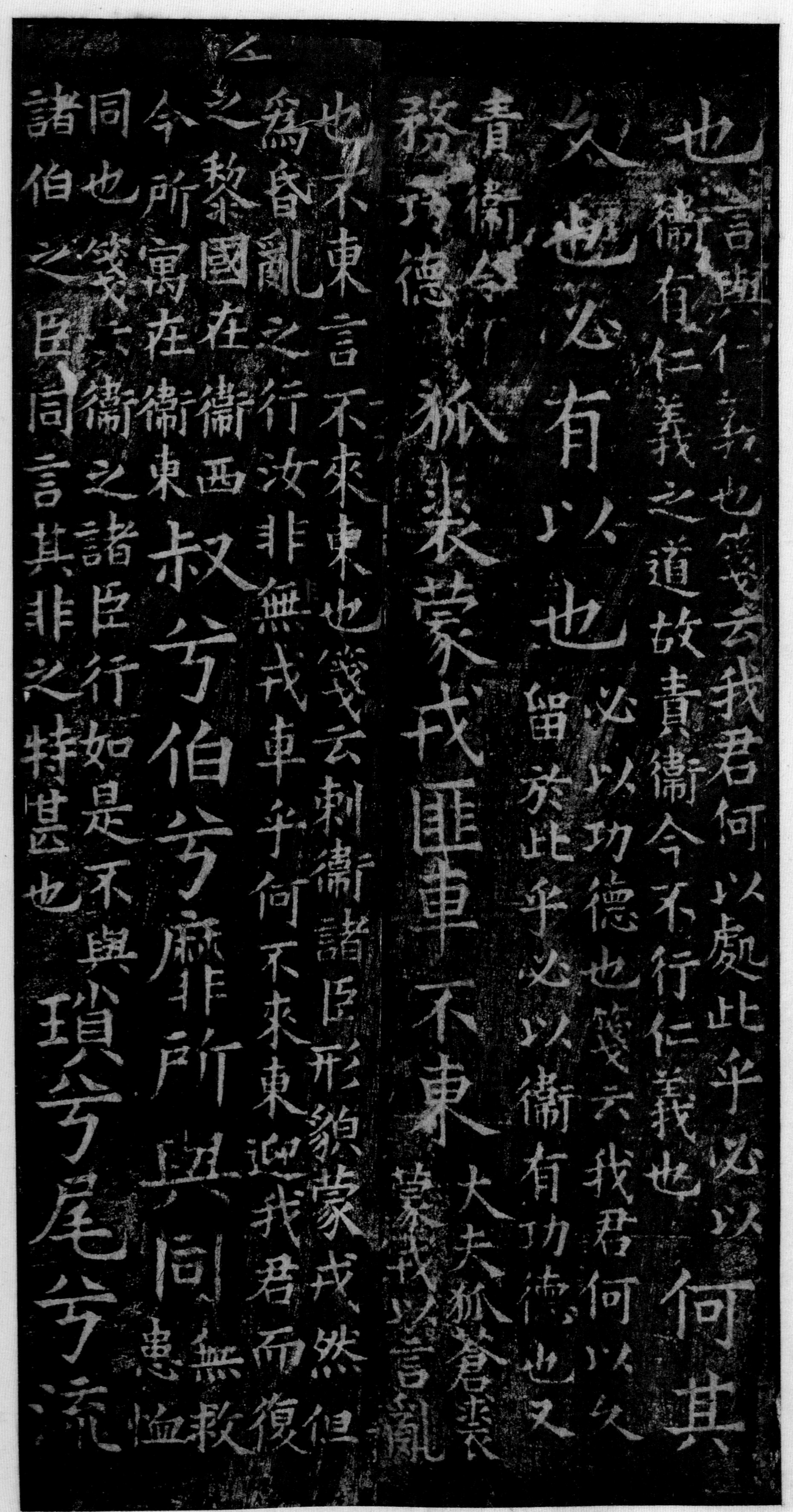

離之子瑣尾少好之貌也流離鳥名也少好長醜始於愉樂終以微弱箋云衛之諸臣初有小善終無成功似流離也叔兮伯兮褎如充耳褎盛服也充耳盛飾也大夫褎然有尊盛之服而不能稱也箋云充耳者塞耳也言衛之諸臣顏色褎然如見塞耳無所聞知如人之耳聾恒多笑而已

旄丘四章章四句

簡兮刺不用賢也衛之賢者仕於伶官皆可以承事王者也伶官樂官也伶氏世掌樂官而善焉故

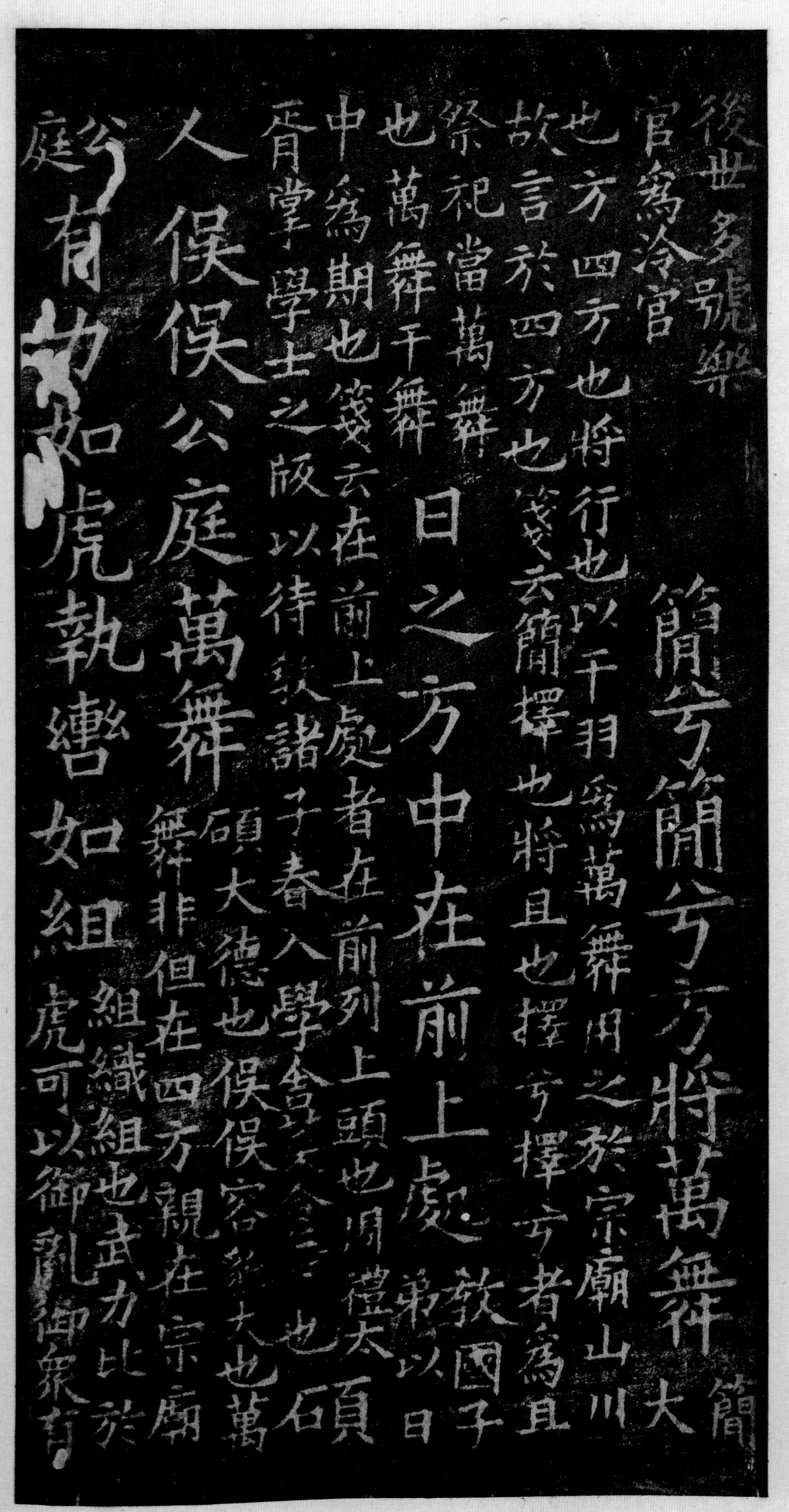

文章也能[illegible]衆動於近成於遠箋云碩人有御亂御衆之德可任爲王臣左手執籥右手秉翟籥六孔翟翟羽也箋云碩人多才多藝又能籥舞言文武道備赫如渥赭公言錫爵赫赤貌渥厚漬也祭有畀煇胞翟閽寺者惠下之道見惠不過一散箋云碩人容色赫然如厚傅丹君徒賜其一爵而已不知其賢而進用之散受五升山有榛隰有苓榛木名也下濕曰隰苓大苦箋云榛也苓也生各得其所以言碩人處非其位云誰之思西方美人箋云我誰思乎思周室之賢者以其宜薦碩人

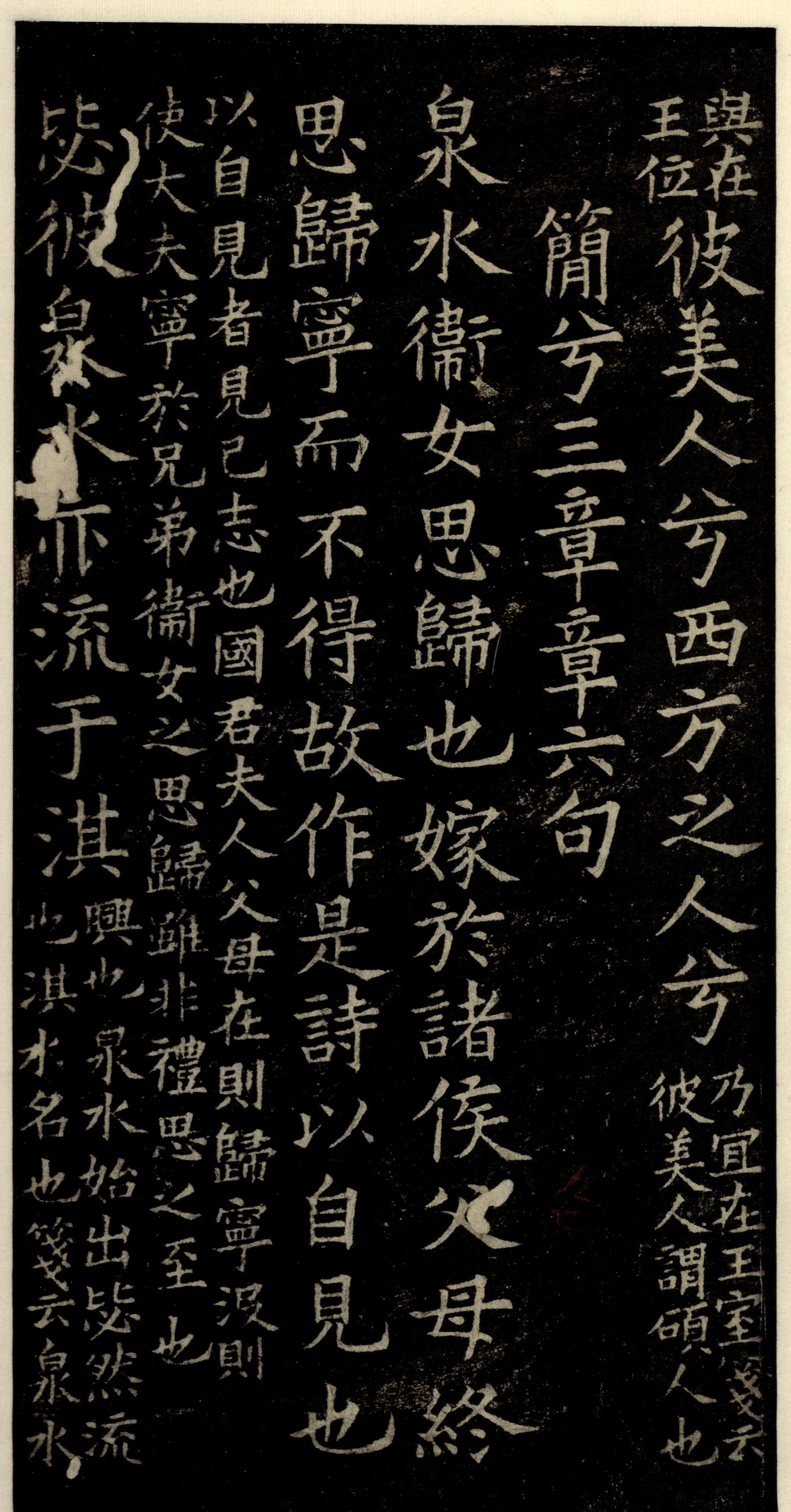
與在王位彼美人兮西方之人兮乃宜在王室箋云彼美人謂碩人也
簡兮三章章六句
泉水衛女思歸也嫁於諸侯父母終
思歸寧而不得故作是詩以自見也以自見者見已志也國君夫人父母在則歸寧沒則使大夫寧於兄弟衛女之思歸雖非禮思之至也
毖彼泉水亦流于淇興也泉水始出毖然流也淇水名也箋云泉水

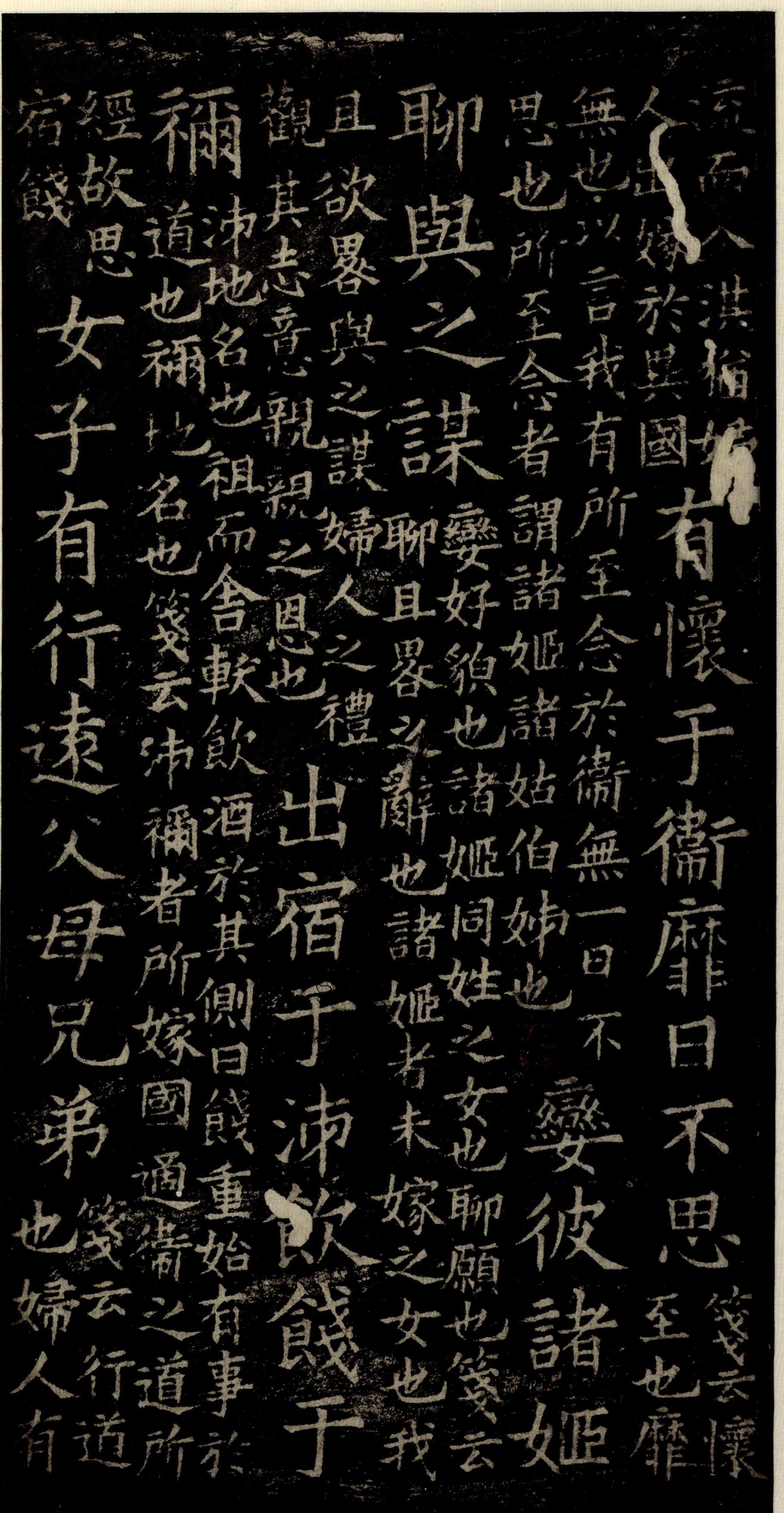
流而入淇猶婦人出嫁於異國有懷于衛靡日不思箋云懷至也靡無也以言我有所至念於衛無一日不思也所至念者謂諸姬諸姑伯姊也孌彼諸姬聊與之謀孌好貌也諸姬同姓之女也聊願也箋云聊且略之辭也諸姬者未嫁之女也我且欲略與之謀婦人之禮觀其志意親親之恩也出宿于泲飲餞于禰泲地名也祖而舍軷飲酒於其側曰餞重始有事於道也禰地名也箋云泲禰者所嫁國適衛之道所經故思宿餞女子有行遠父母兄弟箋云行道也婦人有

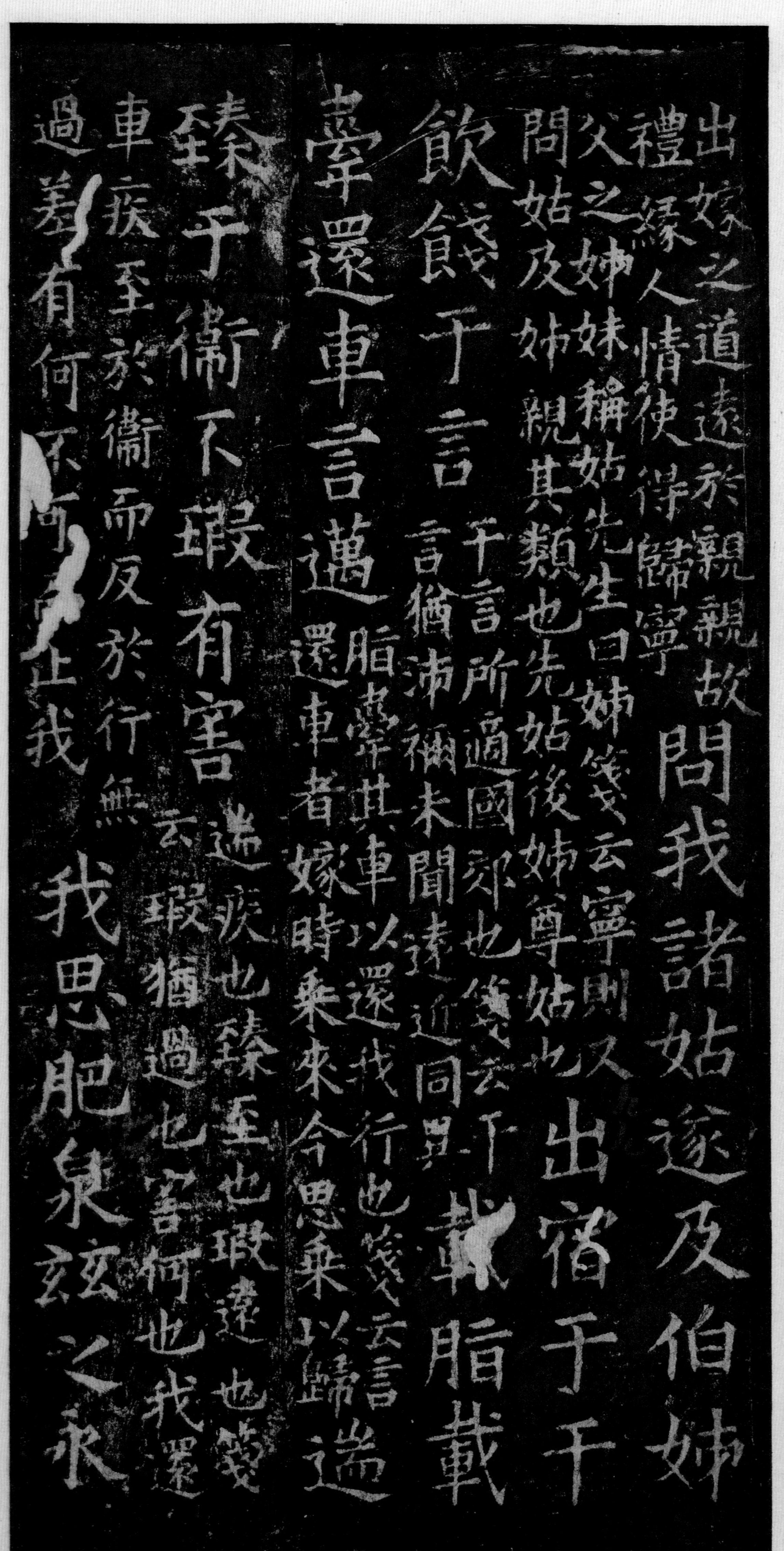

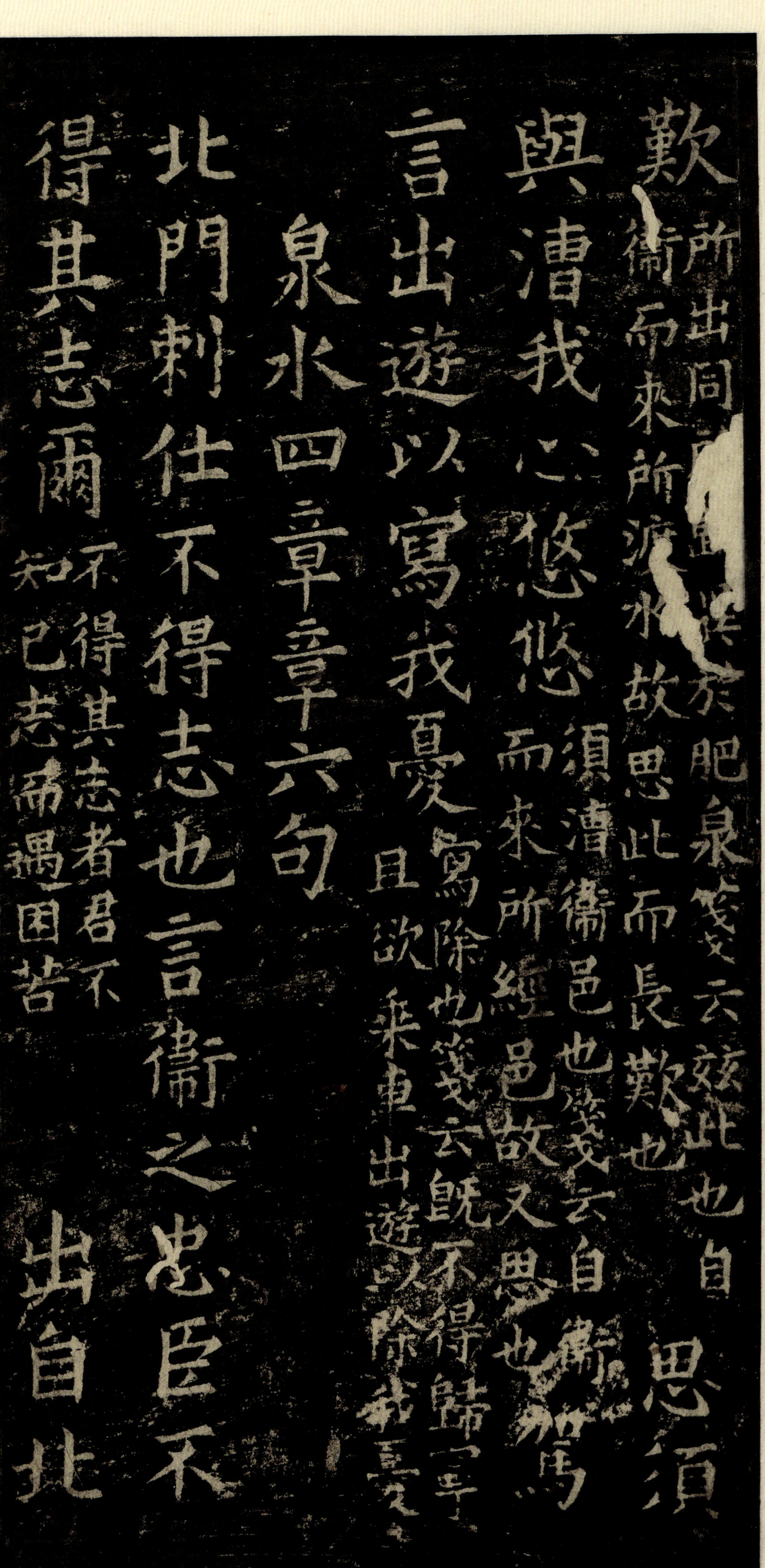

歎所出同[illegible]歸異於肥泉箋云茲此也自衛而來所渡水故思此而長歎也思須

與漕我心悠悠須漕衛邑也箋云自衛而來所經邑故又思也駕

言出遊以寫我憂寫除也箋云既不得歸寧且欲乘車出遊以除我憂

泉水四章章六句

北門刺仕不得志也言衛之忠臣不

得其志爾不得其志者君不知己志而遇困苦出自北

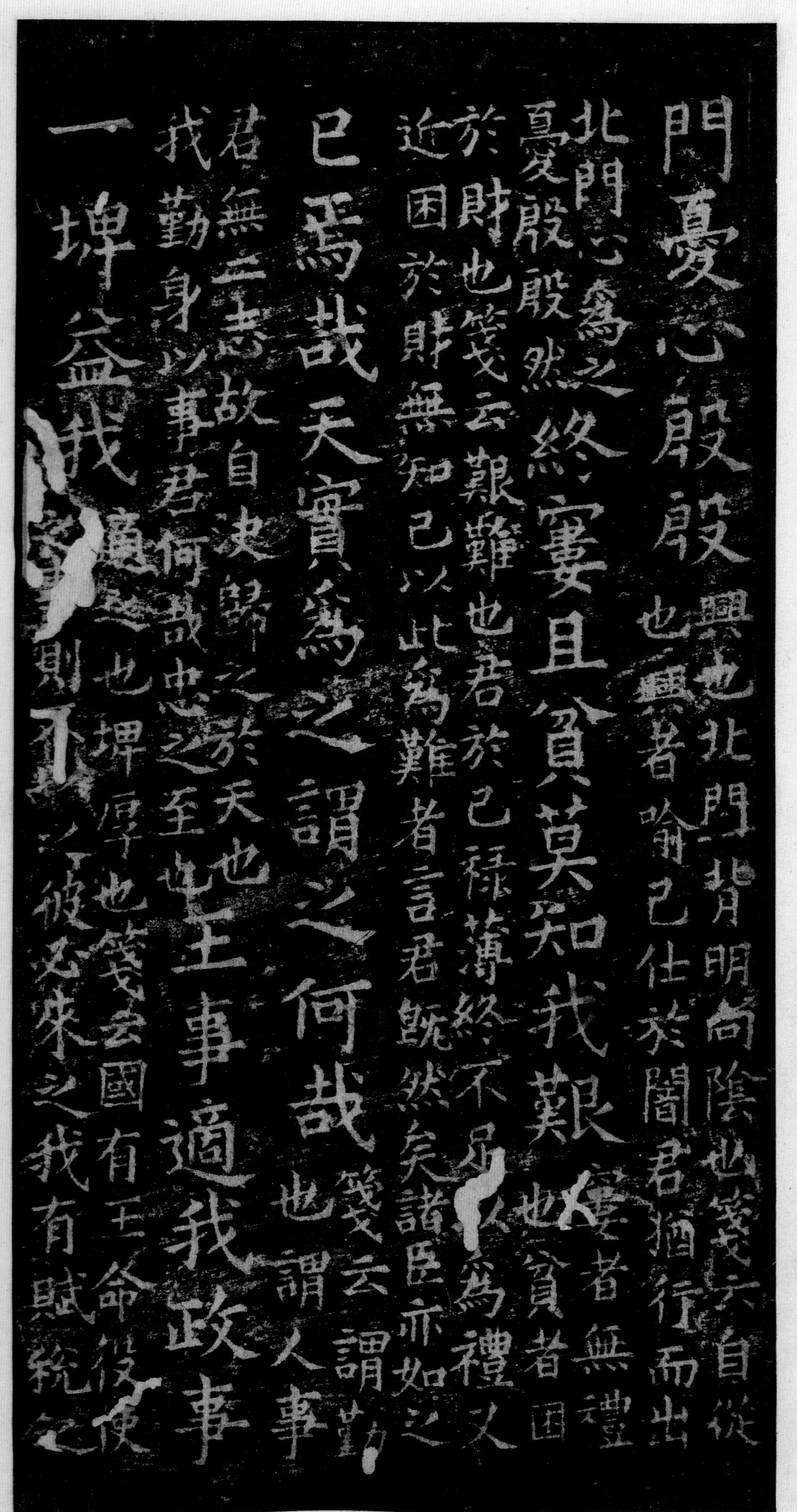

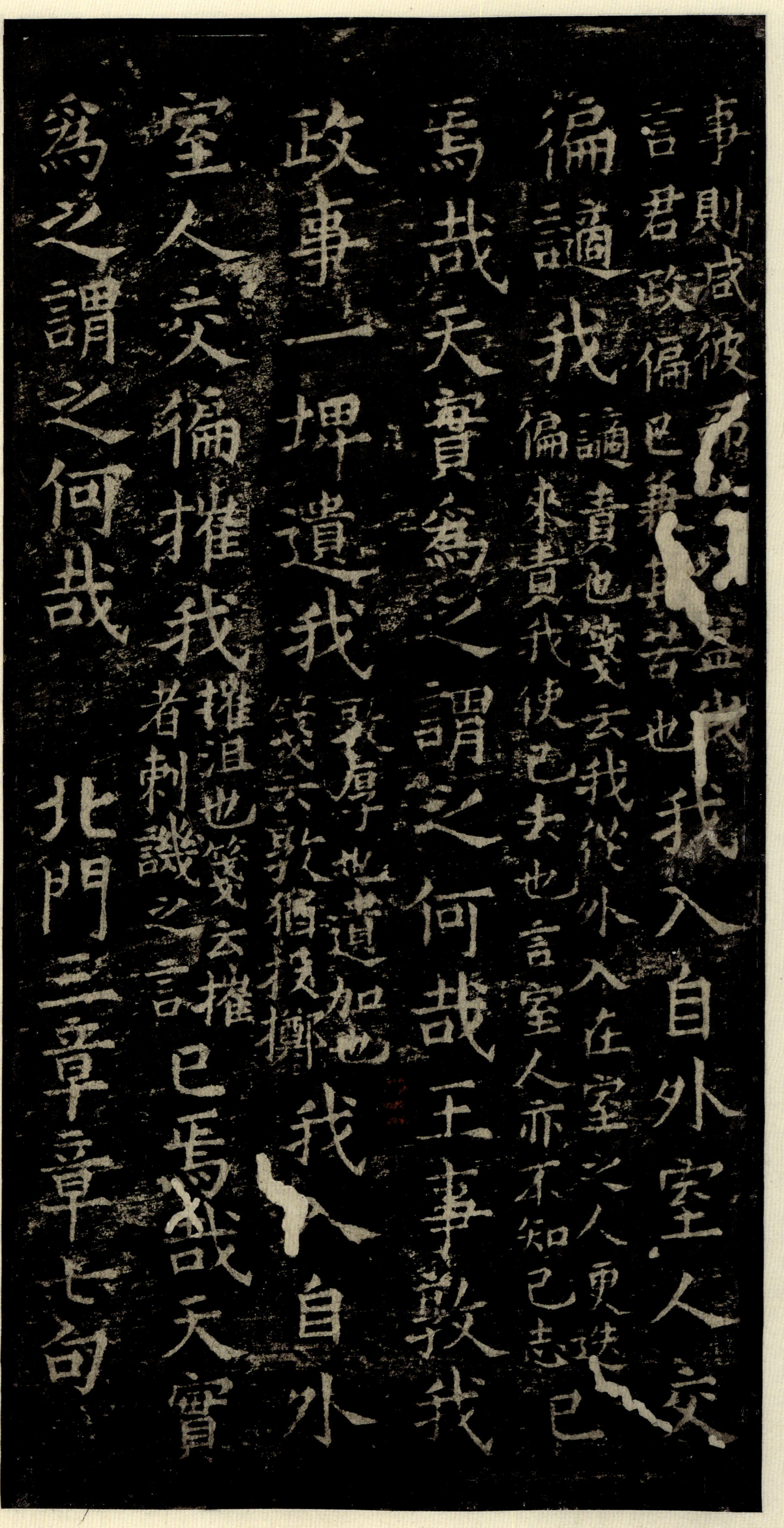

事則咸彼[illegible]盡
言君政偏已兼其苦也
我入自外室人交
徧讁我讁責也箋云我從外入在室之人更迭
徧來責我使己去也言室人亦不知己志
已焉哉天實為之謂之何哉王事敦我
政事一埤遺我敦厚也遺加也
箋云敦猶投擲
我入自外
室人交徧摧我摧沮也箋云摧
者刺譏之言
已焉哉天實
為之謂之何哉 北門三章章七句

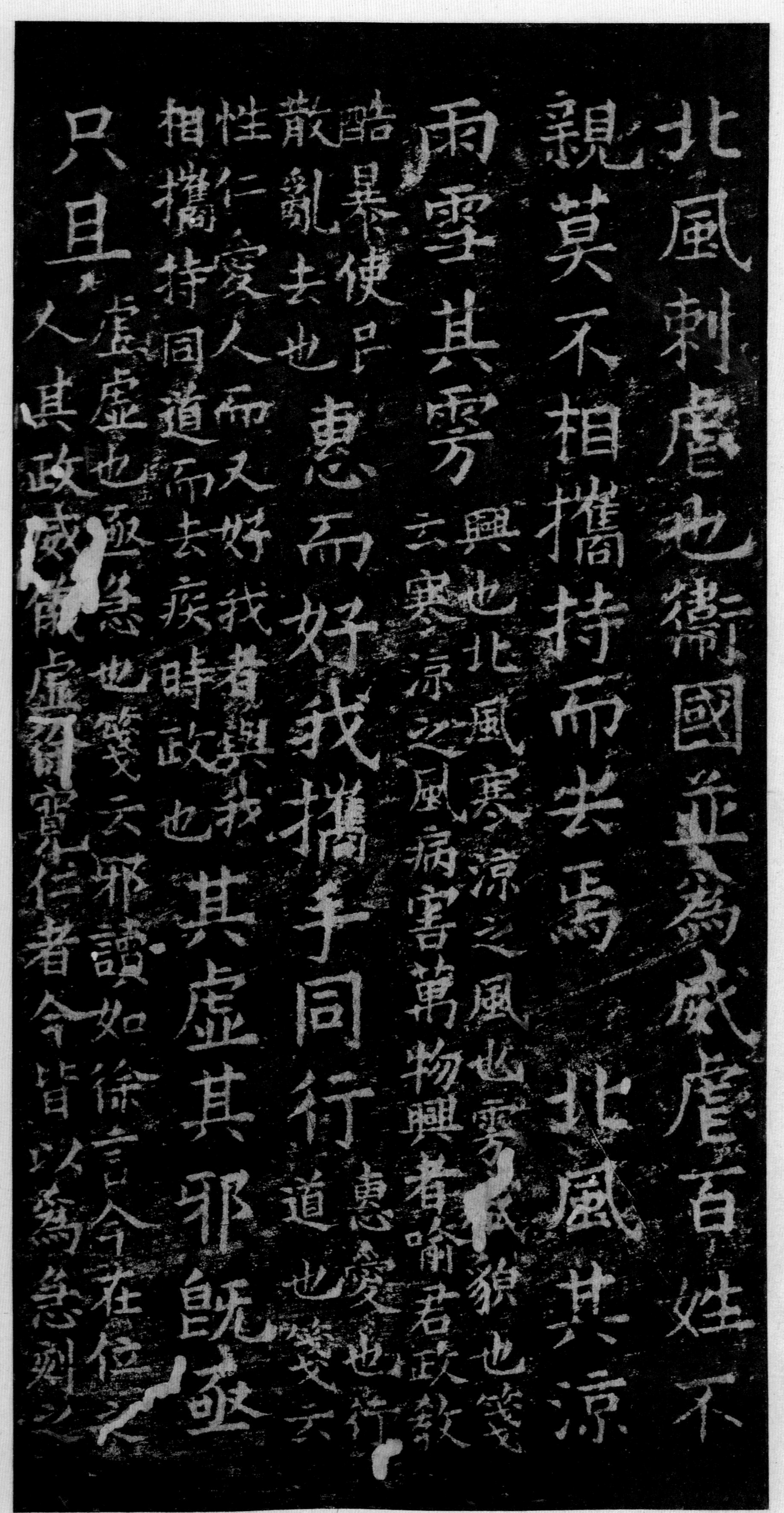

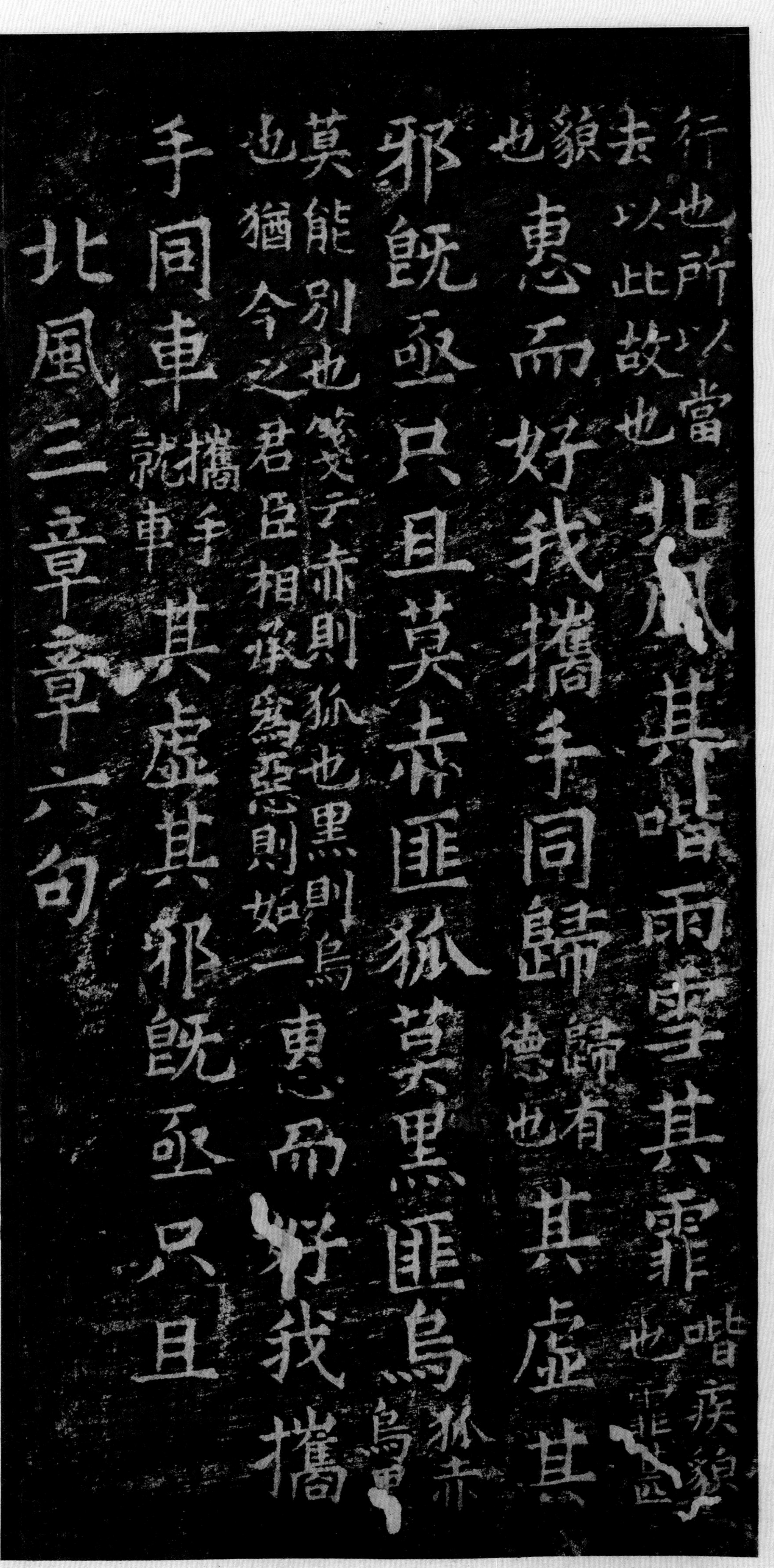
行也所以當去以此故也北風其喈雨雪其霏喈疾貌霏甚
貌也惠而好我攜手同歸歸有德也其虛其
邪既亟只且莫赤匪狐莫黑匪烏狐赤烏黑
莫能別也箋云赤則狐也黑則烏也猶今之君臣相承爲惡則如一惠而好我攜
手同車攜手就車其虛其邪既亟只且
北風三章章六句

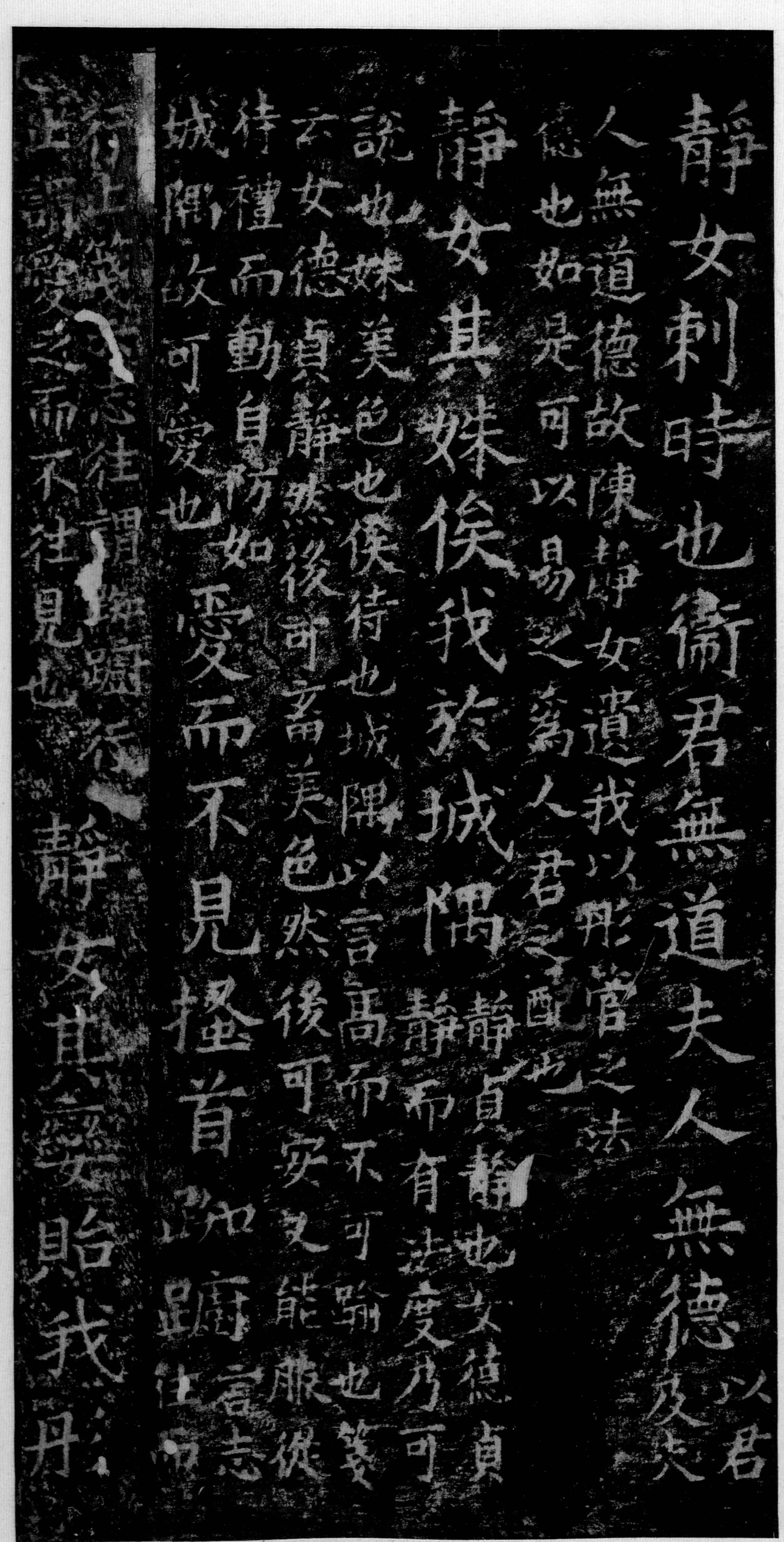
靜女刺時也衛君無道夫人無德以君及夫
人無道德故陳靜女遺我以彤管之法
德也如是可以易之爲人君之配也
靜女其姝俟我於城隅靜貞靜也女德貞靜而有法度乃可
說也姝美色也俟待也城隅以言高而不可踰也箋
云女德貞靜然後可畜美色然後可安又能服從
待禮而動自防如
城隅故可愛也愛而不見搔首踟躕言志往而
行正箋云志往謂踟躕行
正謂愛之而不往見也靜女其孌貽我彤

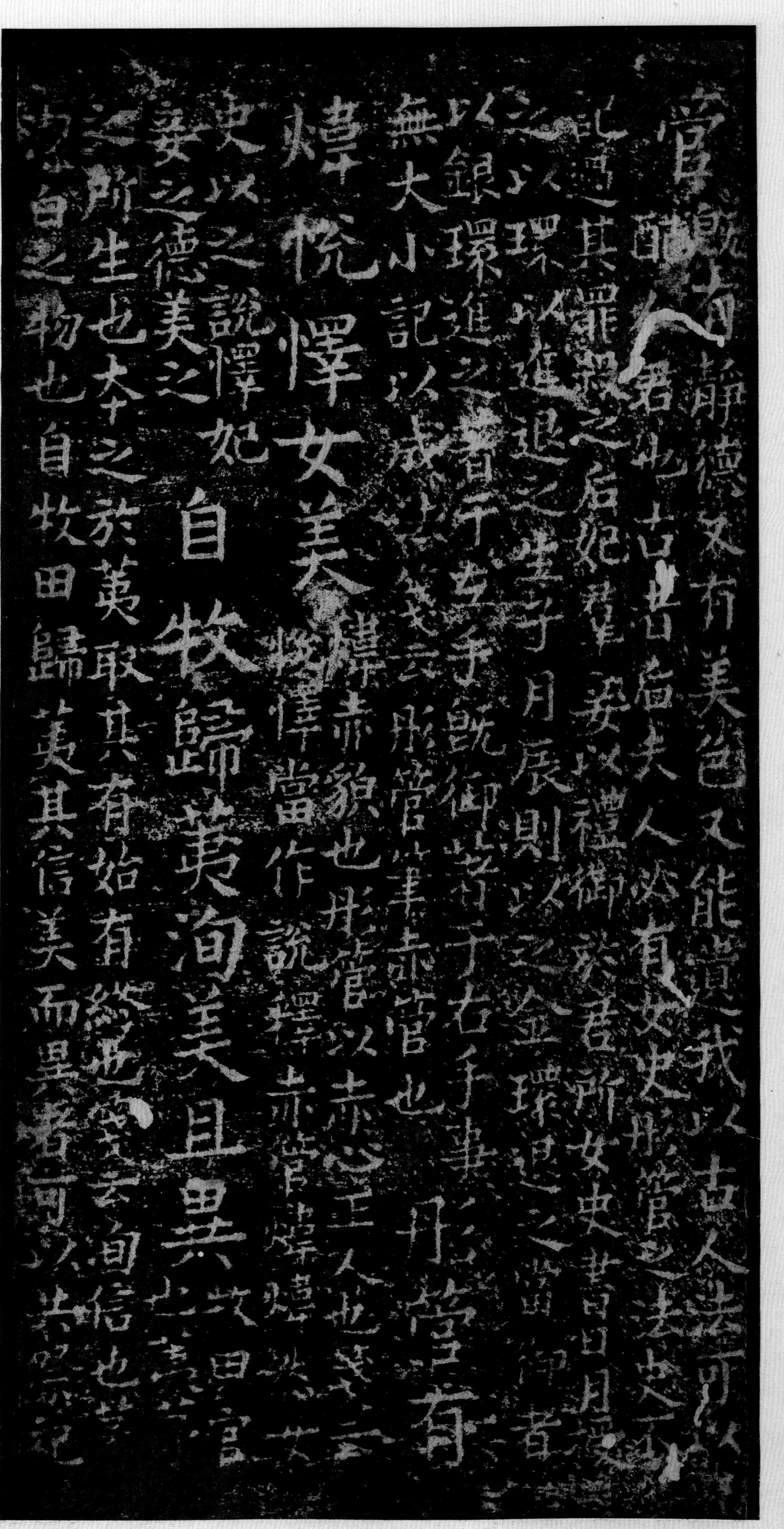
管[illegible]靜德又有美色又能遺我以古人之法可以
配人君也古者后夫人必有女史彤管之法史不記
過其罪殺之后妃群妾以禮御於君所女史書其日月授
之以環以進退之生子月辰則以金環退之當御者
以銀環進之著于左手既御著于右手事
無大小記以成法箋云彤管筆赤管也彤管有
煒說懌女美煒赤貌也彤管以赤心正人也箋云
說懌當作說釋赤管煒煒然女
史以之說懌妃
妾之德美之自牧歸荑洵美且異
之所生也本之於荑取其有始有終箋云洵信也
物自之物也自牧田歸荑其信美而異者可以共祭祀

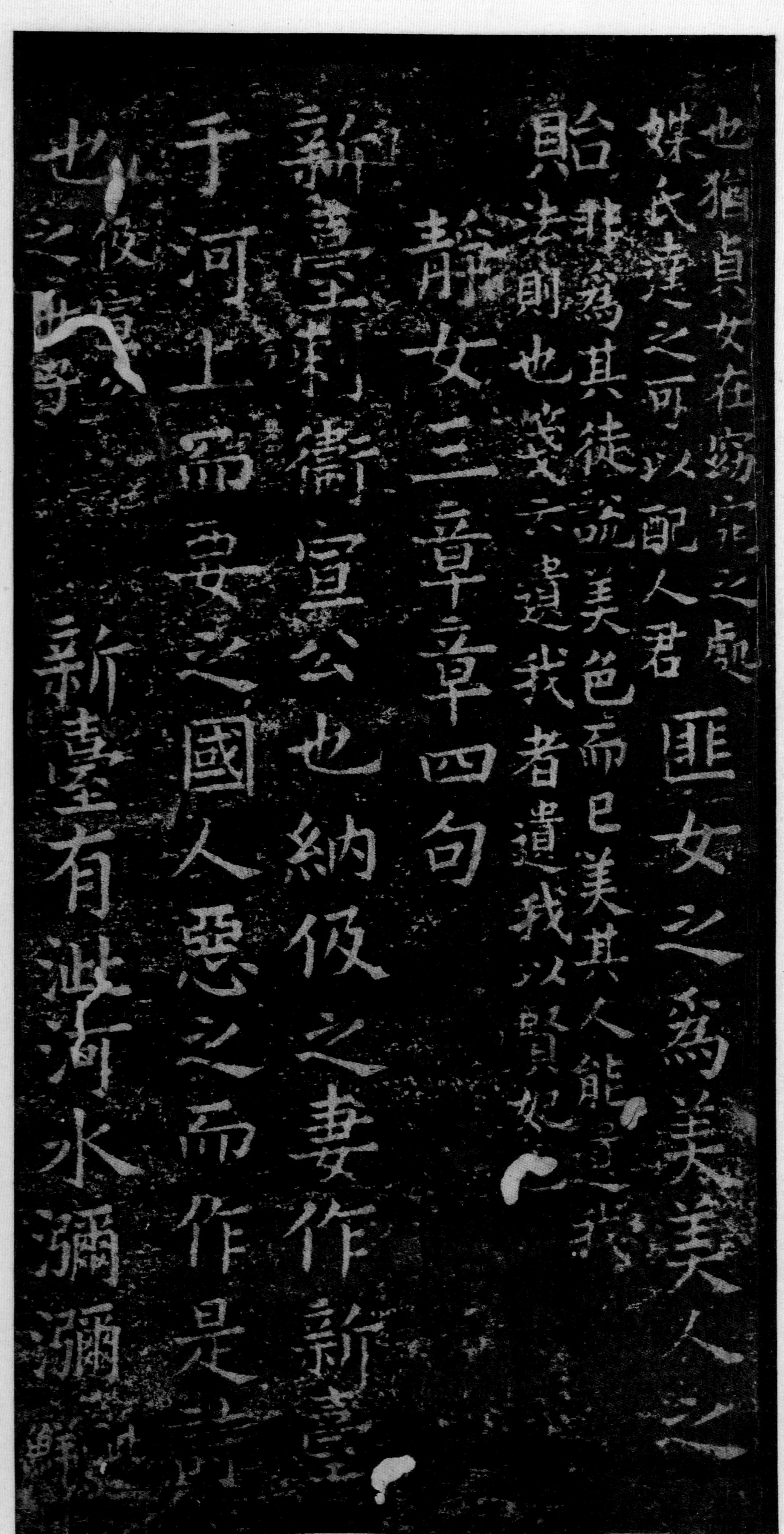

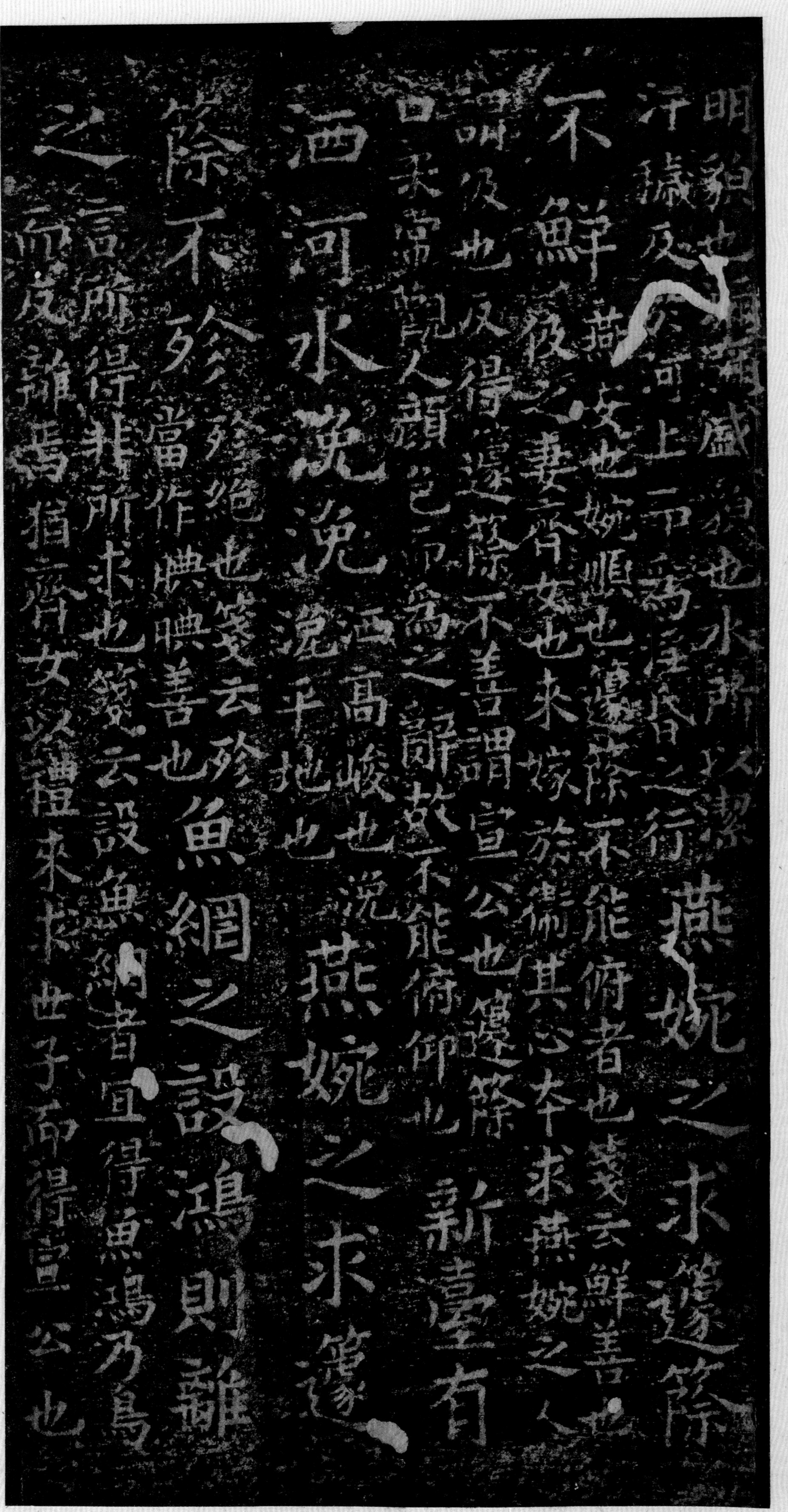
明貌也瀰瀰盛貌也水所以潔汙穢反於河上而爲淫昏之行燕婉之求籧篨不鮮燕安也婉順也籧篨不能俯者也箋云鮮善也伋之妻齊女也來嫁於衛其心本求燕婉之人謂伋也反得籧篨不善謂宣公也籧篨口柔常觀人顏色而爲之辭故不能俯也新臺有洒河水浼浼洒高峻也浼浼平地也燕婉之求籧篨不殄殄絕也箋云殄當作腆腆善也魚網之設鴻則離之言所得非所求也箋云設魚網者宜得魚鴻乃鳥而反離焉猶齊女以禮來求世子而得宣公也

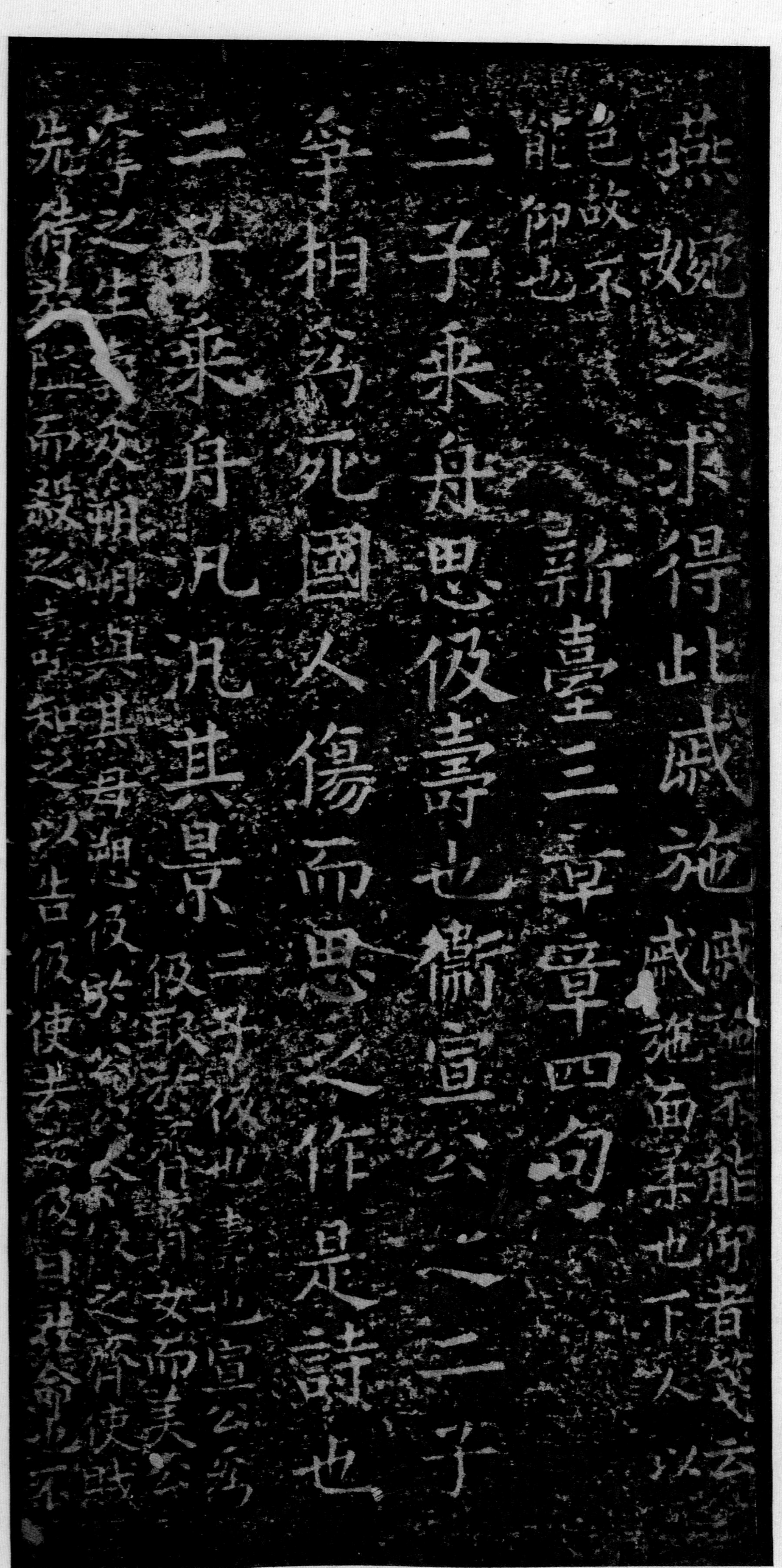

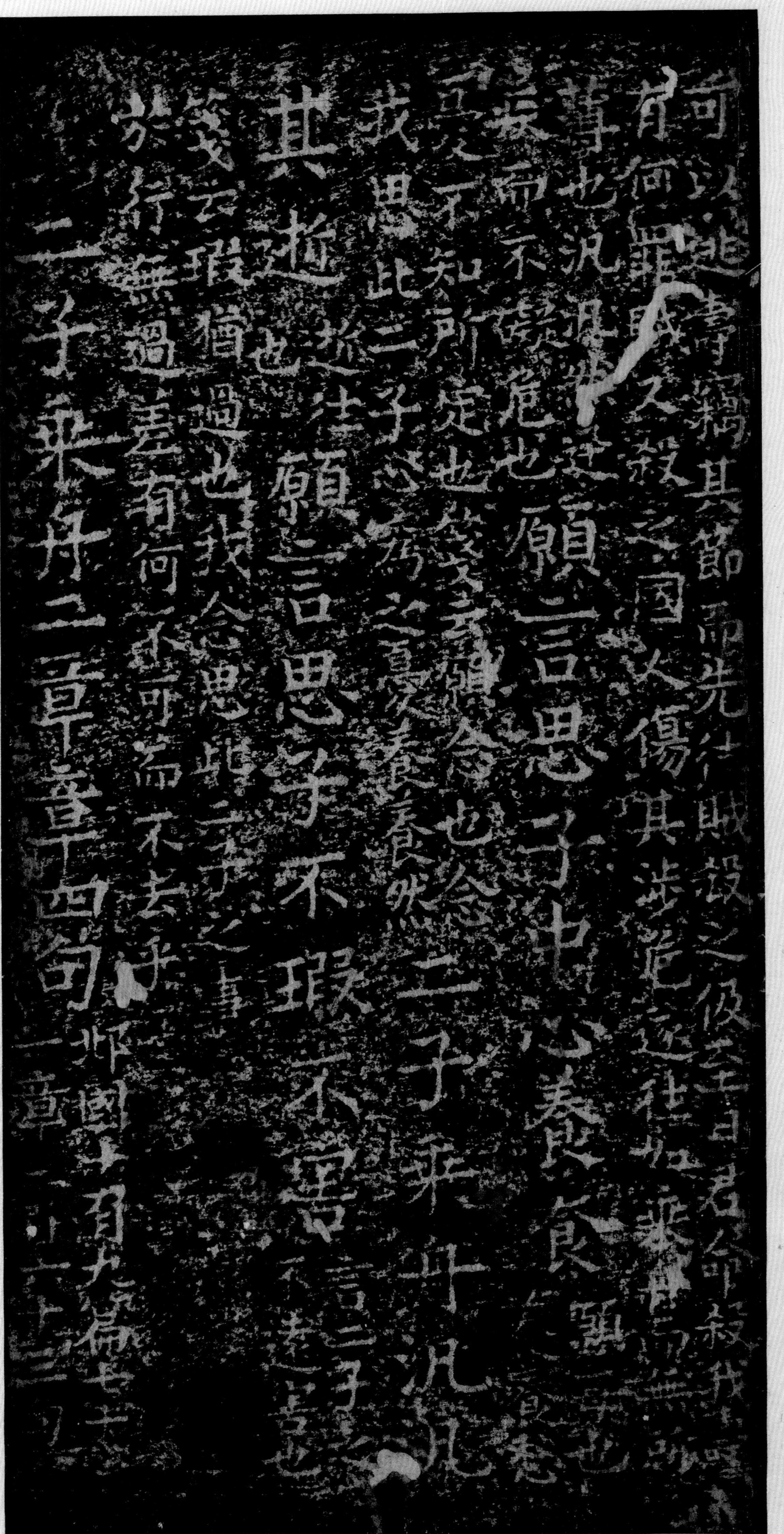

毛詩卷第二

蕘圃從浙省購得蜀石經毛詩残本一冊謂是　國初厲樊榭
諸公所見者曰從戴竹友處録得樊榭先生詩証之既而陶梟
香自三泖漁莊歸又以朱朗齋所録丁趙二公同作之詩并全
謝山跋示蕘圃時裝褫適成屬余録附於後

十二月十五日同敬身集谷林南華堂觀蜀廣政石經残本
宋廖瑩中世綵堂刻韓集作　　　　　厲鶚

園林蕭瑟雲模糊鞠角相與尋清娱南華堂前好水竹梅枝
横出争盤紆六花高下舞岧峀似聽蟹爪行殘蘆頃之灑粉漸
照坐駝裘烏帽主客俱分茶說餅解寒色天生一榁重屏圖
凋年似此頗不惡況觀寶刻開香廚孟蜀石經僅一卷張

紹文字嚴形模周南疑誤辨輖字（惄如調飢石本作輖即古朝字）月令注釋亡哥

奴（毛詩儀礼礼記俱校書郎張紹文書礼記用唐明皇刪定本以月令為第一李林甫奉勅注見晁氏讀書志）秋壑翹材有首選特築

世綵臨西湖雕鐫韓集稱善本紙墨精好久不渝降王狎客兩寂

莫等為亡國夫何殊流傳幸有經籍在千秋差免謚至愚武林

城中十万戶纖兒綺榻園温爐雪中耶得二游合冷淡生活笑

异趨詩成喚起鹿門子任徐今不居東吳

同作　丁敬

半閑狎客淪亡久蜀國降王六鳥有紅羊換刼黃塵飛遺物

驚看在人手百摺麻箋如梵冊一卷毛詩出鐫勒寫自祕書

張紹文校經博士孫逢吉雍都舊本餘面目義析調輖字

堪質中閒古印辨不真悿沮疑殷戰爭血韓家吏部筆如虎驅走六經天組織組何人輒效穆伯長世綵堂中事雕摭佞人作事亦有補添得泰山一抔土休嘲家國付渺茫從古興衰耶堪數說詩已無匡鼎來文章真訣誰起哀但聞杜鵑口血灑巫峽葛嶺蟋蟀悲荒苔池平殿陊渾如擲畱得區區幾編策圃林雪好且開尊莫苦摩挲三歎息

同作（用韓公石鼓歌韻） 趙昱

咸陽火焚經籍熄風雅不作無詩歌俗儒紛紛傍門戶解詁紕繆將云何少所見耳多所怪入吾室乃操吾戈中郎石經久殘廢開成詔命重雕磨風雨摧折地震裂日星弗耀安旁羅

廣政蜀本出蜀孟氏礼失求野傳岷峨毛詩一十四萬六千七百四十字（見晁氏讀書附志）字字詳正寧偏阿千刼灰餘祇一卷假以佛力常護呵（此本僅存二南邶風黃山人松石得之燕京老僧）輈飢足正孔疏誤文義雖得偏旁訛（按說文朝本作輖今蜀本作輖是其誤也監本改作調飢飢莫甚於朝孔氏正義未能了此見此本始知曲說之繆）叟玩不忍遽釋手扶羲祕冊詮真科夜誦百遍不少休嚴更寐寞歷忘鳴鼉是時春雪平地尺連旬玉花綴枯柯凍筆試驗（凍吟誤作凍筆）筆尖退夢回氷鐵生綫梭生晚合動韓公歎殷勤請啟奢摩佗陳言務去匪蹈襲縱橫惟意鶩姑娥末學求師請從事如有事河先虖沱校本考異子朱子兼致百味能調和杭蜀館閣廣漢末頗費塗乙隨糾科是本開自廖羣玉世綵堂梓援引多泥金籤題最寶惜運

會忽易悲銅駝撫州草紙墨印造州窓紀實言非過癸辛雜志識廖群玉諸書始開景福華編九經本最佳以撫州草抄紙油煙墨印造其裝褫至以泥金為籤然或者病其刪落經注為可惜又不若韓柳文為精妙我聞公集有石本幾時得遇工相磋公文直與六籍等百川奔注迴狂波賤薄敢邀名譽起頑學公文如黃頗丹鉛便了畢生業為語同志期無他客出佳句思奇傑梅花正蕤饒妍嬰書堂暇日細尋討錦囊褫裹三挪挲更復攜示史拾遺時樊榭先生輯遼史拾遺方成數番畧盡松間哦點欲遣知蓄俗禮海東俊鶻爭頭鶩博物洽聞古君子徵先生歸其伊耶讀書悔不十年早徒傷老大猶轗軻子身萬里空跋涉開封城壯徑渡河未得一訪嘉祐石至今耿耿終蹉跎嘉祐石經尚在開封府學去年道路所經欲一訪之惜未暇也

跋　　全祖望

宋人所稱引皆以蜀石經為証並不及唐陜本石經其故有二一則唐石經無注蜀石經有注故從其詳者一則南渡後唐石經阻於陜不至江左故當時學官頒行之本皆蜀石經不知五百年以来蜀石經何以漸減殆盡予留心搜訪二十餘年仁和趙徵士谷林始得其毛詩二卷自周南至衛風耳如以朝饑為輖饑蓋異文也唐石經雖非故物然近来顧先生亭林考證之至詳世頗知留心者而蜀本則絶無矣程克齋譏蜀石經謂其春秋以甲午為申午以癸卯為葵卯然其書既多自不無舛錯要之有足資考證者惜乎所見止此

嘉慶甲子四月晦日吴縣李福書

蜀石經殘本左傳為吾吳陳芳林家所藏其拓本余未之見宮詹錢辛楣先生曾見之載其文於潛研堂金石文跋尾續計二十六行云右春秋左傳殘本三百九十五字注二百六十七字是已珍寶之至因世不多見故特表而出之也且云南宋時蜀石經完好無恙曾宏父趙希弁輩述之甚詳而元明儒者絕無一言及之殆亡於嘉熙淳祐以後近錢塘厲太鴻曾見毛詩左傳殘字作詩紀之予訪求四十年不可得益流落人間者希矣據此則左傳而外尚有毛詩為　國初時人所見去年季冬之月適有書友攜石經一冊示余開卷讀之知為毛詩經下有注信為蜀本遂袖呈辛楣先生閱之詫為奇絕謂訪求四十年不可得者今一旦遇之豈非盛事余亦備加寶貴即屬塾師邵朗仙傳録一本因

物主本非求售者其時青浦王述菴少冦儀徵阮芸臺中丞皆講求金石之學者聞余有是冊或致書相索或托友傳鈔物雖未為余有而外間録本皆輾轉從余家出矣余性喜讀未見書而尤以必得為幸爰托書友諆諸物主以重直購而獲焉統計四十一番自召南至邶風存一卷有半而闕其首葉盖毛詩二十卷周南召南合一卷召南為一之二故召南勵存卷一之半也是冊即為厲樊榭所見之本樊榭詩調輒異文此適闕周南耳證以丁趙二詩則更無可疑丁云百摺麻牋如梵冊則裝潢之式同中間古印辨不真則圖記之痕合而收藏所由來趙詩小注以為出於黃松石今卷二有朱文楷書鈐記一方所云浙江杭州府武林門外廣仁義學至今彼都人士猶有能知為松石所置者惜小

松司馬已作古未能面與之賞析為可慨已余攷洪邁容齋隨筆孟蜀所刻石經其書淵世民三字皆闕畫蓋避唐高祖太宗諱也今卷中三字皆如此可信洪說之確乃卷中察皆作[illegible]前人未有言及者辛楣先生以為避其祖諱特父諱道而道不避或五代史記之作道不如蜀檮杌之作巘其說為確耳安得有公劉之篇一決斯疑乎是冊猶為舊裝覆背俱係宋紙四圍亦以宋時皂紙副之惜已蠹蝕破損不得不為之重裝舊時葉數俱有朱書小號紀於每半葉上今存者卌一號起以所失號排之尚有十五番乾隆四年校刊毛詩注疏時作考證者猶及見周南召南邶風想必此本未經散佚也此本留傳出於浙江人王溥雪浦家卷中蠹香樓藏即其印記余不欲沒其相讓之美意故并著之時

嘉慶歲在甲子孟夏之月芒種後一日讀未見書齋主人黃丕烈識

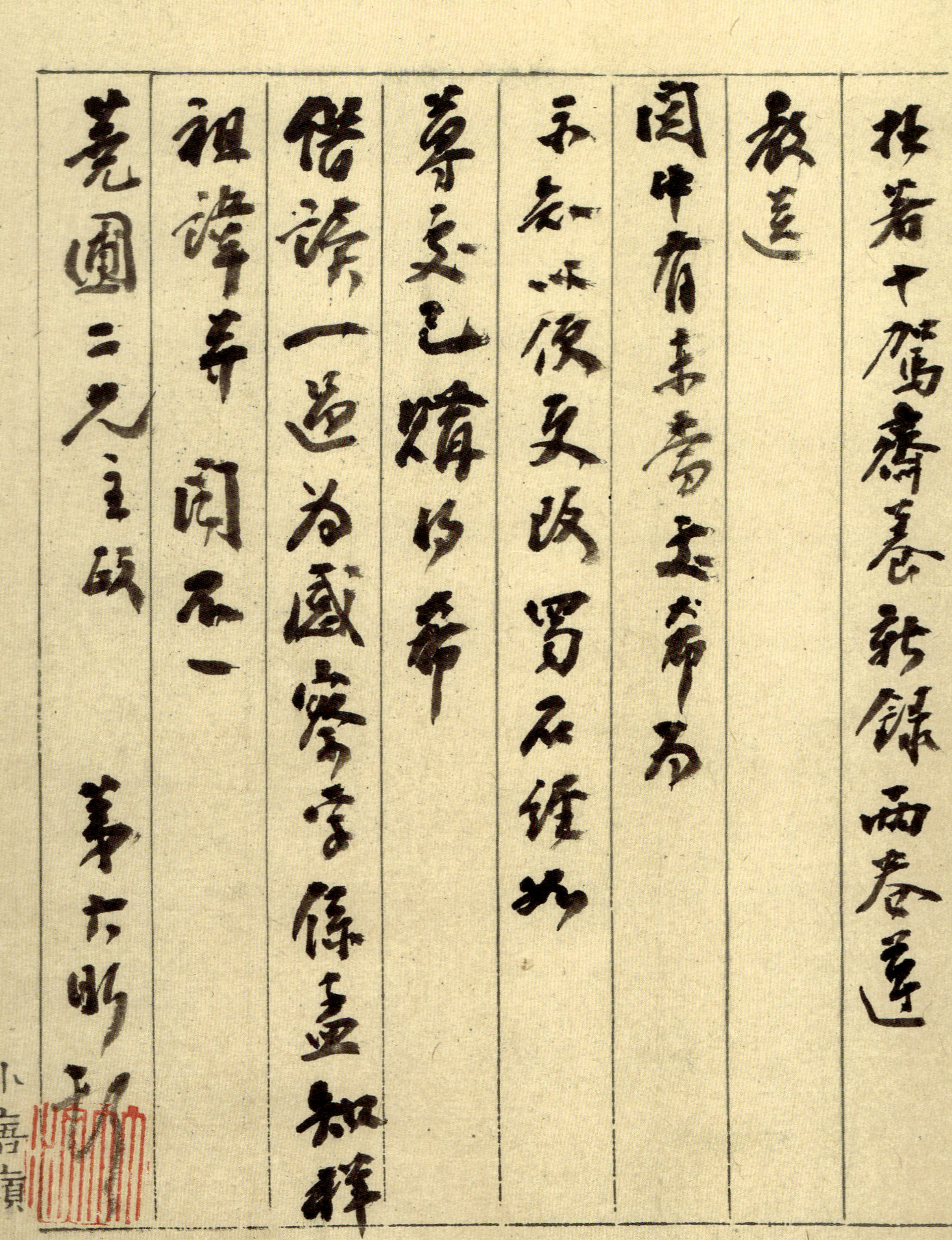

年来心緒亂如麻鬚鬢斑然感歲華余于今春有喪明之痛入秋又復喪兄故云然當世幾人能愛古撫躬何學是專家老成凋謝誰相訪書卷飄零亦自嗟近年力絀以賣書爲買書計留此聊爲金石佞余每謂辛楣曰我輩佞宋辛楣佞金石先生亦戲答曰若余則佞金石廛中宋刻未須誇余喜聚宋刻顏所居曰百宋一廛今此刻出蜀廣政又在北宋前矣

十月廿日　辛楣先生已入道山重展遺札題此寄慨　蕘翁黃丕烈

余得蜀石經毛詩殘本已有跋語矣後復為七言古詩一章以紀其事并呈　辛楣先生以求屬和蒙先生允諾久而未果蓋先生年紀既老精神暫漸衰艱於筆墨故未敢促之也十月廿日先生無疾而逝于紫陽書院余往視含殮竊歎斯文將喪讀書種子斷絕矣今欲再求題識烏可得乎因追書拙作附此碑後一以見此詩之得蒙先生許可者固余之幸一以見此書之未蒙先生題識者又余之不幸也

以經刻石始漢時中郎書丹獨闕詩一字魯詩魏代補云漢鐫刻誤始隋毛詩二卷載七錄梁亡唐出大可疑開成石經稱大備詩二十卷全無虧繼其盛者蜀廣政正經注語兼有之十三經貯一石室成都學宫專典司南宋諸儒恣探討宏父希弁猶及窺柱礎殘石誰所宗一任消滅增傷悲舊時拓本亦希有宋裝一冊洵足竒（召南邶風卷二又半毛詩所賸盡在茲憶昔禮記同刻石冊卷帙何紛披）紹文書与延族刻二快手筆無參差那知散失十八九周南第一在所遺我記乾隆刊官本借作考證當取資樊榭諸人入題詠并文曾与言蒯飢彼禮濤帆字亦古我欲辨析参一知此本收藏由義學永為公讀不自私松石去後復流落終賴神物謹護持曾入市廛手僧手不為覆瓿已可危蟲香樓中

亦偶得我一見之夢想出金相易務欲獲書魔自笑何其癡竹汀居士愛金石拙以相示真解顧避家作疑乃祖諱一語心得尚無師淵世民字避唐諱卷中闕畫果若斯想見十國僭擬至唯蜀孟昶能文詞更賴賢相毋昭裔雍都舊本傳豐岐至今膏馥辛沾溉寸楮猶能獲寶墨漆光尚黝黑古印血色還淋漓覆背素紙半零落拂塵驅蠹重裝池遺經雖少未為損隸釋亦載詩殘碑況閱造物忌全美完者必缺合者離趨庭學詩有至樂無諸嘆之嗟宜爾我今有此紙自讀一經之授欲教誰世間不乏有志士願為傳錄弗憚疲思欲鈎摹復勤石好古心切力不支但得名公富編輯全文具載千古垂陳家左傳僅六葉潛研跋尾親手為並時又有王與阮難得愛古同心期從來寶物不可秘爭先快覩固其宜敢効谷林會良友作詩紀事聊共怡

甲子十二月冬至前一日微雪初霽几淨牕明堯翁書此於百宋一廛

錄時適有客至草草寫畢重閱知脫二韵遂填補于旁此種寶物聊以自怡不復再計工拙且損裝更換殊費事也一笑 堯翁又識

近代出土殘石拓片

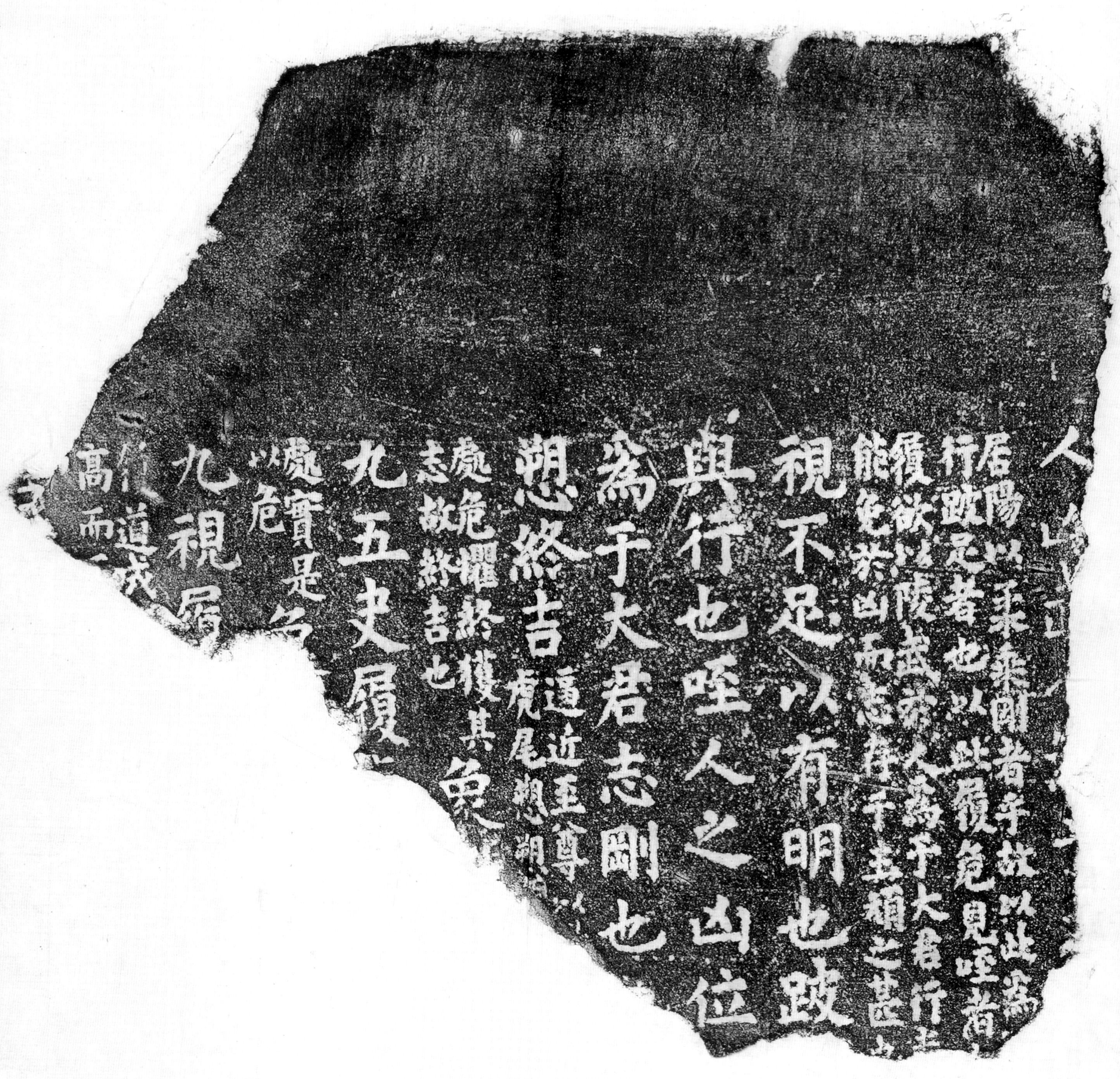

周易·履（A面）

周易·泰 否（B面）

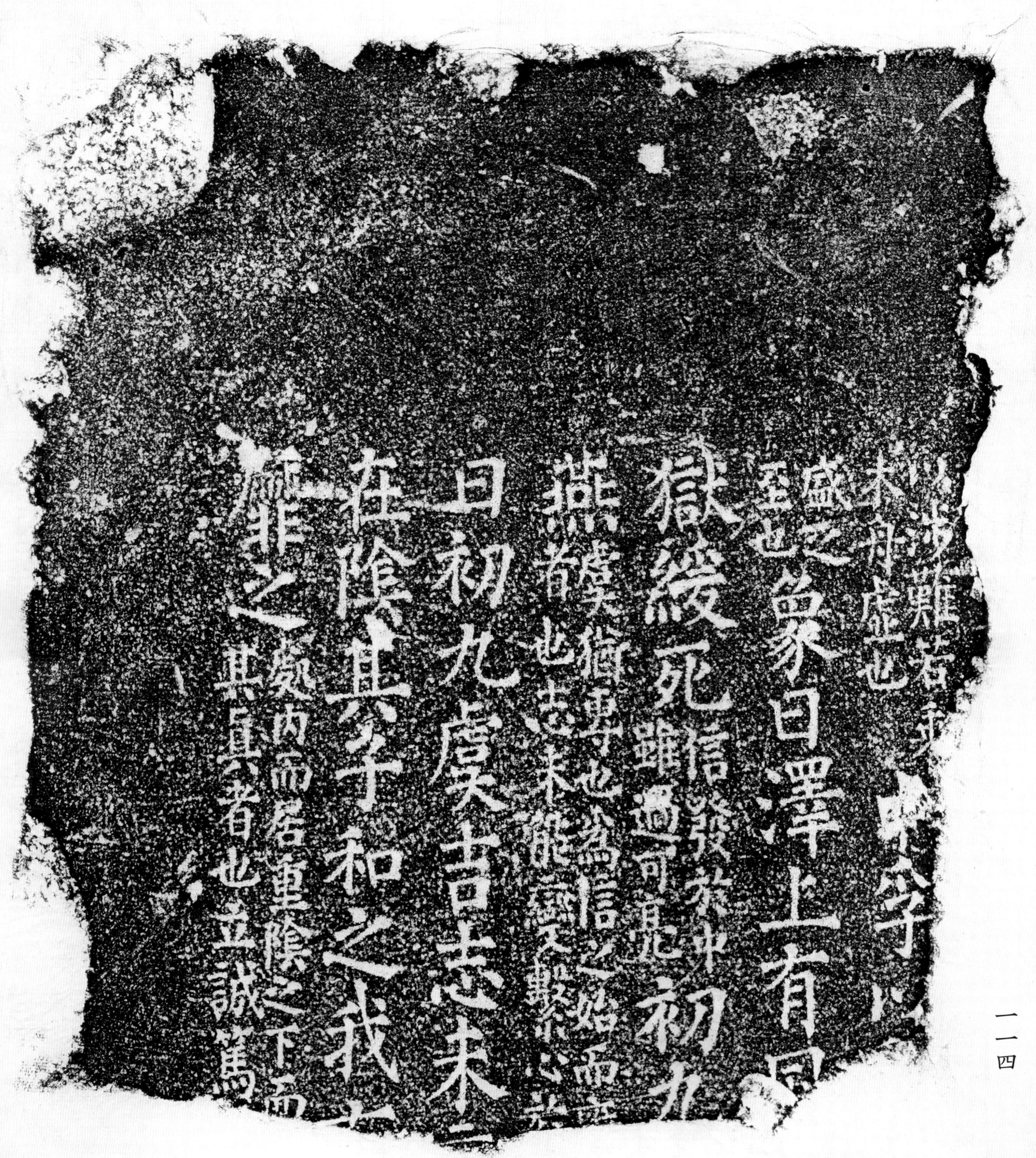

周易・中孚（A面）

周易·中孚（B面）

尚書·禹貢（單面）

尚書·說命　君奭

此石於民國三十年出土今歸寶林鹿堂

毋昭裔河中龍門人蜀主昶拜左僕射同中書門下
下平章事性好藏書酷嗜古文精經術嘗按
雍都舊本九經命張德釗等書之刻於
成都學宮蜀土自唐末以來學校廢絕昭裔
出私財營立黌舍且請後主鏤板印九經由是
文學復盛
乙酉三月 念薇居士題記

蜀相毋昭裔指俸金
取九經琢石於學宮
依太和舊本令張德釗
書皇祐中田元均補刻
公羊穀梁二傳然後十
二經始全至宣和間席
升獻又刻孟子參焉
今殘之孝經論語爾雅
廣政甲辰歲張德釗
書周易辛亥歲楊鈞
孫逢吉書尚書周德
貞書周禮孫朋吉書
毛詩禮記儀禮張紹
文書左氏傳不詠何人書
而祥字闕其畫亦必為
蜀人所書然則蜀之
立石蓋十經其書者不
獨德釗而能盡用太
和本固已可嘉凡歷
八年其石千數昭裔獨
辦之尤偉業也此石
出土於成都之南門知者
無人面以大竟不覆輾轉
歸余 只濤先生屬揭 達記

尚書·説命（A面）

尚書·君奭（B面）

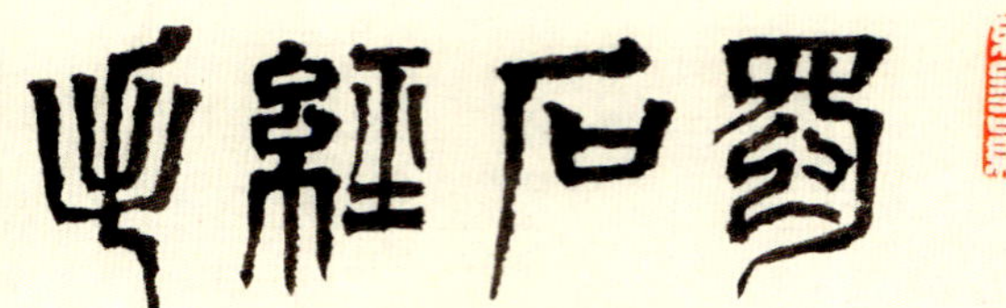
蜀石經毛詩傳箋

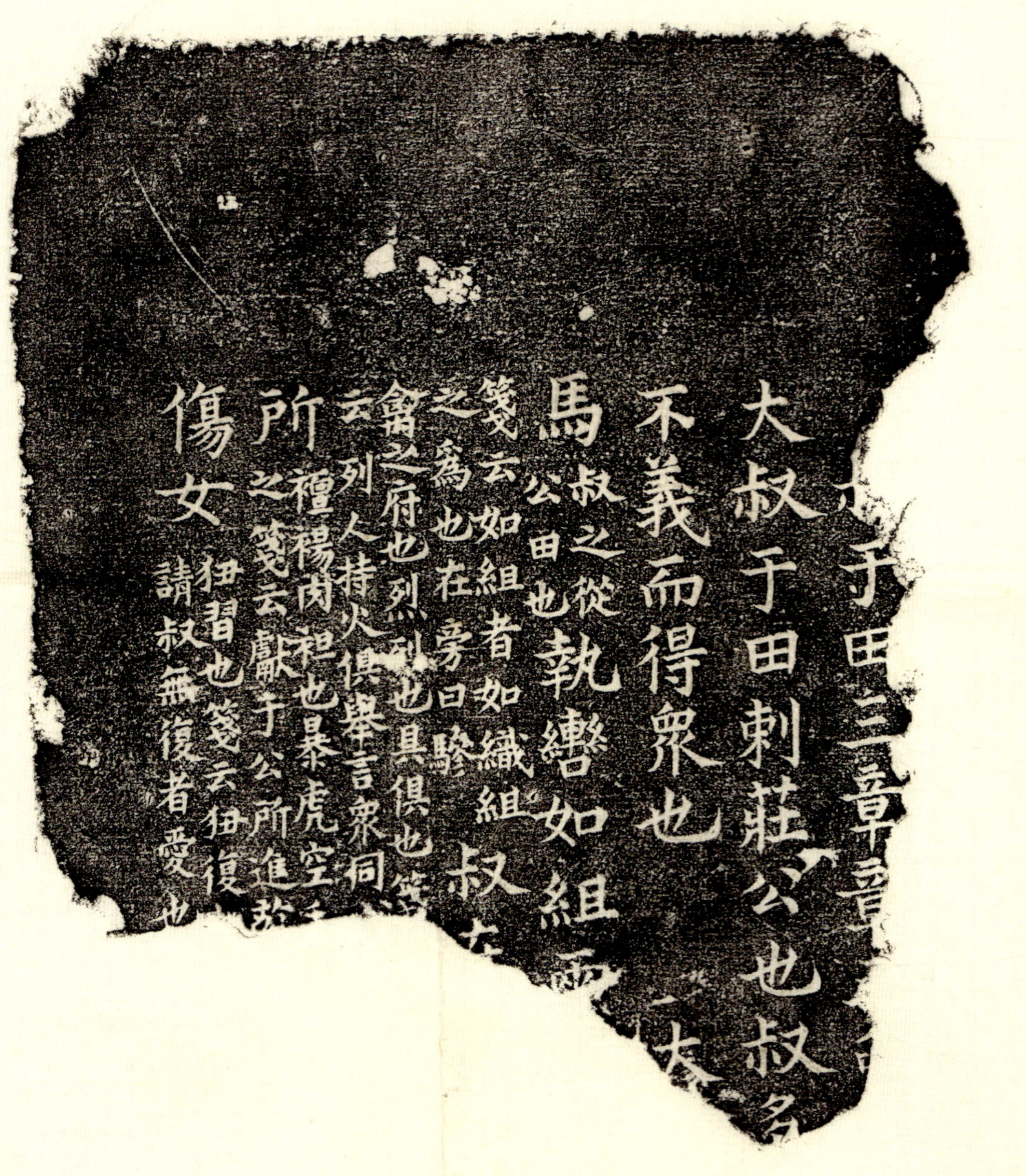

蜀石經毛詩傳箋

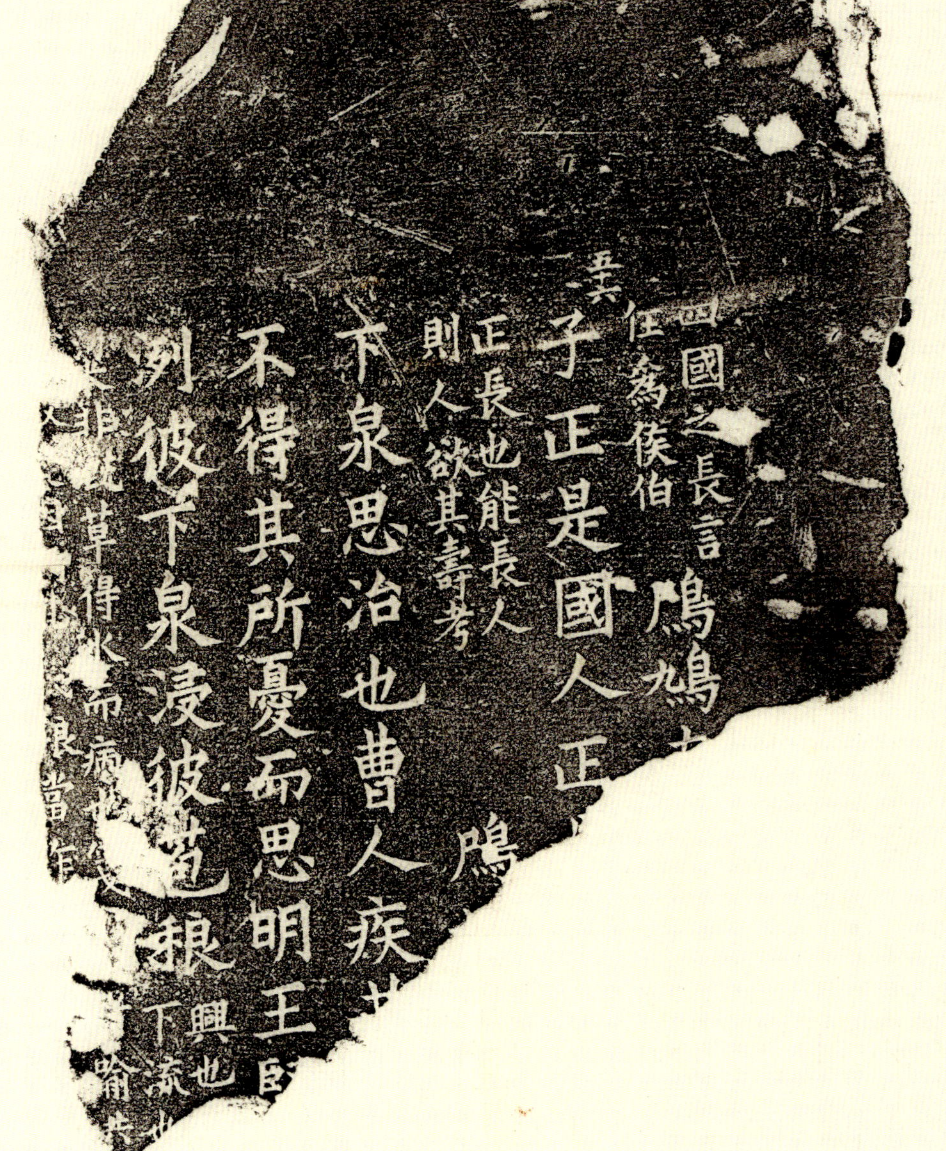
四國之長言任為侯伯 鳲鳩
其子正是國人正長也能長人則人欲其壽考 鳲
下泉思治也曹人疾共
不得其所憂而思明王賢
冽彼下泉浸彼苞稂興也下流也

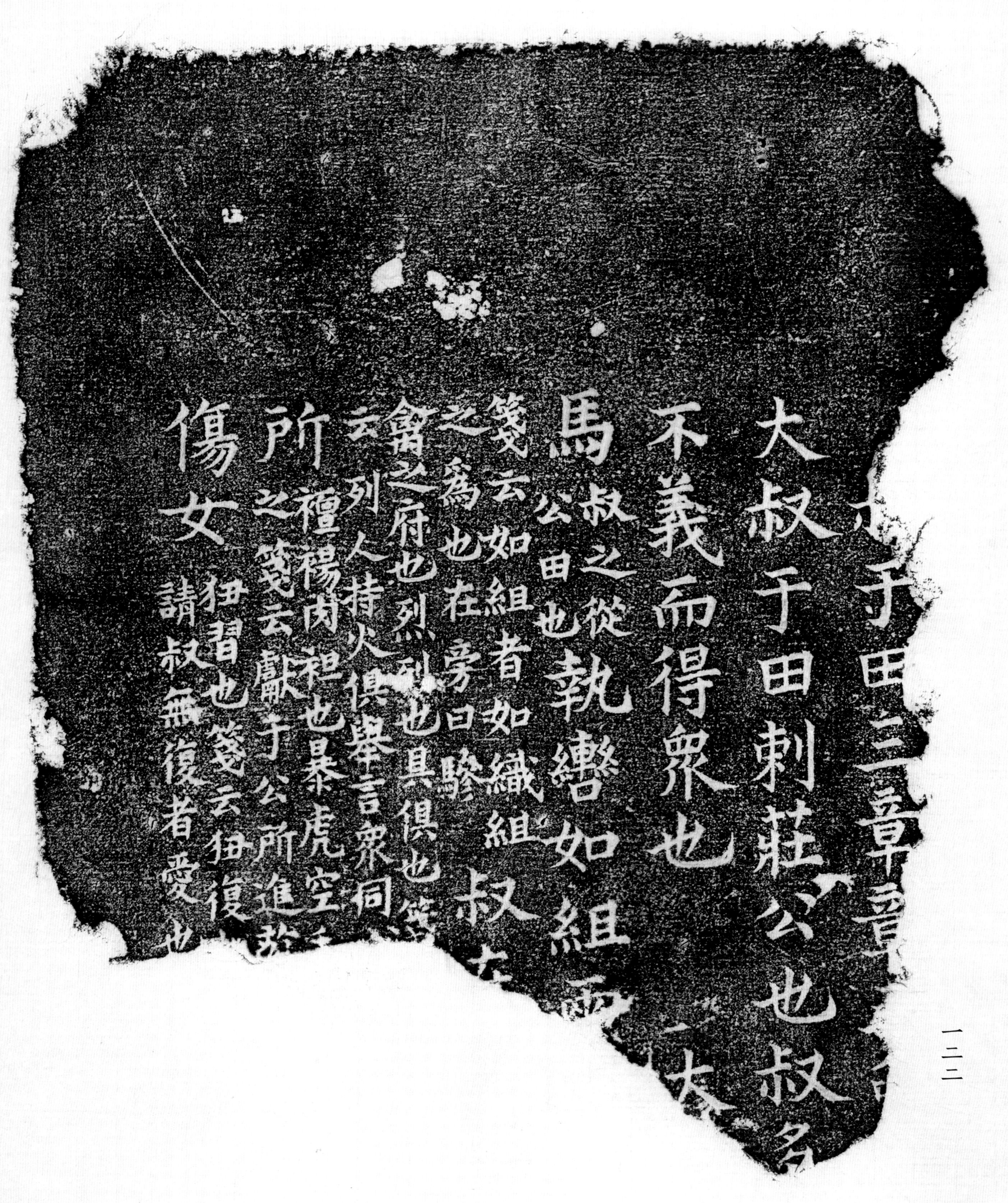

于田三章章

大叔于田刺莊公也叔多

不義而得眾也　大

馬叔之從公田也執轡如組兩

箋云如組者如織組叔在

之爲也在旁曰驂

禽之府也列烈也具俱也箋

云列人持火俱舉言眾同

所襢裼肉袒也暴虎空

之箋云獻于公所進於

傷女狃習也箋云狃復也

請叔無復者愛也

毛詩・鄭風・叔于田 大叔于田（A面）

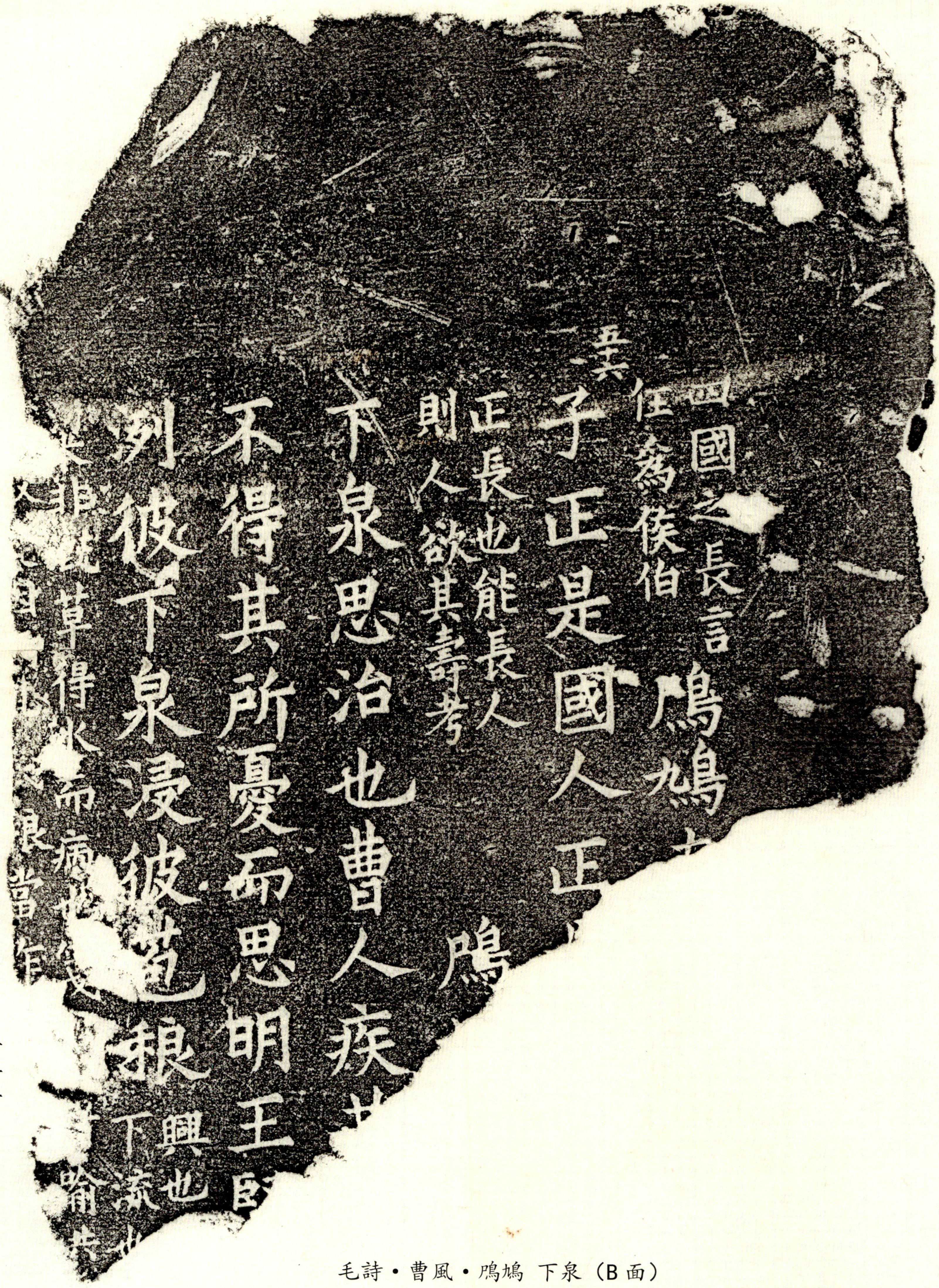

四國之長言 鳲鳩
任爲侯伯
其子正是國人正
正長也能長人
則人欲其壽考
鳲
下泉思治也曹人疾共
不得其所憂而思明王賢
冽彼下泉浸彼苞稂
興也
下流也
之非溉草得水而病也
喻共
稂當作

毛詩・曹風・鳲鳩 下泉（B面）

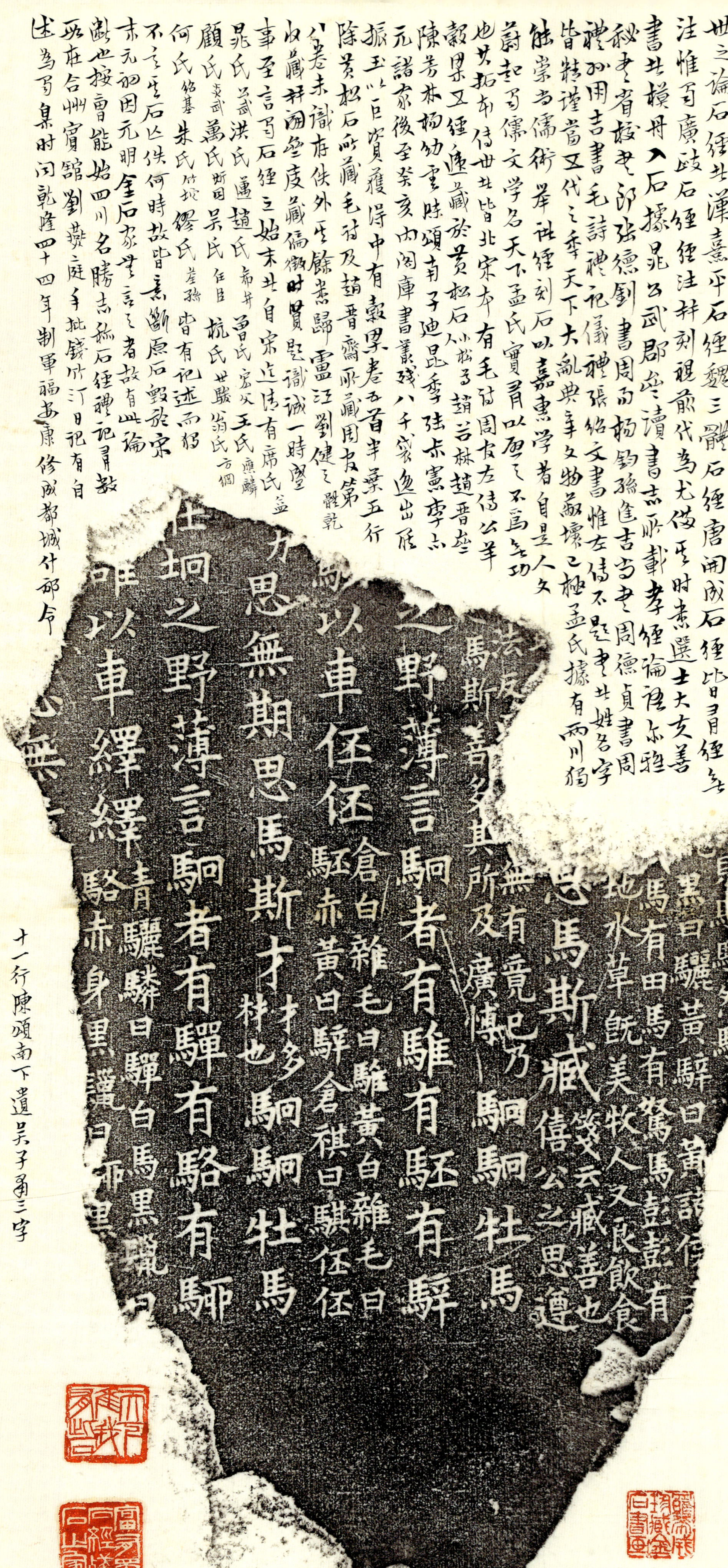

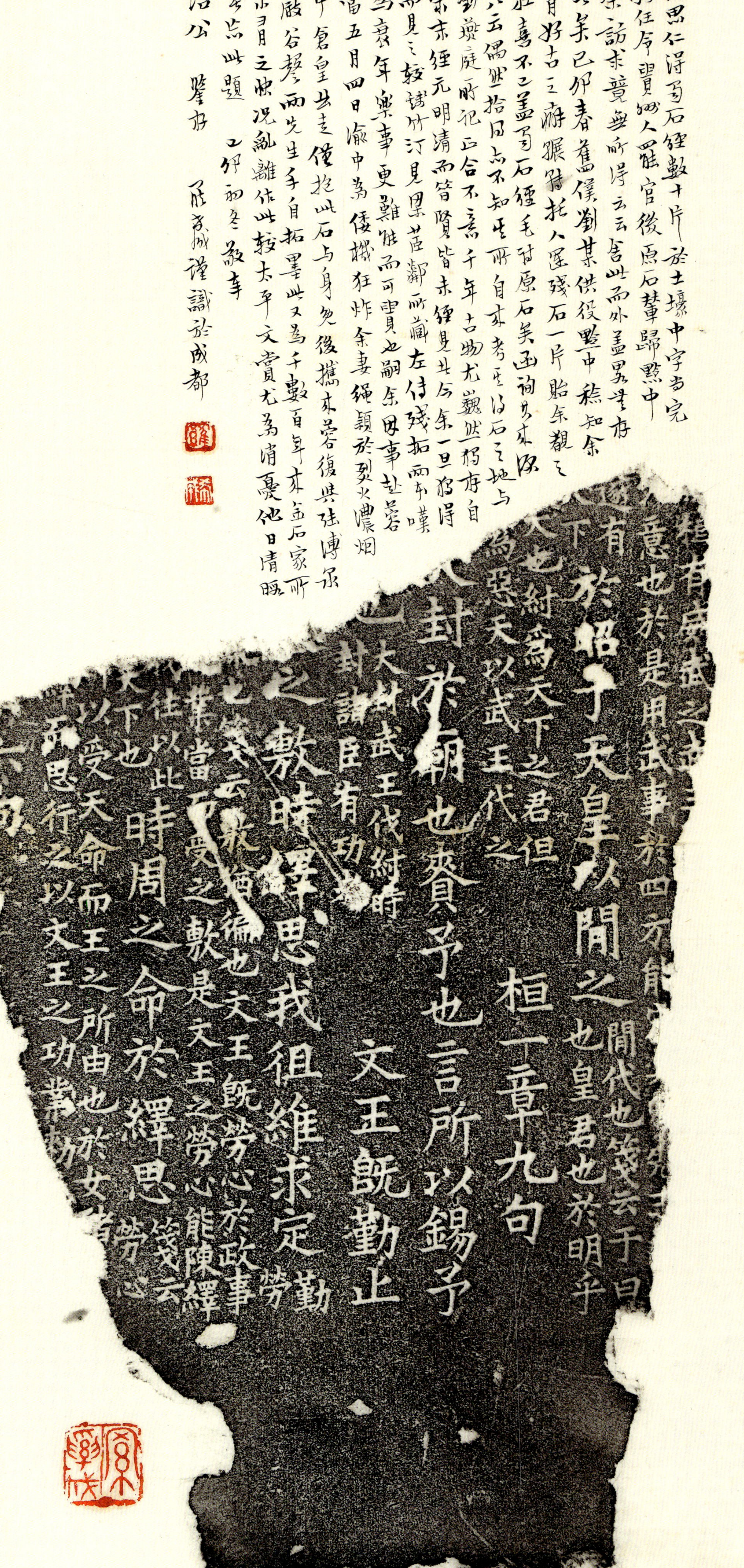
任思仁得蜀石經數十片於土壤中字畫完
好任令買姻人罷官後原石輦歸黔中
余訪求竟無所得云云舍此而外盡罕見存
共宋己卯春舊僕劉某供役黔中稔知余
有好古之癖猥將托人匿殘石一片貽余觀之
狂喜不已蓋蜀石經毛詩原石矣亟詢其來源
只云偶然拾得亦不知其所自來考其得石之地與
劉燕庭所記正合不意千年古物尤巍然獨存自
宋末經元明清而昔賢皆未經見其今余一旦獨得
而見之較諸竹汀見畢苣鄰所藏左付殘拓而亦嘆
為衰年樂事更難能而可貴也嗣余因事赴碧
當五月四日渝中為倭機狂炸余妻繩穎於烈火濃烟
中倉皇出走僅抱此石與身免後攜來碧復與張溥泉
嚴谷聲兩先生手自拓墨此又為千數百年來金石家所
未有之快況亂離作此較太平文賞尤為清憂他日清暇
系與此題 乙卯初冬敬事
治公 鑒存
羅希成謹識於成都
維有威武之
意也於是用武事於四方能
於昭于天皇以間之
天下之君但
為惡天以武王代之
桓一章九句
封於朝也賚予也言所以錫予
文王既勤止
大封武王伐紂時
封諸臣有功
之敷時繹思我徂維求定勞勤
業當而受之敷是文王之勞心能陳繹
文王既勞心於政事
往以此時周之命於繹思勞心
以受天命而王之所由也於女
而思行之以文王之功業
六句

桓有威武之
意也於是用武事於四方能
遂有
天下
於昭于天皇以間之
間代也箋云于曰
也皇君也於明乎
天也紂為天下之君但
為惡天以武王代之
桓一章九句
大封於廟也賚予也言所以錫予
大封武王伐紂時
封諸臣有功
文王既勤止
之敷時繹思我徂維求定
勤
勞
也箋云勤猶勞也文王既勞心於政事
業當而受之敷是文王之勞心能陳繹
往以此
時周之命於繹思
天下也
箋云
勞心
以受天命而王之所由也於女
而思行之以文王之功業勑
六句

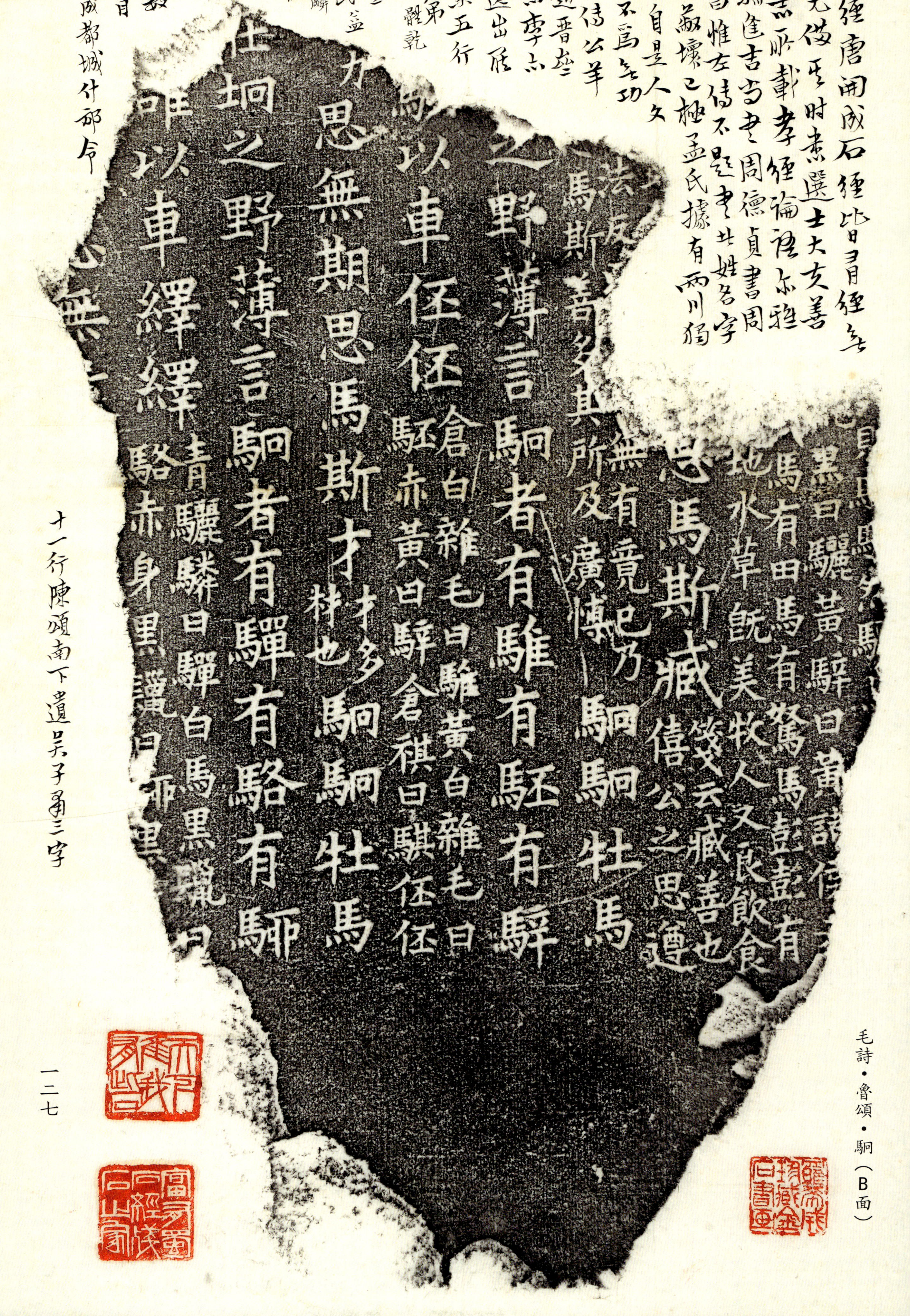

儀禮·特牲饋食禮（A面）

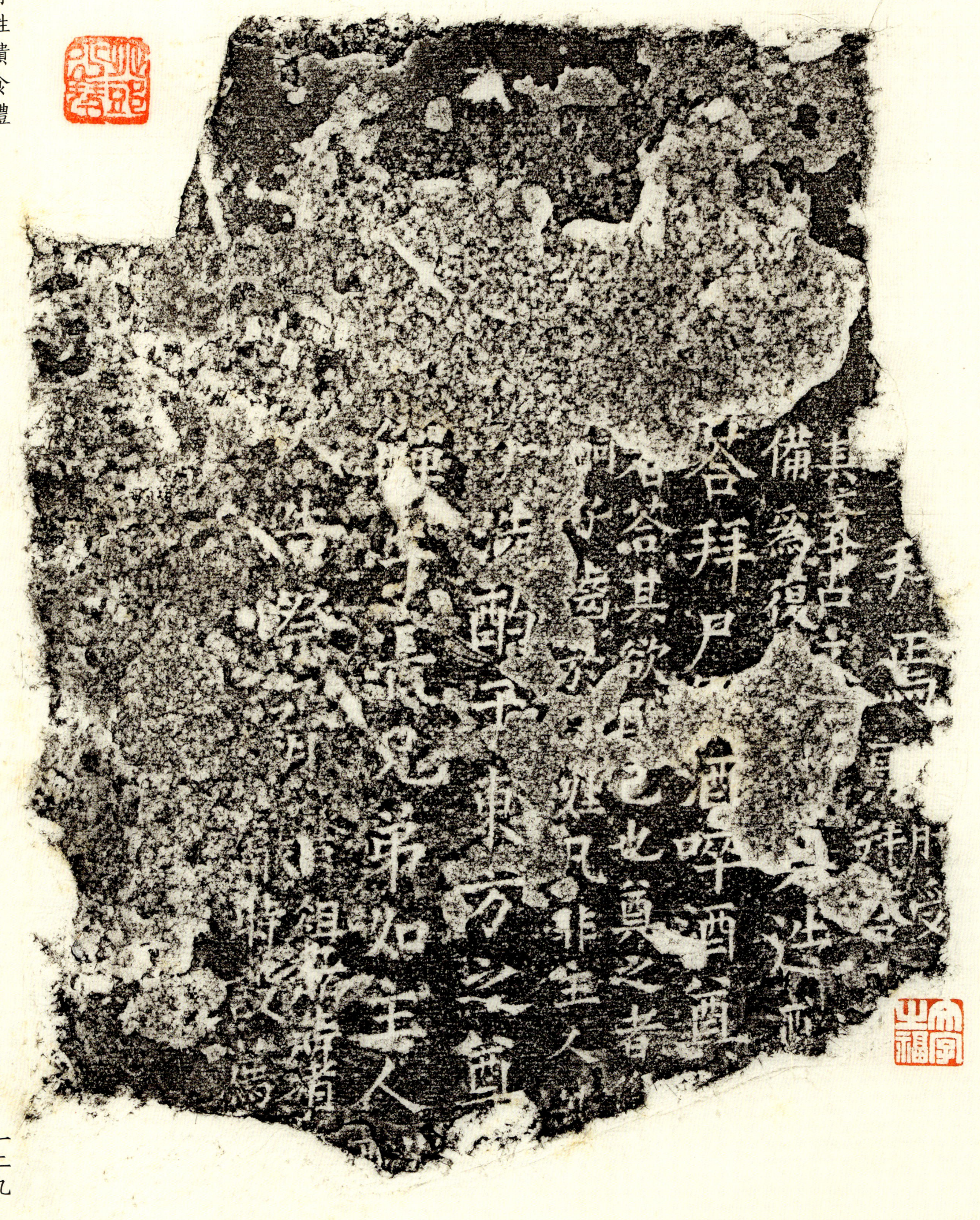

儀禮·特牲饋食禮（B面）

附圖

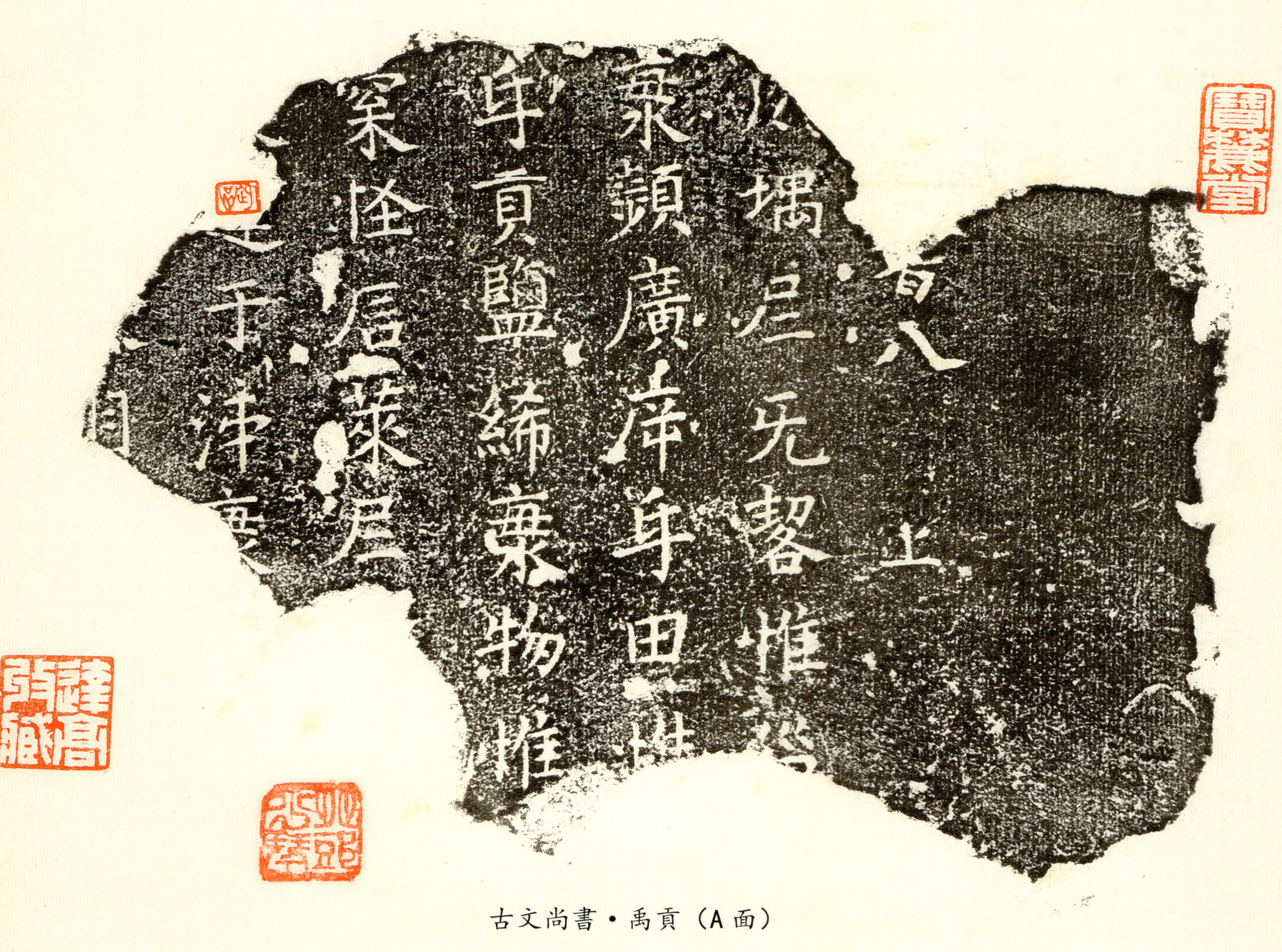

古文尚書·禹貢（A面）

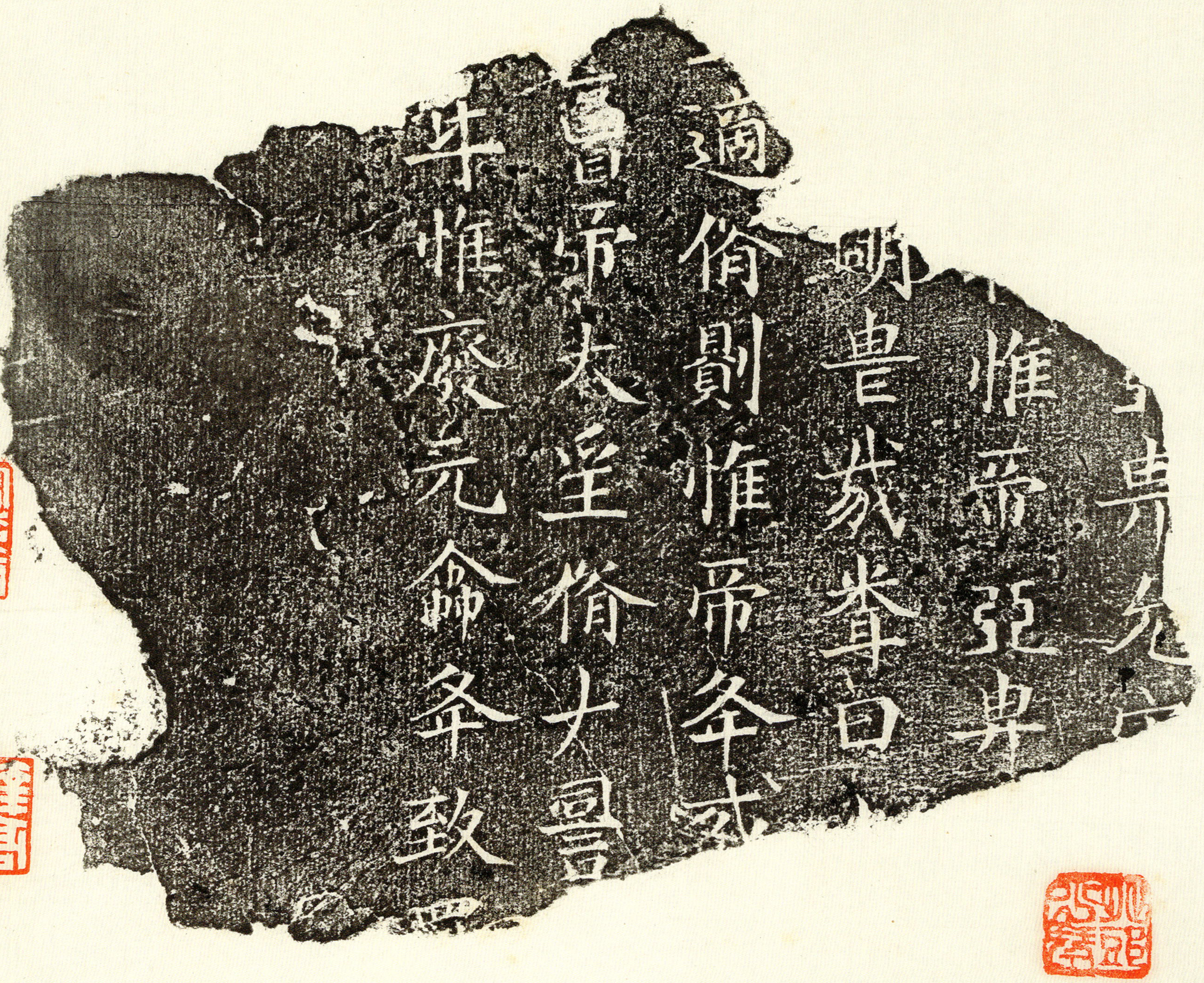

古文尚書·多士（B面）

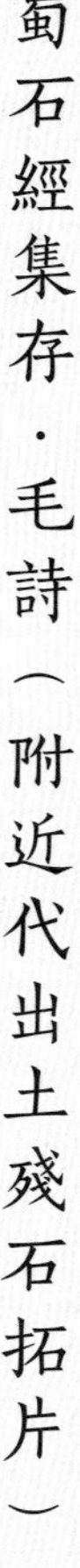

鹿鳴之什

呦呦鹿鳴呦呦鹿鳴傳

呦呦然鳴而相呼

四牡四牡騑騑傳

騑騑騑騑行不止之貌

四牡嘽嘽駱馬傳

嘽嘽嘽嘽喘息之貌

小雅·鹿鳴 四牡　重言（A面）

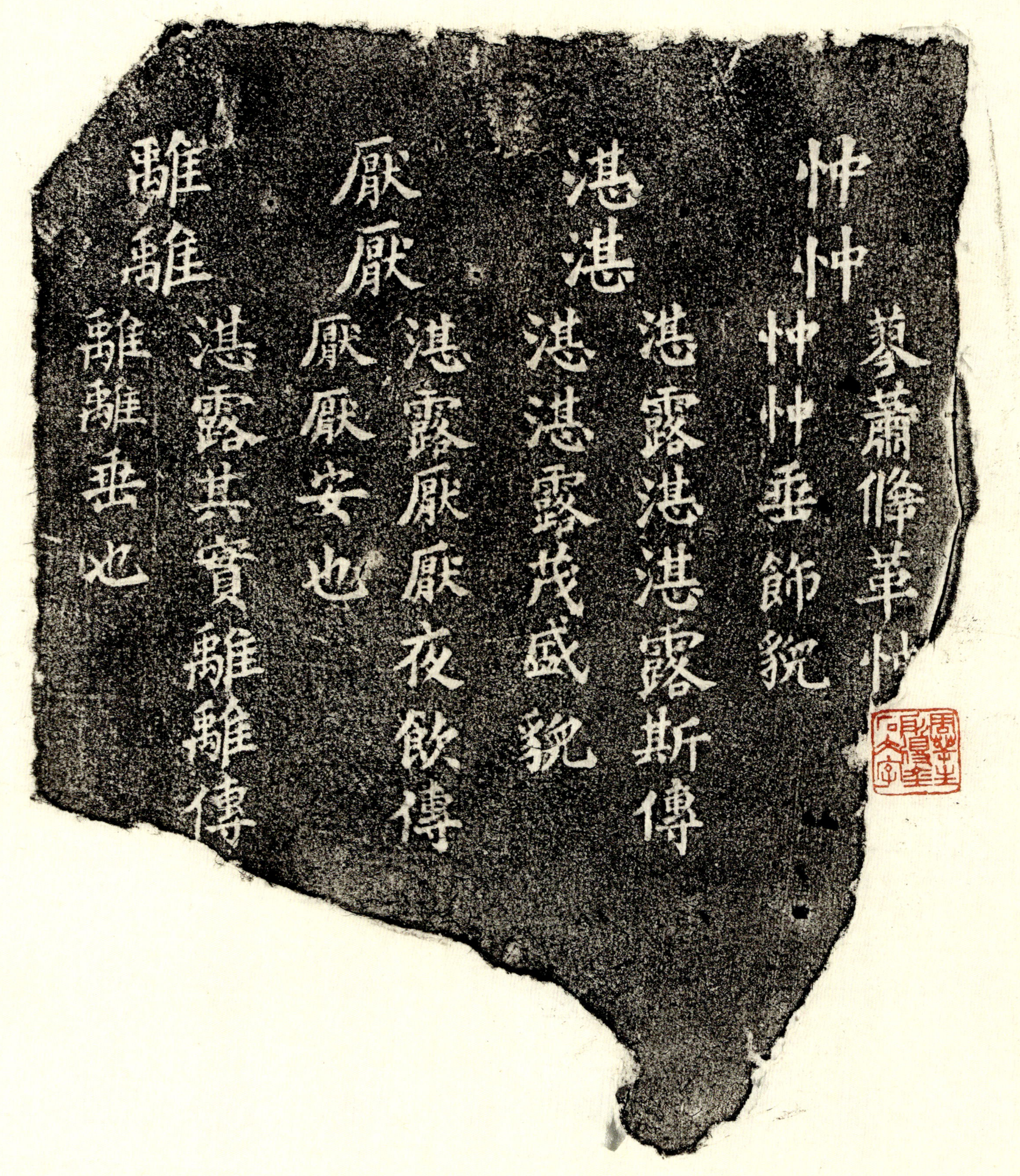
蓼蕭鞗革忡
忡忡
忡忡垂飾貌
湛露湛湛露斯傳
湛湛
湛湛露茂盛貌
湛露厭厭夜飲傳
厭厭
厭厭安也
湛露其實離離傳
離離
離離垂也

小雅•蓼蕭 湛露　重言（B面）

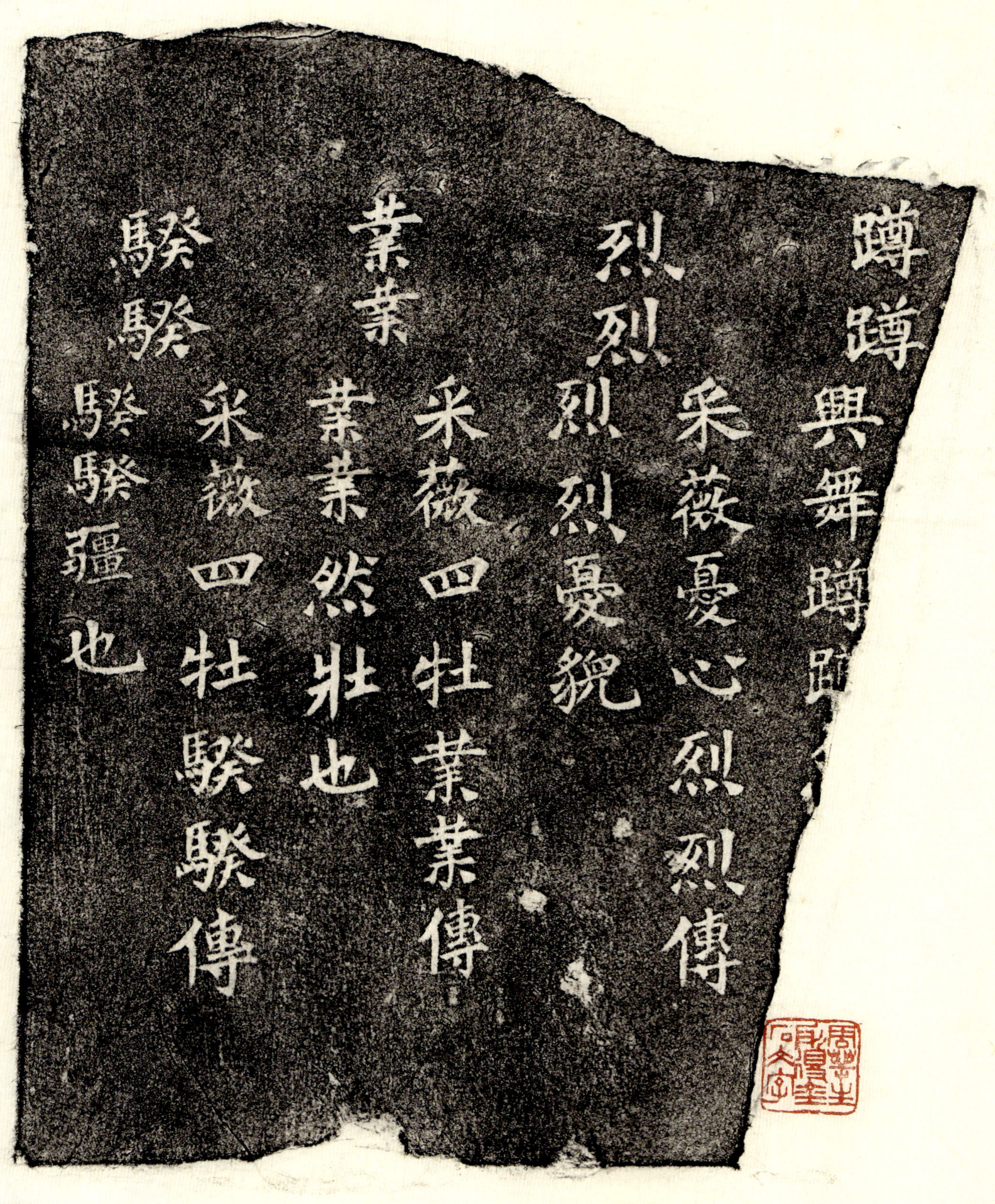

蹲蹲興舞蹲
烈烈 采薇憂心烈烈傳
烈烈烈烈憂貌
采薇四牡業業傳
業業 業業然壯也
采薇四牡騤騤傳
騤騤 騤騤彊也

小雅·伐木 采薇 重言（A面）

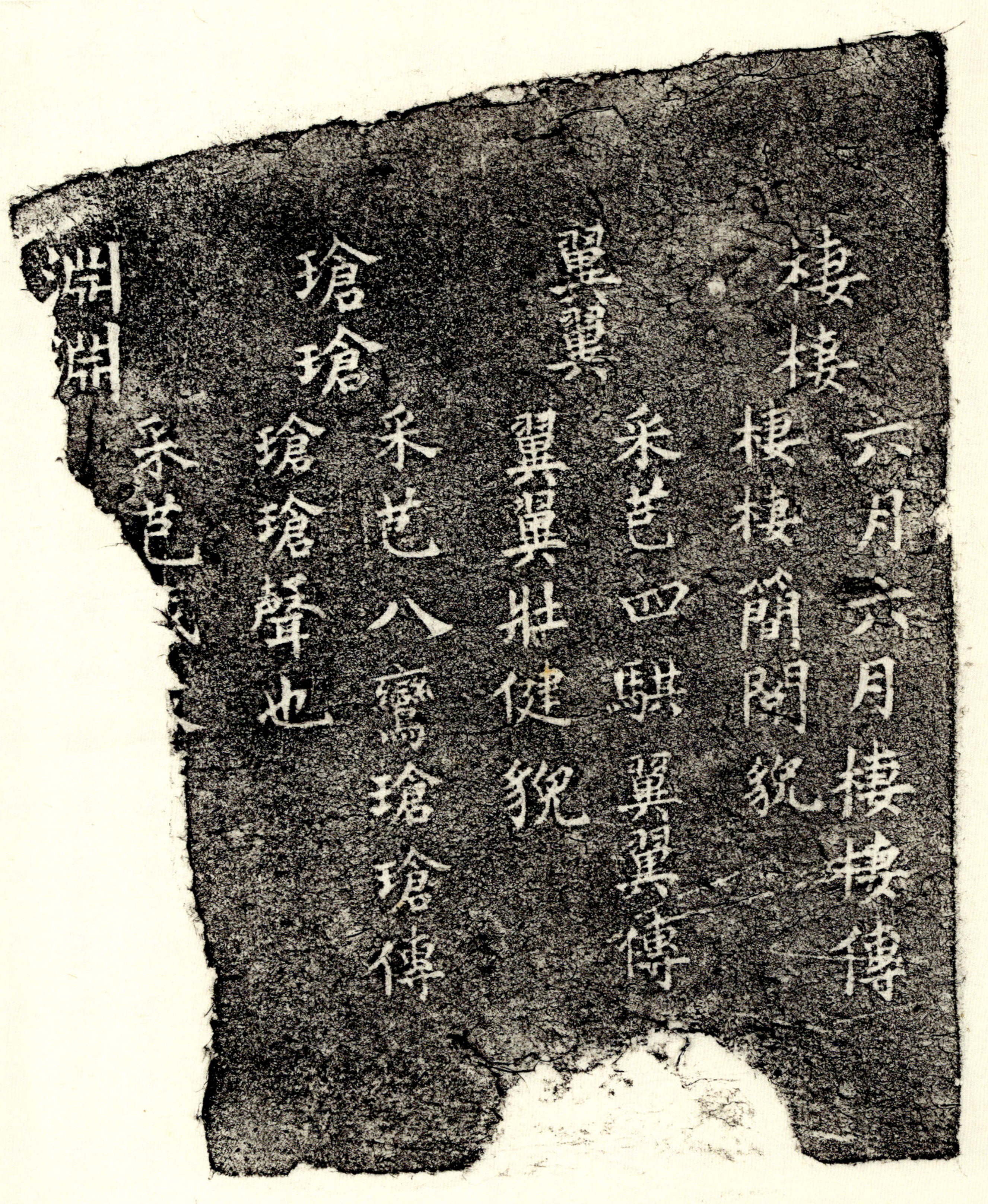

小雅•六月　采芑　重言（B面）